참여연대시민강좌

세계사적 나침반은 어디에

참여연대 참여사회아카데미 엮음

한울

서문

과연 새로운 세기는 왔는가

역사란 "인류의 범죄와 우매와 불행의 기록"이라고 타매한 것은 에드워드 기본이었다. 어느 시대에서나 행복보다는 불행이, 만족보다는 부족이, 웃음보다는 울음이, 사랑보다는 증오가, 진리보다는 음모가 세계를 압도했던 기록이 지난 시대를 지배해왔다는 의미에서, 역사는 복마전의 전망대처럼 보이기도 한다. 20세기는 더구나 그랬다.

현대 과학과 문명의 발전은 기아와 억압과 착취로부터 인류 전체를 넉넉하게 해방시켜줄 만한 수준이면서도 여전히 지구촌은 연옥의 계절에 머물고 있다. 아니, 뉴밀레니엄이란 요란한 복음조차도 이 유사 이래의 지상 과제를 해결해줄 기미는 전혀 보이지 않을 뿐만 아니라 '세계화'와 '지구촌'이란 대용 이데올로기로 인류의 빈부 격차는 점점 더 커질 전망마저 나오고 있는 실정이다. 이런 상황 아래서 우리는 새 시대를 환호할 수 있을까. 새 시대의 이데올로기, 새 시대의 문명, 새 시대의 삶의 양식을 축복으로 수용할 수 있을까.

참여연대 참여사회아카데미가 실시했던 대중강좌 <20세기의 의미>는 새로운 시대란 태양의 지구 회전 횟수에 따른 구분이 아니라 보다 명백한 인류의 자유·평등·박애의 실현을 위한 새로운 패러다임으로 구획되어야 한다는 관점에서 기획된 행사였다. 이 강좌는 20세기의 의미가 무엇이며, 인류사에 남긴 과제는 무엇인가를 천착하면서 21세기의 청사진을 그려보고자 추진되었다.

인류 역사상 가장 끔찍했던 20세기의 실체를 객관적으로 인식하는 문제는 그리 간단하지 않을 것이다. 더구나 제한된 시간과 한정된 주제로 지난 1백 년의 역사를 조망한다는 것은 태평양의 물을 됫박으로 측량하겠다는 만용에 가깝다는 점을 익히 알면서도, 역사란 사건의 호적부가 아니라 문제점의 추출 능력이란 입장에서 감히 시도해보았다.

강좌는 제1부에서 '20세기 세계사'를 점검한 뒤 제2부에서는 '20세기 한국사'를 다루었다. 6개월에 걸쳐 실시했던 이 강좌에는 예상외로 많은 참석자들이 호응하여 고무되었다. 주제는 20세기의 주요 사건을 일별함과 동시에 21세기로 넘어온 과제를 중점적으로 다룬 방식을 취했다. 20세기에 대한 냉혹한 대차대조표를 작성하는 형식으로 진행되었기 때문에, 이 기획은 지난 세기의 단순한 정리와 기록이 아니라 21세기 인류의 과제 및 그 진로 모색에 초점을 맞추었다. 모쪼록 이 기획이 세계와 한국의 새로운 패러다임 창출에 조금이나마 기여해주기를 바라마지 않는다.

이 방대한 기획은 참여사회아카데미의 역량만으로는 감히 엄두를 낼 수 없는 난제였으나 아데나워 재단(Konrad Adenauer Stiftung)으로부터의 지원이 이 프로그램을 추진할 수 있는 원동력이 되었다. 아데나워 재단과 한국지부의 프란츠 브룬후버(Franz Brunnhuber) 님에게 감사의 인사를 드린다.

   아울러 각 분야의 주제를 맡아주신 여러 선생님과, 참여자 모두
에게도 이 자리를 빌려 감사드린다. 그리고 언제나 변혁과 진보의
편에서 훌륭한 책을 펴내는 도서출판 한울의 뜨거운 성원에도 고마
움을 전한다.

참여사회아카데미 원장
임헌영

차례

세계체제와 제3세계 그리고 동아시아 ·········· 249

산업자본주의를 넘어서 ·········· 275

20세기의 역사적 의미와 21세기의 과제

임헌영

1. 시대구분, 그 합리성과 비합리성

뉴밀레니엄이라는 술어가 IMF로 기가 죽은 한국인에게 비아그라 역할이라도 해주려는 듯 기승을 부리는 가운데 20세기는 슬그머니 숨어버리고, 21세기가 고혹적인 자태로 다가섰다. 3차원적인 시간으로야 불과 1초의 간극인데, 인류는 마치 먼 천 년 이전의 야만에서 천 년 뒤의 문명을 선물 받기라도 한 듯이 환호작약했다. 동서양을 가릴 것 없이 종교적 구원과 축복의 기복 신앙으로 '천년 왕국'은 인류의 이상향이었던 데 지나지 않았던 게 언제부터 누구에 의하여 이렇듯 요란스럽게 문화·지식·정보라는 사회과학적 이론과 이념으로 무장한 모습으로 등장하여 세계인 모두에게 행복의 복음과 신념을 갖도록 만들었을까?

어느 시대의 대중적 선동 이데올로기나 마찬가지로 뉴밀레니엄을 맞는 요란한 잔치도 지배계층의 보다 안전하고 확고한 통치를 위한 선무 공작은 아닌지 심히 의심이 가기도 한다. 밖으로는 강대국이 약소국에 대한 온갖 수탈과 야욕을 미학적으로 수식할 수 있는 이데올로기로 작용하는가 하면 안으로는 현실적인 부조리와 불만을 관념적인 기대치로 인내와 체념을 터득하는 노장(老莊)적 인생론을 보편화시키는 역할을 하게 되는 것은 아닐까.

역사에서 변화와 진보는 언제나 존재해왔고, 그 진보의 전위에는 항상 개혁 이데올로기가 자리했다. 물리적인 시간이 인간을 행복에로 한 걸음 다가서게 만들어 준 것이 아니라 개혁 이데올로기의 전위가 지난 시대의 갈등과 모순을 해결해냈기 때문에 새로운 시대가 열리곤 했다. 그러기에 역사적인 시대구분은 물리적인 시간과 일치시키기보다는 변혁과 진보의 보폭과 함께하면서 편의상 그 연대를 세기별로 나눠 부르곤 해왔다.

인류 역사는 원시 공동사회에서 노예제 사회를 거쳐 봉건주의를 겪었다. 이후 근대 자본주의 사회에서 그 갈등과 모순의 치유 혹은 대안으로 대두했던 사회주의가 20세기 초두에 실험단계를 맞았다가 20세기가 끝나기도 전에 종막을 고했다. 거시적 관점으로 보면 뉴밀레니엄은 자본주의 사회의 연속성이란 점에서 새로울 것도 없는, 진부하고 기대할 것도 없는, 그저 달력이나 한 장 바뀌는, 컴퓨터 입력 날짜만 바꾸는 연대에 지나지 않을 수도 있을 것이다. 그래서 지배계급은 별로 새로울 것도 없고, 또 새로운 이데올로기가 등장하지도 말기를 바라는 속내에서 오히려 더 호들갑을 떨면서 금세 깜짝 놀랄 기적이라도 일어날 듯이 뉴밀레니엄을 복음 전도용으로 삼는지 모른다. 21세기적인 여러 변화를 무시한 채 고루한 보수주의적인 입장을 옹호하려는 의도가 아니라 바람직한 21세기적 전망을 위해서는 20세기에 대한 보다 냉철한 시각이 필요하다는 취지에서 복음주의적인 선심 내지 모순과 갈등의 무마용 밀레니엄 선풍을 비판할 필요가 있다는 점을 강조하고 싶을 뿐이다.

"세계사는 세계를 심판하는 법정이다"는 헤겔의 말을 인용하면서, 칼 뢰비트는 "그런데 이 법정에는 도덕의 기준을 가진 판사가 없다"고 저서 『역사의 의미』에서 개탄하는데, 바로 20세기에 해당될 법하다. 과학과 진보라는 이름으로, 자유주의 사관이라는 깃발로, 풍요와 소비의 시대라는 감언이설로 정의와 진리에 대하여 잠깐이라도 고려할 겨를도 없이 세계는 마치 먹이를 쫓는 멧돼지처럼 앞만 보고 돌진해왔는데, 이제 그 항속에다 가속까지 붙여 세계화, 정보화, 경제제일주의의 21세기로 돌입했다. 여기서 잠시 멈칫거리며 헤겔의 『역사철학』의 충고를 들을 수는 없을까.

"역사를, 민족의 행복, 국가의 지혜, 개인의 미덕을 제물로 바치는 제단으로 간주하더라도 다음과 같은 물음은 필연적으로 제기된다. '어떤 목적'을 위해 이 엄청난 희생이 치러졌는가?"

무엇을 위하여?

브르제진스키의 통계에 따르면 지난 20세기에는 약 1억7천만여 명이 정치적인 이유로 학살당했다고 한다. 이들 중에는 '…을 위하여' 죽음을 선택한 사람도 많겠지만, 설사 그랬더라도 21세기에 그 사자의 영혼에게 "당신은 자신이 선택한 죽음이 정당했던가?"고 묻는다면 어떤 반응이 나타날까. 가령 나치에 저항했던 프랑스 레지스탕스라면 오늘의 프랑스에 만족해하며 자신의 유족과 친지들의 삶에 축복을 보내줄 수 있을까. 만약 그렇다면 20세기는 성공한 연대로 기록될 것이다. 그러나 백마고지에서 산화한 한 전사에게, 혹은 4·19 때 광화문 어름에서 생명을 바친 한 젊은이나, 전태일·이한열·박종철에게 "당신은 무엇을 위하여?"라고 따진다면 모두가 오늘의 한국적 처지를 고까워하며 자신의 가족과 친지들의 삶에 만족해하며 이 땅에 축복을 내려줄 수 있을까? 이 말은 역사적인 전위운동에는 항상 보답이 따라야 한다는 식의 대가성 삶을 주장하려는 게 아니라, 왜 역사에서 언제나 희생만을 강요하면서도 교훈은 배우지 않는가라는 점을 강조하고 싶어서이다.

많은 논객들이 20세기의 성과와 진보를 말한다. 사실이다. 그러나 그 성과란 1억7천만여 명의 피 위에서 간신히 수확한 열매일 뿐임을 망각하고 있는 것은 아닐까. 그래서 20세기가 이룩한 성과란 그 고귀한 희생에 비하면 너무나 하잘 것 없는 생명의 인플레는 아닐까. 20세기의 의미는 이래서 결과론이나 성과만을 봐서는 안될 것이다.

20세기는 변혁의 보폭으로 정의 내리자면 1917년 러시아 사회주의혁명부터 소연방이 해체된 1991년까지를 뜻한다. 논자에 따라서는 1914년 제1차 세계대전부터 1991년 쿠웨이트를 침공한 이라크에 대항하기 위한 미국 등 다국적군의 전쟁까지로 정의 내리기도 하지만 어떤 경우든 20세기는 인류 역사에서 최초로 자본주의 이후의 이상향으로 고대했던 사회주의의 실험 시대로 규정한 점에서는 그 방법론을 함께한다.

좀더 문학적으로 말하면 "폭풍의 발자국 소리를 광장에 울려라! / 산맥을 이룬 당당한 머리 위로 높이 솟아라! / 우리는 두번째 노아의 홍수로 / 세상의 온 도시를 씻어버리리라.… / 기쁨을 마셔라! 노래하라! / 혈관에 봄이 넘쳐 흐른다 / 심장이여, 드럼을 쳐라!"(마야코프스키, 「우리들의 행진곡」)며 일어섰던 혁명의 기상나팔로 20세기는 밝아왔다. 그것은 봉건주의적 절대권력체제에 도전했던 프랑스혁명 이후 고착된 자본주의적 세계관과 인생관을 바꾸는 개혁의 외침이었다. 그런데 동독의 시인 폴커 브라운은 시 「소유물」에서 "난 여기 있는데, 내 나라는 서쪽으로 떠나네"라고 침통하게 노래한다. 어느새 마야코프스키의 행진곡은 조곡으로 바뀌어 기상나팔이 자장가처럼 변주되고 말았다.

사회주의 전반에 대한 가치평가는 차치하고 자본주의적 세계사의 흐름, 그 절정으로서의 제국주의적 팽창에 종지부를 찍게 했던 세계사적 변모는 새 시대란 명칭에 합당하다는 뜻에서 20세기의 개념 규정은 이루어진다. 에릭 홉스봄은 근대사를 '혁명의 시대'(1789~1848), '자본의 시대'(1848~1875), '제국의 시대'(1875~1914)로 구획지으면서, 20세기를 '극단의 시대'로 이름 붙였다. "어느 누구도 20세기의 역사를 다른 시대의 역사처럼 쓸 수는 없을 것이다"면서 그는 이 세기를 '학살과 전쟁의 세기'라고 요약했는데, '극단'이라는 술어 자체가 이 두 단어의 상징에 해당된다 하겠다. 홉스봄의 통계수치로는 1억8천7백만 명이 비명횡사한 연대였던 20세기는 그 살육을 멈추게 하려고 다른 살육을 감행해야만 했던 모순과 갈등의 극단의 세기이기도 했다. 이 피의 세기의 대차대조표는 무엇으로 결산될 수 있을까?

2. 도전으로서의 사회주의와 응전으로서의 자본주의

홉스봄이 분류한 '자본의 시대' 이후 행복했던 제국주의의 전성기는 연대기적으로는 1917년까지 지속되었다. 제1차 세계대전이 일어났을 때 미래 세계가 어떻게 변모할지 누구도 예견하지 못했다. 홉스봄은 그의 책 『제국의 시대』 마지막을 이렇게 장식한다.

(19~20세기) 2세기 동안의 신성함을 관장했던 역사는 우리들에게 사람들이 흔히 생각하듯 인류는 정확히 그것이 어떤 것이 되든지 간에 약속된 땅으로 순례할 것이라는 확고한 보장을 더 이상 해주지 않는다. 그리고 인류는 거기에 도달할지도 여전히 불분명하다. 결과는 매우 다르게 나타날지도 모른다. 우리는 19세기가 만들어낸 세계에

살고 있기 때문에 그렇게 될 수 있다는 것도 알고 있으며, 또한 19세기가 성취한 것이 아무리 대단하다고는 해도 그것들은 당시에 꿈꾸었던 혹은 기대했던 것들이 아니라는 것도 잘 알고 있다. (…) 미래에 대해 유일하게 확실한 것은, 미래는 그것에 대해 가장 멀리 예측한 사람들조차도 놀라게 할 것이라는 점이다.[1]

제국주의 상호간의 모순이었던 제1차 세계대전이 러시아혁명이라는 인류사의 새로운 역사의 장을 열 것으로는 마르크스나 엥겔스는 물론이고 그 뒤 어떤 혁명가도 예견하지 못했다. 유럽의 낙제생이었던 러시아는 시인 릴케로 하여금 신비주의적 체험으로 문학적 세계를 심오하게 만들어주는 농촌 공동체적 지역으로 남을 것이라 여겨질 정도였다. 기존 자본주의체제에 대한 도전으로서의 사회주의 이념은 자본주의적 악 혹은 부정적 요인을 개혁 혹은 근절시키려는 게 그 목적이었다.

일국사회주의혁명은 중화학공업을 비롯한 모든 분야에서 기적을 일으켜 불과 반세기도 되기 전에 세계인의 1/3이 직·간접적인 사회주의 이념으로 살아가도록 만들었다. 사회주의혁명 이념은 크게 두 흐름으로 나뉘었다. 하나는 선진국에서 계급투쟁에 초점을 맞춘 반자본주의적 혁명의 길로 나아갔으며, 다른 하나는 후진 식민지에서 민족해방투쟁의 이데올로기로 작용했다. 여기서 선진국의 경우에는 국가권력의 정통성 획득에 실패하여 여러 수정 단계를 거쳐 집권했거나 혹은 야당으로 상존하는 형태가 되었다.

이와 달리 후진국에서는 반제 민족해방투쟁 이데올로기의 깃발을 내걸어 가히 세계사의 진로를 바꿀 지경으로 심화되기도 했으나, 선진 제국주의의 갖은 방해와 야만적인 탄압으로 좌절당했다. 물론 이 말은 사회주의의 정당성을 주장코자 하는 것이 아니라 20세기적

---

1) 에릭 홉스봄, 김동택 옮김, 『제국의 시대』, 한길사, 1998.

인 상황의 객관적인 이해를 위한 변론이다. 코민테른과 코민포름의 여러 정책은 제3세계의 민족해방투쟁에서 프롤레타리아 계급으로 하여금 그 주도적 전위에 서도록 만들었음을 부인할 수 없을 것이다.

어떤 경우든 20세기의 사회주의가 이룩한 성과는 인류 역사에서 지울 수 없을 터인데, 그것은 "공산주의는 또 다른 형태의 사회를 만들어내려는 기획으로서는 실패하였지만, 하나의 운동으로서는 결코 경멸거리가 된 적이 없었다. 인종주의, 파시즘, 식민주의에 항거하는 데 온 힘을 기울인 공산주의자들의 인간적 자질을 잊어서도 안될 것이다"라는 로빈 블랙번의 지적이나, 녹색정치, 여성해방론, 전지구적 불평등과 군국화에 대한 우려를 중심한 사회운동으로서의 가치를 내세운 시걸의 주장은 사회주의 인식의 객관적인 자세를 느끼게 만든다.[2]

이밖에도 사회주의 이념은 자본주의의 개혁을 촉진시켜 그 수탈 위주의 질서를 복지 위주로 바뀌게 한 사실이나, 학문 예술에서의 객관적 인식 방법론을 보편화시킨 점 등등을 열거할 수 있지만 현실적으로는 실패한 실험으로 평가된다.

과연 사회주의는 저 중세의 연금술처럼 찬연했던 환상만 남긴 채 밀교의 교리인 양 전설화될 것인가. 그래서 사회주의체제(또는 이념 소유자)의 소돔성에서 구원을 받고자 자유주의체제(혹은 이념)로 탈출하려는 사람들은 롯의 아내처럼 뒤돌아보면 소금기둥으로 변하여 불치의 보수주의자가 되고 말 것인가?

프레드릭 제임슨은 "제국주의의 보복 어린 복귀를 말해야 옳을 것"이라면서, "사회주의가 실패했다고 말할 수 없듯이, 시장체제 자

---

2) 로빈 블랙번 편저, 김영희 옮김, 『몰락 이후: 공산권의 패배와 사회주의의 미래』, 창작과비평사, 1994.

체를 제대로 읽어내기만 한다면 자본주의가 성공했다는 말도 할 수 없다"고 못박는다.

이 말은 곧 솔제니친이 "사회주의-공산주의라는 현세적 이상은 무너졌지만 그 이상이 해결하고자 했던 문제들은 여전히 남아 있다. 뻔뻔스러운 사회적 우위의 이용과 돈의 지나친 위력—종종 사건의 흐름 자체를 지배한—이 그것이다. 그리고 20세기의 전지구적 교훈이 예방주사 역할을 하지 못한다면 거대한 붉은 회오리 바람이 그대로 되풀이될지도 모른다"고 한 말과 상통한다.[3]

와다 하루키(和田春樹)는 이런 역사적인 전환기에 대하여 "미국만이 세계에서 정의를 실현할 수 있다고 하는 생각은 사막의 신기루이다"면서, "미국 국가와 경제의 힘은 아직 강력하지만 소련과는 다른 의미에서 미국의 페레스트로이카가 시작되지 않으면 안된다"고 사회주의 종언 이후의 세계질서에 대하여 언급하면서 조심스럽게 20세기의 결산과 21세기의 전망을 이렇게 정리한다.

19세기 서구에서 태어난 사회주의의 이념인 '평등'이 21세기의 전지구적 혁신 과정을 감당할 수 있을 것인가? 새로운 이념은 역시, 지나간 세계전쟁 시대와 국가 사회주의의 역사를 깊이 고찰함으로써, 20세기의 경험으로부터 창출되어야 하지 않을까?

이것은 새로운 유토피아를 추구하는 것일까? 유토피아를 완전히 실현할 때의 위험성은 이미 명백하다. 그러나 현재 이 지상에 존재하지 않는 상태를 꿈꾸지 않고서는 본격적인 개혁운동이 성립한다고 생각할 수 없다. 따라서 역시 유토피아는 필요하지만, 그것은 새로운 유형의 유토피아라야만 한다.[4]

20세기는 19세기까지 절대적 가치관으로 군림했던 자본주의적

---

3) 홉스봄, 이용우 옮김, 『극단의 시대』, 까치, 1997에서 재인용.
4) 와다 하루키, 고세현 옮김, 『역사로서의 사회주의』, 창작과비평사, 1994.

체제에 대한 도전으로서의 사회주의가 제1차적 실험을 실패로 끝낸 시대였다. 그러나 이에 웅전했던 자본주의가 체제적 승리를 거두었다든지, 인류 역사의 유일한 선택이라는 명제는 미지수이다.

3. 역사의 흐름을 바꾼 사건들

연대기적인 단위로 1900~1999년 동안 지구상에서 전개되었던 사건 중 과연 역사를 바꾼 요인은 무엇이었는가에 대한 해답은 관점에 따라 다양할 것이다. ≪한겨레≫가 전문가(각계 인사 74명 참여)와 네티즌 두 유형으로 나눠 선정한 20세기의 20대 사건은 다음과 같다.

(1) 각계 전문가 선정
① 볼세비키혁명(1917)
② 독일 폴란드 침공과 제2차 세계대전(1939)
③ 소련 해체(1991)
④ 히로시마 원폭 투하(1945)
⑤ 인간 달 정복(1969)
⑥ 제1차 세계대전 발발(1914)
⑦ 유엔 창설(1945)
⑧ 베를린 장벽 붕괴(1989)
⑨ 일본 진주만 공격과 태평양전쟁(1941)
⑩ 검은 목요일과 대공황(1929)
⑪ 중화인민공화국 수립(1949)
⑫ 한국전쟁(1950)
⑬ 세계무역기구(WTO) 출범(1998)
⑭ 브레턴우즈 통화체제(1944)
⑮ 소련 글라스노스트(1985)
⑯ 히틀러 독일 총리 등장(1933)

⑰ 유태인 대학살(1945)
⑱ 석유 위기와 자원 무기화(1973)
⑲ 제1차 유엔 인간환경회의(1972)
⑳ 관세 및 무역 일반협정(GATT)(1948)
㉑ 핑퐁외교와 미·중 수교(1972)
㉒ 유럽 단일 통화 출범(1999)

(2) 네티즌 선정

① 소련 해체(1991)
② 인간 달 정복(1969)
③ 유럽 단일 통화 출범(1999)
④ 히로시마 원폭 투하(1945)
⑤ 베를린 장벽 붕괴(1989)
⑥ 한국전쟁(1950)
⑦ 제1차 세계대전 발발(1914)
⑧ 세계무역기구(WTO) 출범(1998)
⑨ 유엔 창설(1945)
⑩ 석유 위기와 자원 무기화(1973)
⑪ 일본 진주만 공격과 태평양전쟁(1941)
⑫ 독일 폴란드침공과 제2차 세계대전(1939)
⑬ 홍콩 반환(1997)
⑭ 히틀러 독일 총리 등장(1933)
⑮ 검은 목요일과 대공황(1929)
⑯ 유태인 대학살(1945)
⑰ 볼셰비키혁명(1917)
⑱ 걸프전쟁(1991)
⑲ 관세 및 무역 일반협정(GATT)(1948)
⑳ 아시아 경제위기(1997)

이 목록 중 양쪽에서 다 선정한 주요 사건은 16개 항목인데, 이를 내용별로 구분하면 다음과 같다.

① 사회주의·전체주의 등 이데올로기나 인종적 편견에 의하여 야기된 사건(총 6건)

볼셰비키혁명, 베를린장벽 붕괴, 한국전쟁, 히틀러 독일 총리 등장, 소련 해체, 유태인 대학살.
② **경제 관련 사항(총 4건)**
유럽 단일 통화 출범, 세계무역기구 출범, 석유 위기와 자원 무기화, 검은 목요일과 대공황.
③ **전쟁(총 3건)**
제1차 세계대전, 일본 진주만 공격과 제2차 세계대전, 독일 폴란드 침공과 제2차 세계대전.
④ **과학 관련 사안(총 2건)**
인간 달 정복, 히로시마 원폭 투하.
⑤ **기타(1건)**
유엔 창설.

앞의 내용에 나타난 대로 20세기는 문명의 진보와 이성의 발전에도 불구하고 이데올로기와 편견에 의한 역사적인 비극이 가장 앞서고 있다. 이 점은 세계사에서 종교전쟁의 시대를 참고하면 인간의 가치관의 차이가 얼마나 무서운가를 유추할 수 있으며, 그것은 21세기에도 그대로 변모되지 못한 채 물려질 비관적인 전망이다.

경제 관련 사항이 많은 것은 당연해 보이는데, 엄밀히 따지면 가장 빈도수가 높은 항목이 될 것이다. 이유인즉 19세기의 정복전과는 달리 20세기 세계대전의 근본 원인은 제국주의적 침략전이었으며, 이것은 바로 경제적 요인이 중요한 동기가 되었기 때문이다. 이렇게 볼 때 20세기를 움직인 요인은 경제문제와 이데올로기로 집약될 수 있으며, 인류는 당분간 이런 가치관에 따라 역사를 진전시켜 나갈 전망인 듯싶다.

그런데 두 집단의 선정에서 한쪽에만 포함되었던 중요한 사항들이 탈락한 경우가 있다. 바로 걸프전이다. 관점에 따라서는 20세기의 마지막 획을 긋는 사건이 되기도 했던 이 전쟁의 의미는 21세기 세계사에 대한 예언적 성격을 띠고 있다는 점에서 보다 세심한 주의를 요한다.

피터 드러커는 걸프전쟁에 대하여 "이라크에 대항하기 위해 형성된 범국제적 동맹은 국제정치 무대에 있어 주권국민국가(sovereign nation state)가 중심적이었던, 간혹은 단 하나의 주역이었던 지난 4백 년 간의 역사에 종지부를 찍는 결정적 사건"으로 풀이해준다.5) 이 주장은 그 옳고 그름을 떠나 일단 현상적으로는 사회주의체제가 붕괴해버린 세계사적 진공관에 미국이라는 초강국이 세계화와 지구촌이라는 뉴밀레니엄 시대의 복음주의적 신화로 단일가치 체계화시키려는 음모의 일단이 엿보인다.

어쨌든 걸프전은 단순한 폭격이 아니라 인류 역사상 처음으로 약소국 하나를 향해 선진 여러 국가들이 힘을 뭉쳐 잔혹하게 공격하면서 그 광경을 첨단장비로 스포츠 경기처럼 생중계한 관상용 전쟁이었다는 점에서 간과할 수 없는 중대한 의의가 숨어 있다. 그것은 재래식 전쟁을 거치지 않고도 한 주권국가를 침탈할 수 있다는 사실을 입증시킨 것으로 세계무역기구와 함께 "영토적 팽창이라는 공식 제국주의가 아닌 비공식 제국주의의 형태"6)를 실현하는 시범 사건으로 볼 수 있다.

전문가들이 뽑은 '중화인민공화국 수립'은 네티즌에 의하여 '홍콩 반환'으로 대치되었는데, 앞의 사항이 없었다면 뒤의 사항이 어떻게 되었을지는 미지수란 점에서 같은 맥락으로 봐야 할 것이다. 중화인민공화국의 수립은 이데올로기적인 의미에 못지않게 서구 문명 대 아시아 문명의 공존 혹은 자주 가능성을 실증해준 것에 더 큰 의의가 있을 것이다. 중국이 사회주의든 아니든(아니었다면 준식민지로 전락했겠지만) 그 주권을 견지했다는 점은 동아시아 지역에

---

5) 피터 드러커, 이재규 옮김, 『자본주의 이후의 사회』, 한국경제신문사, 1993.
6) 이삼성, 『20세기의 문명과 야만』, 한길사, 1998.

서 평화 유지와 세력 균형에 불가결의 요인이란 사실을 부인할 수
없을 것이며, 이런 이유로 20세기의 대사건에서 중국 문제는 반드
시 삽입되어야 할 것이다.

4. 20세기가 이룩한 진보적인 사건들

앞의 중요 사건들은 재앙과 진보를 겸한 것들이었다. ≪한겨레≫
는 인류역사에서 20세기에 이룩한 진보적인 사건만을 같은 방식으
로 뽑았는데 그 목록은 다음과 같다.

전문가와 네티즌이 함께 선정한 20세기의 진보적 사건(14개 항목)
① 국제인권선언(1948)
② 유엔 창설(1945)
③ 핀란드 여성참정권 최초 획득(1906)
④ 국제노동기구 창설(1919)
⑤ 핵 확산 금지조약(1970)
⑥ 마하트마 간디 무저항운동(1930)
⑦ 미국 베트남전 반전 시위(1969)
⑧ 세계적 자연보호단체 그린피스 결성(1970)
⑨ 산아제한 운동과 경구 피임약 개발(1953)
⑩ 미·소 전략무기 감축협정(1972, 1991)
⑪ 제1회 노벨상(1901)
⑫ 남아프리카 공화국 아파르트헤이트 철폐(1993)
⑬ 한국 6월 민주항쟁(1987)
⑭ 리우 유엔 환경개발회의(1992)

이 항목들을 주제별로 분류하면 20세기의 인간들이 무엇을 위하
여 헌신했던가를 유추할 수 있을 것이다.

① 민주화, 인권 등과 관련된 사건(4건)
  국제인권선언, 간디의 무저항, 남아공의 인종차별 철폐, 한국의 6월
  민주항쟁.
② 무기·전쟁·폭력 등 반인간적인 활동에 대한 제약(3건)
  핵 확산 금지조약, 미·소 전략무기 감축협정, 미국의 베트남 반전운
  동.
③ 여성 문제(2건)
  핀란드 여성참정권, 산아제한과 경구 피임약 개발.
④ 자연보호(2건)
  그린피스 결성, 리우 유엔 환경회의.
⑤ 노동자(1건)
  국제노동기구 창설.
⑥ 기타(2건)
  유엔 창설, 제1회 노벨상.

넓은 의미의 인권문제라면 모든 항목이 다 포함된다고 할만큼 20
세기는 인권 신장의 연대였다. ③ '핀란드 여성참정권 최초 획득'과
④ '국제노동기구 창설'은 직접적인 인권문제이며, 다른 사항도 거
의 인간의 생존권과 평화와 행복을 추구할 권리에 연관된 쟁점들이
다. 산아제한을 여성의 권리 항목에 넣은 것은 무리가 없지 않으나
임신으로 인한 제반 문제가 여성에게 가장 심각한 영향을 주기 때
문에 여성 인권의 연장선으로 파악했다.

20세기가 이룩한 진보적인 성과들이 대부분 인권과 연관이 있다
는 말은 곧 첨단과학의 세기였던 그때까지도 인간의 원시적인 존재
로서의 기본권이 평등하게 실시되지 못하고 있었다는 사실의 반증
에 다름 아니다. 가장 빈도수가 많은 인권 항목 중 거의가 후진국
혹은 식민지에서의 사안인 점을 주목할 필요가 있다. 결국 20세기
의 지구촌은 소수 강대 제국주의 국가 국민들의 권익을 위해 후진
국의 인권을 유보해왔었던 게 입증되는 셈이다. 물론 선진국들은
후진국에게 비민주화의 원인을 해당 국가 내의 문제로 귀착시켜 강

대국 자신의 책임 부재론을 주장할 것이지만 인도처럼 직접 식민지였던 나라 말고도 후진국에 독재 정권을 비호해준 것은 이미 국제정치의 상식에 속하기에 구태여 더 언급할 필요가 없을 것 같다.

이 실적, 20세기가 이룩했다는 진보의 목록 앞에서 망연자실하지 않으면 정상이 아닐지 모른다. 첫눈에 알 수 있듯이 선진 강대국에서 이룩된 업적이라고는 차라리 애초부터 없어야 했을 무기들에 대한 제한협정뿐이다. 그 제한협정은 강대국의 필요에 따라 얼마든지 가감 수정되어 인류를 재앙으로 몰아갈 만한 무기를 비축하고 있다는 사실을 누구도 부인할 수 없고 보면 대체 어째서 이게 진보란 말인가 되묻고 싶어진다.

전문가와 네티즌이 각각 한쪽에서만 제기했던 진보의 항목들을 정리해보면 다음과 같다.

① 전문가만이 선정한 진보적 사건

우드로 윌슨 민족자결주의 천명(1916)
국제노동기구헌장 개정, 1일 8시간 주 48시간 노동(1953)
국제사면위원회 창립(1961)
스톡홀름 세계환경회의(1972)
포로의 대우에 관한 제네바 협약(1929)
유엔 교육과학문화기구(유네스코) 발족(1946)

② 네티즌만이 선정한 진보적 사건

프랑스 동성애 부부 법적 지위보장법안 상정(1998)
포괄적 핵실험 금지조약(CTBT) 체결(1996)
대인지뢰금지조약(1997)
한국 정신대 문제보고서 유엔 인권위원회 제출(1996)
유엔 아동권리선언(1959)
미국 담배회사 흡연 피해보상금 지급판결(1997)
세계유산 및 자연유산 보호에 관한 협약(1972)

①의 전문가들의 진보적 사건에 대한 선정이 인간의 기본권 위주인 데 비하여, ②의 네티즌의 선정은 선진국형의 특수한 권익(예컨대 동성애 등) 옹호의 영역에까지 관심을 기울이고 있다는 점이 시선을 끈다. 그러나 지구촌의 대다수 사람들이 기본권 확보도 못한 상태에서, 고엽제 피해조차 보상을 않는 상황에서 자국민에게는 흡연 피해자에게까지 보상을 하는 게 정당한 일이며 그게 진보적인 사건인가 하는 가치관의 혼란은 우드로 윌슨의 민족자결주의 천명에 대한 회의심으로 치닫게 만든다. 뒷손으로는 약소국을 핍박했으면서 입으로는 민족자결을 외친 게 진보일 수 있는가 하는 의구심은 당시 식민지였던 한국인으로서는 당연히 제기함직한 문제일 것이다.

국제사면위원회의 창립 사건은 인권의 신장, 특히 후진국의 양심범 양산 체제에 대한 비판과 민주화 운동의 간접적인 효과를 고려할 때 빼놓을 수 없는 항목이다. '세계인권선언' 같은 것이 상징성은 강하나 실지로 많은 독재국가에서는 아무런 영향력도 발휘하지 못한 점을 고려하면 국제사면위원회(Amnesty)의 발 빠르고 효율적인 활동상은 NGO운동사상 획기적인 업적을 남겼으며 이것이야말로 20세기의 업적이 될 것이다. 사실 국제사면위원회는 1977년도에 노벨평화상을 수상한 실적도 있다.

5. 잃어버린 것을 찾아서

과학의 진보는 20세기 최대의 자랑이다. 그럴 것이다. 사상과 예술과는 달리 과학은 물리적인 시간에 따라 진보하게 마련이기에 19세기보다는 20세기가, 20세기보다는 21세기가 더 진보할 것이나,

20세기에 살았던 사람들에게는 그 첨단 발명품이 경이로웠을 것이
다.

≪한겨레≫가 뽑은 '삶을 바꾼 상품' 20개 품목 중 전문가와 네
티즌들이 함께 선정한 상품은 다음과 같다.

① 텔레비전(1907년 기본 설계)
② 퍼스널컴퓨터
③ 가솔린 자동차
④ 페니실린(1929)
⑤ 신용카드(전자 화폐)
⑥ 경구 피임약(1959)
⑦ 라디오(1906년 최초 방송)
⑧ 아파트(대규모 서민 아파트 1919)
⑨ 영화(1895년 뤼미에르 형제)
⑩ 인스턴트식품(라면·씨리얼 등)
⑪ 아스피린(1853년 발명. 1890년 바이에르 시판)
⑫ 건전지
⑬ 지하철(영국 전기철도. 1890)
⑭ 볼펜(1943)
⑮ 패스트푸드(햄버거·피자·샌드위치 등)

별다른 설명이 필요 없이 현대인들의 삶의 질을 향상시킨 상품들
이다. 참고로 전문가와 네티즌만이 선정한 품목을 보면 다음과 같
다.

① 전문가만 선정한 상품
  필라멘트 전구, 이동전화, 컴퓨터통신, 점보여객기, 전기냉장고.
② 네티즌만이 선정한 상품
  형광등, 탄산음료(콜라 등), 1회용 생리대, 지퍼, 윈도우 운영 체제.

그러나 과학이 반드시 인간에게 긍정적이지만은 않다는 사실을

이 상품 목록은 증명해준다. 어째서 위에서는 환경문제를 20세기의 진보적 사건으로 다루면서 여기서는 인스턴트 식품과 패스트푸드들이 포함되어 있을까.

한 시대의 참모습은 성공의 사례에서보다는 실패한 사건에서 더 잘 찾을 수 있을 것이다. ≪한겨레≫에서 전문가와 네티즌이 각각 '20세기의 실패'로 뽑은 스무 가지 중 공통된 사건은 다음과 같다.

① 사회주의 계획경제
② 히틀러의 제3제국
③ 베트남전 미국 참전(1964)
④ 중국 문화혁명(1967)
⑤ 일, 미 진주만 폭격(1941)
⑥ 국제연맹(1920)
⑦ 독일, 소련 침공(1941)
⑧ 자본주의 자유방임 경제
⑨ 영국 등 선진국 '요람에서 무덤까지' 복지정책
⑩ 화학전 및 세균전 금지 제네바 조약(1925)
⑪ 한국의 반민특위(1948)
⑫ 천안문 민주화시위(1989)
⑬ 소련 페레스트로이카(1985)
⑭ 에스페란토어 보급

여기서 거론된 실패는 곧 21세기의 과제일 수도 있다. 가장 중요한 것은 ① '사회주의 계획경제'와 ⑧ '자본주의 자유방임 경제'가 동시에 제기되었다는 사실로 20세기는 사회주의와 자본주의가 다 그 실험에서 실패한 사건으로 기록되었다는 점이다. 관점에 따라서는 후자가 전자와 견주어 비교급으로 볼 때는 승리와 성공의 체제라고 주장할 수도 있으나 자유방임제 자본주의는 사회주의보다 더 먼저 파탄을 맞았다고 봐야 할 것이다.

넓은 의미에서 사회주의적인 제반 실험이 실패로 끝난 사건들로
는 ① '사회주의 계획경제' ④ '중국 문화혁명' ⑨ '영국 등 선진국
복지정책' ⑫ '천안문 민주화시위' ⑬ '소련 페레스트로이카' 등으
로 가장 높은 빈도 수를 나타내고 있는데, 이것은 사회주의에 대한
비판의식과 함께 이룩되지 못했던 미완의 과제에 대한 기대치가 섞
여 있다. 여기에는 20세기 사회주의운동에 대한 모든 쟁점이 축약
되어 있기에 면밀한 검토가 따라야 할 것이지만 다른 논의의 자리
가 필요할 것 같아 생략한다.

역사상 존재하지 말았어야 했던 사건들인 전쟁과 학살, 독재 등
과 관련된 항목이 ② '히틀러의 제3제국' ③ '베트남전 미국 참전'
⑤ '일, 미 진주만 폭격' ⑦ '독일, 소련 침공' ⑩ '화학전 및 세균
전 금지 제네바 조약' 등으로 가장 많이 등장하는 것은 20세기를
죄악과 살육의 수치스런 연대로 평가할 근거를 마련해준다.

이 항목과는 대조적으로 평화와 바람직한 역사적 과업으로 반드
시 성공했어야만 했던 사건인데도 실패로 끝나버려 도리어 후유증
을 남긴 사례로는 ⑥ '국제연맹' ⑪ '한국의 반민특위' ⑭ '에스페
란토어 보급'과 같은 경우를 들 수 있다. 특히 ⑭ '에스페란토어 보
급'은 국제 공용어에 대한 논의가 공공연히 나도는 21세기 초반의
분위기를 감안할 때 인류 평화를 위해 반드시 성공했어야만 되었던
문화운동이다.

전문가만 거론했던 사건에는 트로츠키의 영구혁명론, 캄보디아
의 크메르 루즈(1973), 칠레의 아옌데 정권 선거를 통한 사회주의
(1973), 소련의 쿠바 미사일 배치(1962) 등이 있는데, 모두가 사회주
의와 관련된 사항들이다.

이와 대조적으로 네티즌들만이 뽑은 실패한 사건은 타이타닉 호
의 침몰, 김영삼-김일성 남북정상회담, 미국 금주법, 소련의 아프가

니스탄 침공, 실리콘 유방확대시술, 소련 쿠데타 등이다.

실패한 사건은 그 실패가 아쉬운 사건과 실패로 끝나서 다행이거나 아니면 아예 존재하지 말아야 할 사건이 혼재되어 있다는 점에서 약간은 혼란스럽지만 20세기가 21세기로 어떤 과제를 남겼는가를 유추케 만드는데, 가장 중요한 쟁점은 반인륜적인 범죄에 대한 응징과 금지일 것이다.

전쟁과 혁명의 세기는 극단적으로 말하면 인간을 살육하기 위한 무장력으로서의 과학문명의 진보를 가져와 루소가 『학문 예술론』에서 주장했듯이 문명의 발전이 인류에게 불행을 가져왔다는 부정적 평가를 환기시켜줄 지경이다. 20세기는 인간에게 무엇을 만들어주었느냐보다 어떻게 활용했느냐를 묻도록 만든 시대이다.

대중적인 국민국가 시대를 맞게 만든 20세기는 모든 문화양식을 대중의 시대에 걸맞게 변화시켜 국가 이념과 문화·산업·예술·통치술 등이 총체적으로 대중 지향성을 띠게 되었다. 구텐베르크 이래의 미디어 혁명으로 문화가 정치와 경제의 진로를 결정짓는 마술사로 둔갑하고 있다. 예컨대 어떤 직업이나 전공이든 상관없이 텔레비전에 자주 등장하는 인물은 이제 단순한 탤런트가 아니라 미래의 정치인이자 대중사회의 여론을 주도하는 우상으로 변신하는 신통력을 지니게 되었다.

경제조차도 미디어의 이미지 영향력으로부터 자유로울 수 없을 만큼 문화예술은 이제 제정일치 시대의 무당처럼 만능의 횡포를 향유한다. 그러나 문화는 문화 그 자체의 재정적 기반이 취약하여 지배계급의 지원이 필수적이란 사실 때문에 봉건시대의 패트론 문화로 회귀할 조짐조차 보이고 있다.

과학은 어떤가? 군산복합체제의 시녀로 전쟁과 상품개발이라는 두 가지 목적에 동원되었던 냉전체제 아래서의 과학은 오펜하이머나 사하로프 같은 양심적인 인사로 하여금 자유를 박탈당하게 했다. 리우 환경선언에도 불구하고 지구의 노쇠화를 가장 촉진시켰던 세기였던 20세기는 심지어 신의 영역이었던 생명공학까지 제작하여 '생의(生醫) 윤리학'이라는 철학 장르를 창출토록 강박했다.

유토피아 건설을 위해 가장 피를 많이 흘렸던 지난 세기는 적어도 민주주의 개념을 3권 분립이 아닌 5권 분립으로 수정해준 전환기가 될 것이다. 그것은 몽테스키외적인 3권에다 언론과 NGO기구를 포함한 다섯 가지가 완벽한 독립성과 창의력으로 조화를 이루는 사회야말로 진정한 민주주의라는 뜻이다.

세계사는 지금 어디로 표류하고 있는가. 냉전체제가 종막을 고하면 지구는 평화가 오리라고, 제국주의나 사회주의 중 어느 하나만 사라지면 평화의 꿈이 실현될 것이라고 워싱턴과 모스크바의 복음은 1세기 동안 모든 매체를 동원하여 외쳐왔다. 그런데 어떤가? 전쟁은 더욱 다양해지고 살인 방법은 한층 교묘해졌다. 제3세계 나라들은 더욱 어려워지고 그 출구는 전혀 보이지 않는다. 마치 19세기 말엽에서 20세기를 전망하던 세기말 때처럼 세계는 암담하다. 아니, 그때는 거짓이든 아니든 희망의 복음이라도 있었지만 이제는 어떤 확신에 찬 복음도 사라져버린 채 황금의 여신만이 지구를 배회하고 있다.

물론 정치가들은 국민들에게 뉴밀레니엄이라는 화려한 공약의 팡파르를 울리지만 이미 20세기의 온갖 불행을 체험한 민중들은 그걸 믿기에는 너무 약삭빨라져버렸다. 과연 민족 단위의 국민국가가 파기되고 세계체제로 편입하는 것이 인류의 행복일까. 현대 과학은 인류에게 여유와 편의와 풍요를 약속할까?

그리고 우리의 좌표도는 지금 어디인가? 과연 IMF만 끝나면 우리는 다시 행복한 자유·평등·박애를 누릴 수 있는 사회체제가 될 것인가. 그래서 오늘 당장 우리의 지상 과제는 IMF의 극복을 위해서는 뭐든 희생하면 되는 것일까?

21세기를 맞는다는 것은 물리적인 달력 한 장 넘기기가 아니라 19세기부터 물려받은 역사적인 과제인 유토피아의 실현을 위한 이상에로 다가가는 새로운 출발이어야 할 것이다. 그것은 환상이 아니라 치밀하게 설계된 청사진이어야 할 것이다.

20세기의 사회문화적 지각변동

신광영

1. 20세기의 문화적 의미

20세기는 이제 우리에게 지나간 역사가 되었다. 그러나 단순히 사라진 역사가 아니라 우리의 미래에 영향을 미치는 살아 있는 역사로 남아 있다. 인류가 지구상에 존재한 이래 많은 변화를 보였지만, 지난 1백 년 간의 변화가 그 이전의 수십만 년의 변화보다 더 큰 변화가 이루어졌다는 점에서 지난 20세기는 대전환의 시기였다. 한편으로는 두 차례에 걸친 세계대전을 통하여 대량의 살상과 파괴로 인간의 잔인함과 야만성의 극치를 보여주었고, 각종 새로운 발명품과 산업의 발달로 대량생산과 대량소비가 이루어져 일부 국가들에서는 인류 역사상 가장 풍요로운 시대를 구가할 수 있었다.

우리의 일상생활 속에서 경험할 수 있었던 대전환의 구체적인 모습은 대중문화를 통한 문화적 대전환 혹은 전복이었다. 주거공간의 변화, 복장의 변화뿐만 아니라 음악과 춤과 같은 서민 문화가 상품화되어 대중문화의 중심으로 자리잡았고, 사회적으로 대접받지 못했던 가수나 기능인이 오늘날 청소년의 우상이 되어 대중매체를 장식하고 있다. 또한 시간적 여유가 있을 때, 일부 사람들에 의해서 행해지던 각종 운동경기가 이제는 프로스포츠로 발전하여, 사람들의 관심사가 되었고 운동선수들은 연예인과 마찬가지로 대중적인 스타가 되었다. 단순한 놀이들이 상업화되면서 대중적인 소비 대상이 되었다. 20세기 문화적 전환의 핵심적인 내용은 대중문화의 등장이다.

대중문화에 대한 인식은 이미 오래 전부터 이루어졌다. 20세기 전반기에 이루어진 좌파와 우파의 대중문화에 대한 인식은 대체로 부정적인 것이었다. 우파들은 대중문화가 무정부(anarchy) 상태를 불러일으켜, 기존의 문화적 권위와 사회적 권위에 위협을 가하는 위험한 것이라고 경고하고 있다. 대중문화는 클래식 음악이나 오페라와 같은 귀족계급의 고급문화에 비하여 저속하고 품위가 없는 문화로 인식되었다. 그리하여 대중문화의 발달이 문명의 발달에 부정적인 영향을 미치는 것이라고 평가되었다.[1]

좌파들은 대중문화가 기존의 질서에 순응하는 이데올로기로 기능한다고 보았다. 독일의 프랑크푸르트 학파는 번창하는 문화산업을 통하여 대중문화가 비판적인 의식의 형성을 막고 획일적이고 무비판적인 사고를 대중에게 확산시켜서 체제에 순응하는 인간을 만들어내는 이데올로기적인 기능을 하고 있다고 보아서 대중문화를 부정적인 시각에서 바라보았다.[2] 대중문화는 품격이 있는 고급문화와도 대비되었을 뿐만 아니라 비판적인 문화와도 대비되었다. 대중에 대한 불신과 대중문화에 대한 비하는 정치적인 이데올로기를 막

---

1) 대표적으로 이러한 인식은 영국의 문화비평가인 매튜 아널드(Mattew Arnold)의 *Culture and Anarchy*(1960)에서 찾아볼 수 있다.
2) 이러한 관점은 아도르노, 마르쿠제, 호르크하이머 등 초기 프랑크푸르트 학파에서 공통적으로 발견된다.

론하고 좌파와 우파 모두에서 발견되었다.

대중문화에 대한 불신은 대중문화가 문화의 논리에서 형성된 것이 아니라 시장의 논리에서 형성되었다는 점에 기인하고 있다. 문화의 상품화로 인하여 상품화된 문화가 대중의 일상생활을 지배하고 있다. 20세기 들어서 뚜렷하게 나타난 문화의 상품화로 소수에 의해서 향유된 고급문화가 위축되고 대량생산과 대량소비에 의한 대중문화가 지배적인 문화로 등장하게 되었다. 문화의 상품화 과정은 자본주의 사회에서 모든 것이 상품화되는 과정의 하나로서 나타났다.

20세기에 이루어진 문화의 상품화는 새로운 기술의 발명, 만물의 상품화, 자유주의의 확산을 통하여 이루어졌다. 문화의 상품화는 새로운 기술과 발명(라디오, 텔레비전, 컴퓨터, 비디오 등)으로 인하여 문화가 상품화될 수 있는 조건이 성숙되었기 때문에 가능해졌다. 대중문화는 문화의 대중적 소비를 가능케 하는 대중매체, 음반산업, 유통산업 등의 발달에 크게 의존하였다. 20세기 들어서 TV와 라디오가 발명되고 일상생활이 대중매체에 의해서 영향을 받기 시작했다. 또한 오디오도 발명되어 여가 패턴이 달라졌다. 더구나 음악과 대중 오락을 상품화하여 판매하는 음반기업들과 공연 기획사들이 등장하면서 대중문화산업이 크게 발전하였다.

20세기에 이루어진 근본적인 변화는 자본주의 사회에서 만물의 상품화가 지속적으로 이루어져, 서비스와 오락도 상품화되었다는 점이다. 이제 시장은 공장에서 만들어진 상품의 교환이 이루어지는 상품시장에 한정된 것이 아니라 서비스, 오락, 스포츠가 상품화되어 대중문화영역으로 확대되었다. 대중에 의해서 집단적으로 소비되는 가요, 영화, 스포츠 경기, 공연, 비디오게임 등이 높은 상품성을 지니고 있기 때문에 시장이 삶의 제 영역으로 확대되면서 대중적인 소비를 겨냥한 문화산업의 발달이 촉진되었다.

마지막으로 20세기 사회문화적 대전환은 정치적 변화에 크게 힘입었다. 단적으로 정치적 시민권의 확대는 표현의 자유와 창작활동의 자유를 확대시켜 문화상품의 창조와 문화적 혁신에 결정적인 기여를 하였다. 기성 사회나 정권에 대한 비판이나 성과 같은 전통적인 금기 영역의 타파를 포함한 사상과 표현의 자유가 기성 문화에 도전하는 하위문화로서의 저항문화를 발전시켰다. 정치적 자유권의 확대는 정치적 차원으로 한정된 것이 아니라 문화적 차원의 시민권으로 확대되어 기성의 문화를 대체하는 새로운 문화를 창출하는 데 결정적인 도움을 주었다.

2. 대량생산과 대중문화

19세기 자본주의와는 달리 20세기 자본주의는 대량생산체제에 기반을 두었다. 포디즘(Fordism)으로 상징되는 20세기 대량생산체제는 산업 차원에서의 생산성 혁명을 일으켰을 뿐만 아니라 문화산업의 발달을 가져와 대중문화혁명을 만들어냈다. 포디즘은 두 가지 의미로 사용되고 있다. 하나는 기술적인 수준에서 포디즘을 테일러주의(Taylorism) 생산방식과는 달리 기계에 의해서 노동과정이 통제되는 조립라인을 바탕으로 하는 대량생산방식으로 파악하는 것이다. 표준화된 제품을 대량으로 생산하는 조립생산체제가 포드 자동차 회사에서 등장한 이래 모든 산업으로 확산되어 생산체제의 일대 변혁을 이루었다. 다른 하나는 사회적 수준에서 포디즘을 논의하여 포디즘을 대량생산과 대량소비가 결합된 사회체제와 같은 의미로 사용하는 것이다.

대중문화의 변화는 생산체제와 무관하지 않았다. 대량생산과 대량소비가 결합되면서 경제적으로 풍요를 누리게 되었고, 또한 전후 유럽 국가들에서 대량소비가 가능해지면서 소비사회의 모습을 보여주기 시작했다. 대중의 소비가 생존을 위한 소비가 아니라 여가와 만족을 위한 소비로 전환되면서 대중문화는 양적으로 또한 질적으로 크게 변모했다. 소비주체도 변하여 경제활동을 하는 성인에서 점차 학생을 포함하기 시작하면서 이제 어린이까지 독자적인 기호와 취향을 갖는 소비주체가 되었다. 새로운 소비사회의 주인공들이 경제성장이 지속적으로 이루어지면서 등장하게 되었다.

대중문화의 특징은 경제적으로 풍요로운 지역에서 형성되어 그렇지 못한 다른 지역으로 빠르게 확산되는 데 있다. 전통적인 문화와는 달리 자본주의가 가장 발달한 곳에서 대중문화가 발달하여 세계 여러 나라로 전파되고 있다. 그러므로 20세기 중반 이후 미국의 대중문화가 유럽을 포함한 세계 여러 나라들로 확산되고 있다. 이에 반해 소수의 특권 계급에 의해서 향유되었던 귀족문화는 아직도 지역적 구속성을 크게 벗어나지 못하고 있다. 미국의 대중문화가 유럽의 대중문화를 지배하고 있지만, 미국의 고급문화는 아직도 유럽의 귀족문화를 지배하기는커녕 오히려 유럽의 귀족문화를 모방하고 있다. 이것은 고급문화와는 달리 대중문화가 시장지배력과 매우 밀접한 관계를 가지고 있음을 의미한다.

3. 대중문화의 의미

20세기 문화에 대한 관심은 문화에 관한 논의가 매우 다양하게 여러 영역에서 일어났다는 점에서 잘 알 수 있다. 과학자였던 프란

시스 베이컨은 문화를 자연과 대비시켜 인간에 의해서 만들어진 모든 요소들을 문화라고 하여 대단히 넓은 의미로 문화라는 용어를 사용하였다. 주로 비서구 문화 연구로 시작된 서구의 인류학은 이질적인 문화에 대한 이해를 중심으로 하였기 때문에 문화는 해석되어야 할 기호(code)로 인식되었다. 인류학자들이 사용하는 문화개념은 사회를 구성하는 기호로서의 문화로서 관습, 언어, 복장 등을 지칭하였다. 문화는 해석되어야 할 대상이기 때문에 모르는 언어로 쓰인 책을 읽는 것과 마찬가지로 독해(reading)를 통해서만 이해가 가능한 것으로 인식되었다. 일본 문화를 연구한 인류학자 루스 베네딕트(Ruth Benedict)나 인도네시아의 문화를 연구한 클리포드 기어츠(Clifford Geertz)의 문화인류학은 바로 문화를 이러한 해석의 대상으로 인식한 것이다.[3]

그러나 대중문화를 논의할 때, 문화는 보다 한정된 의미를 지닌다. 즉 대중적인 소비를 목표로 하는 문화상품의 생산과 소비라는 점에서 관습이나 습관과는 달리 대단히 가변적인 모습을 보이고 있다는 점에서 시장과 결합된 문화라고 볼 수 있다. 엘리트문화의 특징이 반복이라면, 대중문화의 특징은 가변성과 혁신이다. 고전음악과 같이 반복적으로 연주되고 동일한 곡을 수많은 연주자들이 재현해내는 방식과는 달리, 대중음악은 끊임없이 새로운 음악과 노래가 등장하고 이러한 새로움이 많은 시청자들에게 다가가는 특징을 보여주고 있다. 새로운 것에 대한 집착은 기존 엘리트 문화에 대한 반역이며, 엘리트 문화를 주변화시키는 결과를 가져왔다.

---

3) 베네딕트는 일본을 방문하지 않은 상태에서 제2차 세계대전 당시 미국인들이 이해할 수 없는 일본 군인들의 행동을 이해하기 위하여 일본의 문화를 연구하여 『국화와 칼』이라는 명저를 남겼다. 기어츠는 1960년대 인도네시아 농촌을 연구하여 농촌의 생태학적 변화를 다룬 『농촌의 퇴화(*Agricultural Involution*)』를 출판하였다.

대중문화의 혁신성은 시장에서 유래한다. 소비자들을 대상으로 하는 경쟁체제가 문화산업으로 도입되면서 대중문화상품은 파괴와 혁신을 특징으로 하게 되었다. 시장 규모가 대단히 크고 시장에서 성공한다는 사실은 경제적인 부를 가져다주기 때문에, 또한 상품 생산에 있어서 비용이 많이 필요하지 않고 창조적인 예술적 능력이 더 중요하기 때문에 대중문화산업은 제조업에 비해서 훨씬 젊은이들의 접근이 용이하다. 그러므로 엘리트문화와는 달리 대중문화는 청년문화라는 점에서 기성의 전통적 문화에 대한 도전을 의미했다. 그러나 이러한 도전은 기성문화에 대한 시장의 도전이었으며, 영원을 추구하는 전통적인 미학에 대한 말초적인 소비주의의 도전이었다.

대중문화의 이중성은 바로 혁신성과 소비주의의 결합에서 유래한다. 오늘날까지도 많은 사람이 즐겨듣는 1960년대와 1970년대 비틀즈의 음악은 기성 사회에 대한 거부를 주된 특징으로 하고 있다. 오늘날 흑인의 랩 음악은 형식과 내용에서 기존 백인 미국 사회에 대한 노골적인 불만과 저항을 그려내고 있다. 그러나 이러한 거부는 시장으로 통해서 소비되고, 시장으로 통해서 소화된다. 저항과 시장의 결합이 대중문화의 이중성을 만들어내는 비밀이다. 그러므로 대중문화는 저항을 폭발시키고, 기성 사회를 거부하는 수단으로 기능하고 있으면서 동시에 기존 사회체제를 유지시키는 헤게모니 기능을 하고 있다.

그런데 이러한 대중문화의 헤게모니 기능은 다른 모든 삶의 영역 속에서 발견할 수 있다. 대중문화만이 이러한 속성을 지니고 있는 것은 아니며 학교제도, 선거제도 등도 이러한 기능을 하고 있다. 기성 사회에 필요한 지식과 가치를 교육시키는 곳이 대학이지만, 대학은 전통적으로 사회를 비판하는 비판적 지식인의 공간이 되어왔다. 비판의 허용과 비판의 발전이 이루어지는 대학은 또한 기존 사회에서 필요한 사람과 지식을 가르치는 체제유지 기능을 담당하고 있다. 이러한 점에서 대학도 대중문화와 마찬가지로 저항과 순응의 이중성을 보여주고 있는 셈이다.

4. 대중문화의 대전환

문화영역이 국가 권력과 엘리트로부터 자율성을 획득하게 되면서 문화는 보다 다양하게 역동적으로 발전하기 시작하였다. 더 나아가 정치권력을 대체하는 문화권력이 형성될 정도로 문화는 새로운 권력의 장으로 부상하였다. 그러나 문화권력은 정치권력과 같이 통합되고 중앙집권적으로 조직된 권력이 아니다. 문화권력은 분절적이고 분권화되어 있기 때문에 정치권력에 의해서 통제되기 힘들며, 독자적인 영향력을 행사할 수 있다.

20세기 대중문화는 일상생활의 모든 영역으로 확산되면서 각기 다른 모습으로 나타났다. 음악이나 영화와 같은 대중오락성 대중문화뿐만 아니라 스포츠와 패션에 이르기까지 대중적인 소비영역이 크게 확대되었다. 이제 이러한 변화들은 사람들의 복장, 머리 형태와 사고방식에 변화를 미칠 정도로 사람들의 삶 속으로 침투해 들어왔다. 화장품과 미용 기술의 발달로 미에 대한 기준과 아름다워지기 위한 방법들도 점차 외국의 영향을 받기 시작했다. 인간의 몸, 즉 신체에 대한 재인식은 대중문화 속에서 인간 신체에 대한 통제와 해방의 가능성을 동시에 보았기 때문에 가능했다.

대중문화의 전환은 주체의 전환을 포함하고 있다. 과거 엘리트문화에서 문화를 향유하는 주체는 귀족이나 지배 계급이었다. 이와는 달리 대중문화는 청년에 의해서 주도되며, 소비되는 특징을 지니고 있다. 더 나아가 경제적으로 풍요로워지면서, 어린이들도 소비주체로 떠오르기 시작했다. 물질적 풍요가 가져다준 사회적 변화 가운데 가장 두드러진 것이 어린이의 소비주체화이다. 어린이들도 독자적인 소비 취향과 기호를 갖기 시작했으며, 더 나아가 청년들에 의해서 소비되었던 음악이나 오락게임도 소비 대상으로 삼기 시작했다. 대중문화 주체의 연령 하향화가 진전되면서 어린이들도 대중문화의 주체로 떠오르기 시작했다. 경제활동에 참여하지는 않지만, 가구소득이 늘어나면서 어린이들의 소비가 독립적으로 이루어지기 시작한 결과이었다.

대중문화 주체의 변화는 소비사회의 형성과 관련을 맺고 있다. 이제 소비는 생존을 위한 소비에서 삶을 풍요롭게 하기 위한 소비로 바뀌었다. 각종 여가활동과 오락이 발달하면서 생존을 위한 소비는 크게 줄어들었다. 엥겔계수로 대표되는 전체 소비 지출에서 음식비가 차지하는 비중은 크게 낮아졌다. 대신 여가활동과 오락을 위한 지출이 더 큰 비중을 차지하게 되었다. 이를 위하여 라디오, TV, 오디오, 컴퓨터와 같은 전자제품의 소비가 크게 확대되고 이를 이용한 생활이 크게 확산되었다.

5. 과학기술과 대중문화

대중문화의 발달은 익명의 다수에게 동시에 동일한 메시지를 전달할 수 있는 대중매체의 발달에 의존하였다. 특히 음성과 영상을 동시에 여러 사람들에게 전파할 수 있는 수단의 발달에 의존할 수밖에 없었다. 1935년 3월, 독일 베를린에서 세계 최초로 시작된 TV

방송은 대중문화의 커다란 변혁을 가져왔다. 1935년 11월 프랑스 파리에서 TV 방송이 시작되었고, 영국에서는 1936년 11월 런던의 BBC 방송국에서 TV 방송을 시작하였다. 제2차 세계대전 이전까지 TV 방송이 유럽과 미국 등지에서 이루어졌지만, 인구의 일부만이 TV를 소유하여 대중문화에 크게 영향을 미치지 못하였다.[4)

그러나 제2차 세계대전 이후 특히 1960년대 후반부터 컬러 TV가 도입되면서 TV는 일상생활 속에서 삶의 일부가 되었다.[5) 이미 1980년대 초에 전세계 TV 수상기 대수는 6억 대로 전화기 5억6천5백만 대를 능가하였다. 바보상자라고 비판되기도 했던 TV는 사람들의 생활과 문화를 근본적으로 바꾸어버렸다. TV를 통해서 이루어지는 광고를 보고 상품을 구매하고, TV에 출연한 연기자들의 복장과 헤어스타일이 유행하기 시작했으며 TV 드라마가 사람들의 시선을 고정시켰을 뿐만 아니라, TV를 통해서 방송되는 노래가 인기를 누렸다. 새로운 가상 현실로서 TV 화면이 대중의 눈과 마음을 사로잡았던 것이다. 이제 TV는 뉴스, 오락, 스포츠, 교양, 영화 등 모든 것을 제공하는 종합매체가 되었다.

고전적인 문화 활동 범주인 연극이나 클래식 음악 연주와는 달리 영화나 대중음악은 공간적으로 제약을 덜 받는다는 점에서 대중성을 확보할 수 있는 중요한 점을 가지고 있었다. 그리고 대중매체의 발달로 공간적인 제약은 거의 사라졌다. 단지 많은 사람들이 TV나 라디오를 구매할 수 있는 정도의 경제력만이 문제가 되었다. 서구의 경우 1950년대 이미 1인당 GNP 5천 달러를 넘어섰고, 1960년대 초반에 1인당 GNP 1만 달러 시대에 돌입하였기 때문에 제2차

---

4) 1937년 영국에서 TV를 소유한 가구는 2천 가구에 불과하였으나, 1939년에는 2만 가구로 늘었다.
5) 영국의 BBC는 1967년 컬러 TV 방송을 시작하였다.

세계대전 이후 대중문화가 크게 발달할 수 있었던 경제적 조건이 형성되었다.

대중문화가 발달하면서 대중음악, 영화, 드라마 등이 일상생활의 관심사가 되었고, 사람들을 사로잡기 시작하였다. 이른바 대중적인 연예계 스타가 탄생되어 대중의 우상이 되는 시대가 도래하였다. 대중의 관심이 정치로부터 음악과 영화로, 정치인들로부터 대중적인 연예계 스타로 이전하였다. 이러한 변화는 여러 형태의 새로운 제도들이 도입되면서 더욱 심화되었다. 인정받지 못했던 대중음악가들이 대중적인 스타가 되었을 뿐만 아니라, 그래미(Grammy)상과 같은 음악상이 제정되어 클래식 음악가들과 같이 상을 받게 되면서 대중 스타는 이제 엘리트문화의 하나인 클래식 음악 활동을 하는 사람들과 대등하게 인정받았다.6) 이제 대중음악가는 가치가 낮은 음악을 하는 사람들이 아니라 전문직 종사자로 인정받기 시작하였고, 젊은이들이 부러워하는 우상이 되기 시작하였다. 이러한 변화는 대중음악의 상품성으로 인한 것이었고, 대중음악산업이 크게 번창하면서 이루어진 결과이었다. 시장이 크게 확대되면서 대중음악은 고부가가치 상품이 되었기 때문이었다.

이러한 경우는 영화도 마찬가지였다. 영화도 기술의 발달에 따라 대중적인 소비가 달라졌다. 초기 1915년부터 1920년 무성영화시대의 영화는 오늘날과 같은 대중성을 확보하지 못했으나 동시녹음기술이 영화에 활용되기 시작한 1930년대부터 영화가 점차 대중적인 소비 대상이 되기 시작했다. 20세기 폭스(20th Century Fox), 패러마운트 픽처스(Paramount Pictures), 컬럼비아 픽처스(Columbia Pic-

---

6) 그래미상은 1958년에 처음으로 시작되었으며, 제1회 그래미상 수상자는 소프라노 레타나 테발디, 클래식 기타 연주자 세고비아, 로저와그너 합창단 등이 클래식 부문 수상자들이었고, 프랭크 시내트라, 킹스턴 트리오 등이 대중음악 부문 수상자들이었다.

tures)와 같은 할리우드 영화제작사들이 본격적으로 활동하기 시작한 1930년대는 배우들이 계약을 통해서 고용되었기 때문에 독자적인 활동을 하지 못하였고, 1950년대 TV의 발달과 자유계약을 통한 연기활동이 가능해지면서 본격적으로 대중 스타의 시대가 열렸다.[7] 영화배우들은 유명 소설가나 음악가보다 더 열렬한 인기를 누렸을 뿐만 아니라 영화감독들도 대중적인 우상이 되었다. 이러한 배경에는 영화시장이 급속도로 팽창하면서 영화제작이 거대한 사업으로 인식되었기 때문이다.

대중매체의 발달은 인기가 없었던 각종 스포츠를 TV방송사가 중계하기 시작하면서 스포츠는 대중적인 관심의 초점이 되었다. 최초의 미국 프로농구 게임(National Basketball Association: NBA)은 미국의 동부 지역 농구팀들이 하키 게임이 없는 날 밤에 대중의 관심을 불러일으키기 위하여 1946년부터 시작한 지역리그에서 시작되었다. 대중의 관심을 불러일으키기 위해서 야간에 경기를 했던 농구 시합은 이제 대중의 관심사가 되었고, 농구선수들은 대중적인 스타가 되었다. 스포츠 경기의 상업화가 TV나 라디오와 같은 대중매체의 발달에 힘입어 크게 활성화되면서 이제 스포츠는 많은 사람들의 일상생활의 리듬을 결정짓는 요소가 되었다.

유럽 사람들에게 크게 인기가 있는 축구의 경우도 1950년대 들어서 점차 대중적인 인기 스포츠가 되었다. 1930년에 시작된 월드컵 축구경기는 프로선수와 아마추어를 구분하지 않고 시작하였고, 유럽 국가들이 월드컵 개최를 원하지 않아서 제1회 월드컵은 우루과이에서 개최되었다. 스포츠가 상업화되기 이전이었기 때문에 이

---

7) 배우들은 고용되었기 때문에 한 해에도 몇 편씩의 영화에 출연하였다. 이 시기 대표적인 영화배우였던 험프리 보가트는 1934년에서 1942년 사이에 무려 36편의 영화에 출연하였다. 또한 영화사들 사이에 영화배우를 임대해주기도 하여 영화배우들의 지위는 오늘날과 같이 높지 않았다.

러한 구분을 필요로 하지 않았고, 크게 대중적 인기를 얻지 못하였기 때문에 월드컵의 출발은 유럽 국가들이 개최를 원하지 않아서 힘들게 시작되었다.

전후에 나타난 월드컵 열풍은 TV 중계를 통해서 직접 경기를 관람할 수 없어도 생생하게 경기를 즐길 수 있었기 때문이었다. 더구나 1960년대 후반부터 컬러 TV가 보급되면서 축구는 유럽 각국의 국가 스포츠처럼 인식되었다. 전국적으로 중계되는 축구경기와 TV 앞에서 열광하는 시민들은 스포츠가 새로운 여가 활동 대상이 되었음을 보여주고 있다.

1980년대 들어서 대중문화를 바꾸는 또 다른 기술이 등장했다. 개인 컴퓨터의 보급이 바로 그것이었다. 개인 컴퓨터의 보급으로 컴퓨터 게임이 새로운 오락물로 등장하면서 특히 청소년들의 전유물이 되었다. 초등학생 때부터 시작한 컴퓨터 오락 게임은 이들이 나이가 들면서 점차 중년을 포함한 많은 인구층의 오락물로 변해가고 있다. 더구나 인터넷의 발달로 쌍방향 게임이 가능해지면서 거리에 관계없이 전혀 모르는 사람들과 컴퓨터를 통하여 게임을 하는 새로운 게임문화가 형성되고 있다. 그리고 컴퓨터 게임 프로그램을 만드는 제작자가 새로운 기업가로 등장하면서 게임제작과 게임은 단순한 오락이 아니라 첨단기술로 인식되기 시작하였다.

더구나 컴퓨터의 기능이 강화되면서 멀티미디어가 등장하여 기존의 영화산업이나 영상산업을 대체하고 있다. 1990년대 인터넷이 대중화되면서 인터넷을 통해서 동영상의 전송이 가능해졌고, 점차 영화산업이 안고 있는 공간적 제약성을 극복하면서 전통적인 영화산업의 지위를 위협하고 있다.[8] 이제 컴퓨터는 문자(신문, 잡지, 팩

---

8) 컴퓨터 네트워크에 대한 필요성이 군사적인 목적으로 초기에 인식되고 개발되기 시작하였으나, 점차 군사적인 수준을 넘어서 1990년대 중반에 이르러서

스), 음성(전화), 영상(영화) 등을 통합하는 종합정보시스템으로 발전하면서 대중문화에 또 다른 변화를 낳고 있다. 일부 사람들은 이러한 변화가 제조업을 중심으로 했던 산업사회의 틀을 무너뜨리는 근본적인 변화라고 보고 있다. 컴퓨터의 대중화는 대중문화 차원에서뿐만 아니라 생산방식, 기업운영방식이나 행정조직에도 큰 영향을 미치고 있기 때문에 분명히 영화산업보다 훨씬 근본적인 사회변화를 낳고 있는 것은 분명하다.

6. 20세기 대중문화의 특징

대중문화가 일상생활에 미치는 영향력은 점점 커져서 이제 대중문화 속에서만 일상생활이 가능해졌다. 대중문화와 일상생활은 분리해서 생각할 수 없다. 대중의 열기를 담아내는 것은 정치가 아니라 대중문화이다. 생활 활력을 불어넣고, 생활의 여유를 가져다주는 것도 대중문화의 소비를 통해서 이루어지고 있다.

20세기 대중문화는 초기 학자들에 의해서 강조되었던 일면적인 속성과는 달리 다양한 특징을 보여주고 있다. 앞에서 다루어진 마르쿠제나 비판이론가들의 논의에서처럼 대중문화는 획일적이고 표준화된 문화로서 비판되었다. 그리고 마르크스주의자들에 의해서는 대중적인 차원에서 허위의식을 만들어내는 기제로 인식되었다. 그러나 지배 엘리트들에 의해서는 저급하고 저속한 문화로 평가절하되었다.

이러한 부정적인 평가에도 불구하고, 대중문화는 20세기 사회를

대중화되었다. 오늘날 가장 많이 사용하는 전지구적 컴퓨터 네트워크는 1995년에 등장하였다.

이전의 사회와 뚜렷하게 구별짓게 한다. 첫째, 대중이 문화소비의 주체가 되었다. 20세기 이전까지 대중이 누릴 수 있었던 문화는 소비하는 것이 아니라 관습적으로 존재해왔던 삶의 일부였다. 그러나 20세기 대중을 상대로 하는 문화상품의 발달로 대중의 관습적인 생활문화는 시장 교환을 통한 소비문화로 바뀌었다. 문화의 생산자와 소비자가 동일했던 관습적인 생활문화 차원을 넘어서 문화상품시장의 발달로 대규모로 문화상품을 만들어내는 문화 생산자와 소비자가 철저하게 분리되었고, 시장을 통해서만 결합되었다.

둘째, 대중문화가 관습적인 생활문화를 대체하기 시작하였다. 대중문화가 일상생활을 규정하고, 생활 주기에 영향을 미치기 시작하면서, 대중문화는 전통적인 생활문화의 틀을 변화시켰다. 임금노동을 중심으로 하는 일 이외에 모든 생활은 직접적으로 대중문화에 의해서 영향을 받고 있고, 대중문화의 변화에 따라서 또한 생활도 변화하고 있다. 대중문화는 복장, 취미생활, 여가활동, 일상활동에 영향을 미치면서, 20세기는 대중문화의 시대가 되었다.

셋째, 대중문화는 획일성이 아니라 다양성을 특징으로 한다. 대중문화의 이미지는 유행을 따르는 획일주의와 몰개성으로 자주 묘사되었지만, 실제로는 혁신과 새로움의 추구를 통하여 끊임없이 변화를 보여주고 있고, 다양한 하위문화를 허용하여 문화적 다양성을 보여주고 있다. 대중문화 속에서는 저항과 반역을 허용하고 북돋우며 일시적으로 유행되는 대중문화는 있었지만, 주기가 매우 짧기 때문에 결코 획일적이지 않았다.

넷째, 20세기 대중문화는 지리적으로 특정 국가에 한정되지 않고, 여러 나라에 동시에 나타나는 동시화 현상을 보여주었다. 지역과 문화를 초월하는 대중문화의 등장으로 문화적인 수준에서 세계화의 양상을 보여주고 있다. 이러한 경향은 위성방송과 인터넷의 등장으로 더욱 가속화되고 있다.

다섯째, 대중문화가 가족과 국가 교육이 담당했던 기능을 대체하고 있다. 근대적인 주체를 만들어내는 중요한 조직인 가족과 교육기관을 통해서 일상생활을 배우는 것이 아니라 대중문화를 통하여 가치관과 생활양식을 배우고 있다. 이제 대중문화는 단순한 소비대상이 아니라 삶 전체가 되어버렸다. 근대적인 주체의 해체라는 표현이 의미하는 바는 바로 대중문화를 통하여 형성된 새로운 주체이다.

7. 대중문화의 순기능과 역기능

문화의 상품화 및 기술의 발달과 함께 이루어진 대중문화는 파생적인 사회적 결과를 양산하였다. 대중문화는 대중을 정치로부터 멀어지게 하였다. 이것은 대중문화가 의도한 결과는 아니었다. 단지 관심을 보다 감각적이고, 쾌락적인 방향으로 이끌었기 때문에 대중은 정치를 잊어버렸다. 대부분의 대학에서 이루어지는 선거에서 학생들의 참여율은 20~30%로 극히 저조하다. 이러한 경향은 한국에서도 마찬가지로 나타나고 있다. 이러한 경향은 국민의 대표를 뽑는 선거에서도 마찬가지로 나타난다. 젊은 세대에서 크게 나타나고 있는 정치에 대한 무관심은 선거민주주의를 위협할 정도의 수준에 달하였다.

20세기 문화에서 새로운 전환을 가져온 1968년도 서구의 문화혁명은 기존의 종교, 성, 권력, 자본에 대한 공격을 특징으로 하고 있다. 기성의 모든 성역과 타부는 68혁명과 함께 사라졌다. 그러나 이러한 문화혁명은 시장체제를 타파한 것이 아니라 시장을 독점하고 있던 기득권 세력에 대한 도전이었으며, 새로운 혁명적 열기를 담은 문화산업이 시장을 차지하였다. 계속되고 있는 저항의 상업화나 혁명의 상업화가 그것이다. 비틀즈에 의해서 대표되었던 저항문화는 기존의 대중음악계를 대체하였으나, 시장을 파괴하지는 못하였다. 오히려 시장의 활성화를 가져와 이들은 문화자본가로 성공할 수 있었다.

대중문화의 상업화를 통하여 그 중 일부는 몇몇 다국적기업에 의해서 완전하게 장악되어 있다. 나이키와 아디다스 회사가 전세계의 스포츠웨어 시장을 장악하고 있고, 젊은 소비자들은 나이키와 아디다스 제품을 사야만 만족해하는 지경에 이르렀다. 리처드 기어와 디카프리오는 국적을 떠나서 많은 사람들의 우상이 되었다. 이웃나라의 대통령 이름은 몰라도 영화배우와 가수들의 이름은 외우듯이 말할 수 있는 세대가 나타났다. 이러한 현상은 보수주의자들이 걱정했던 바대로 기성 권위의 약화 현상이 나타나고 있는 것이라고 볼 수도 있다.

그러나 20세기 대중문화에서 나타나는 현상은 기성 권위의 약화에 영향을 미쳤지만, 기성 권위의 약화가 사회의 해체 내지 퇴보를 가져왔다고 보기는 힘들다. 대중 위에서 군림했던 기성권위체제의 붕괴는 대중의 관점에서 아무런 문제도 되지 않는다. 단지 권위를 행사했던 사람들만이 위기를 느꼈다. 또한 정치적 무관심은 더 이상 정치에 의해서 모든 것이 좌우되는 시대는 지났으며, 궁극적으로 자신들의 삶을 스스로 결정하고 영위하는 시대가 도래했다는 사실을 보여준다.

이러한 사실은 대중문화라는 용어보다는 다중문화가 오히려 더 타당할 수 있음을 함의한다. 시민사회가 다원화되고 다중심화되면서 대중문화도 다원화되고 이질화되고 있다. 이러한 변화의 저변에는 개인 존재에 대한 자각과 자기실현이라는 인식이 깔려 있다. 과거 사회질서가 개인을 구속하고 억압하였던 것에 대한 반발 혹은 반작용으로 개체를 강조하고 개성을 강조하는 새로운 변화가 나타나고 있다. 즉각적으로 나타나는 결과는 기존 권위 질서의 위기이며 기성문화의 위기이다.

이러한 변화를 만들어내는 사회집단은 계급으로는 중간계급이며 세대별로는 청년층이다.

핵가족화와 중간계급의 확대로 바캉스나 여가활동과 같은 새로운 소비문화가 확대되었다. 이러한 소비문화는 과거 가정을 중심으로 이루어졌던 여가활동이 크게 약화되는 결과를 가져왔으며, 생산과 소비가 엄격하게 통합되었던 기존의 가족체계에서 이러한 통합이 약화되는 결과를 낳았다. 그 결과 가부장의 소비지배 구조가 크게 약화되었다.

청년층은 생산자로서뿐만 아니라 소비자로서 문화시장을 주도하고 있다. 문화소비 주체가 젊어지면서 이제 문화상품의 주된 생산자는 젊은 세대로 변했다. 이제 더 이상 대중음악에서 중년 이상의 작곡가가 성공할 수 없는 시대가 되었다. 문화소비자가 젊어졌기 때문이다.

이러한 변화가 나타났다. 시장에서 요구되는 문화적 혁신이 젊은 이들에게서만 가능하기 때문에 기성 세대의 몰락은 시장의 법칙에 따른 것이다.

기존의 권위 질서와 기성문화의 위기를 가장 잘 드러내고 있는 문화의 키워드는 성이다. 서구에서 1960년대를 계기로 성과 가족의 의미 변화는 크게 변했다. 성에 대한 전통적 통제가 무너지고, 이혼에 대한 인식도 크게 바뀌면서 이혼혁명이 나타났다. 낭만적 사랑에 기초한 개인의 선택에 의해서 결혼이 이루어지는 근대적인 결혼

체제가 크게 변화를 겪고 있는 것이다. 주된 이유는 개인의 삶과 행복이 모든 생활에서 주된 원리로 작용하기 시작하였고, 또한 수명이 길어지면서 개인들의 선택이 다양하게 나타나기 시작하였다. 복지제도가 발전하면서 자녀양육문제로 인하여 발생하는 제약도 크게 줄어들었다. 즉 개인 중심의 삶을 가능케 하는 사회적·정치적 변화가 이루어지면서 1960년대 문화혁명과 더불어 이혼혁명이라는 현상이 서구에서 나타났다.

이러한 현상은 1990년대 한국 사회에서도 나타나기 시작하였다. 아직 서구와 같은 정도는 아니지만, 전통적인 가족제도와 결혼제도에 대한 인식이 바뀌기 시작하였다. 여성들의 경제활동이 증가하고, 또한 여성들이 고등교육을 받게 되면서 가부장제적 가족제도와 결혼제도가 흔들리기 시작하였다. 이것은 여성들의 관점에서 본다면 여성에게 부과되었던 사회적 질곡으로부터 벗어나는 것이기도 하다.

이러한 변화는 특히 드라마나 영화와 같은 대중문화에 의해서 크게 영향을 받아서 이루어졌다. 이미 공공교육기관을 떠난 기혼 여성들에게 영향을 미치고 있는 것은 교육기관이 아니라 대중매체이다. 영화나 TV드라마 혹은 잡지를 통해서 전달되는 내용들은 한편으로는 기성의 가부장제에 바탕을 두고 있지만, 또 다른 한편으로는 여성 대중의 관심과 욕구를 반영하기도 하였다.

8. 새로운 가능성을 찾아서
— 문화적 다원성과 민주적 사회

20세기 문화의 영역에서 일어난 변화는 엄청나다. 대중문화뿐만 아니라 생활문화에서도 그 변화의 폭과 속도는 상상을 초월하는 것이었다. 흔히 많은 사람들이 가지고 있는 고정관념으로서의 문화가 아니라 끊임없이 새로운 변화를 낳는 영구적인 혁신이 대중문화에서 나타났다. 그러므로 대중문화는 기존의 것을 파괴하는 전복의 상징이 되었다. 대중문화에 대해서 비판적인 태도를 가지고 있는 사람들에게 대중문화는 언제나 불손하고 불온하게 보이는 것도 바로 이러한 이유에서 연유한다.

대중문화가 일상생활을 지배하는 시대가 되었다. 하루가 다르게 새로운 음악, 영화, 드라마가 만들어지고, 하루가 다르게 대중문화의 우상들로 자리를 바꾸고 있다. 제조업 상품과는 달리 문화상품의 소비주기는 대단히 짧다. 이것은 문화상품 소비자들의 기호가 지니고 있는 특성과도 관련이 있다. 20세기 자본주의 문화상품은 일상생활용품이 되었다. 고급 엘리트 문화상품과는 달리 대량소비의 대상이 된 것이다.

이제는 모든 국가들이 문화상품의 세계화를 추구하면서 부가가치 차원에서 대중문화를 지원하고 있다. 큰 자본이 불필요한 산업이라는 점에서 문화산업은 매우 매력적인 산업인 셈이다. 스필버그가 만든 영화 <쥬라기 공원>이 벌어들인 돈이 GM이 자동차를 팔아서 벌어들인 돈보다 더 많은 시대가 되면서 문화산업은 경제를 발전시키는 새로운 산업으로 칭송되고 있다.

그런데 문화는 상품차원에서 접근하는 것보다 삶의 차원에서 접근해야 할 것이다. 사람들의 삶을 풍요롭게 하고, 자아실현을 위하여 문화의 가치가 인식된다면, 그것은 대중이라는 용어를 붙일 필요가 없는 문화 그 자체가 된다. 끊임없이 기업과 시장에 의해서 소비주체로 불리는 개인들이 삶의 주체로서 살아갈 수 있도록 하는 문화가 필요하다. 문화소비나 항유를 통해서 자아실현이 이루어질 수 있어야 한다.

이미 20세기 대중문화가 보여주고 있는 다양성과 이질성은 대량생산과 대량소비를 중심으로 하는 사회가 보여주었던 획일성을 극복하고 있다. 21세기 문화는 더욱더 다양하고, 다중심적인 양상을 보여줄 것이다. 민주적이고 다원화된 사회에서 필요한 새로운 문화로서 대중문화 대신에 다중문화가 요구된다. 20세기가 대중문화의 시대이었다면, 21세기는 다중문화의 시대가 될 수 있기를 기대한다.

9. 결론

20세기 문화의 대전환은 사회의 변화와 직접적으로 관련을 맺고 있다. 한편으로 문화는 사회 변화를 반영하는 역할을 담당하기도 하였고, 다른 한편으로 사회변화를 촉진시키는 역할을 담당하기 하였다. 점차 한 나라의 국경을 넘어서는 전지구적 문화도 나타나고 있다. 세계화가 진행되면서 문화도 또한 변화를 보여주고 있다.

20세기만큼 다른 사회나 다른 문화에 대한 인식이 발달한 시기는 없었다. 대중문화의 수준을 넘어서 다양한 모습으로 존재하고 있는 타문화에 대한 인식과 이해는 세계화가 진척되면 될수록 더욱 필요하다. 세계화 시대의 문화가 일부 국가나 특정 문화에 의해서 지배되는 문화적 제국주의가 아니라 다양한 지역문화들이 공존하는 문화적 다원주의 시대가 되기 위해서 타문화에 대한 이해와 문화적 제국주의의 위험성을 동시에 직시해야 한다.

20세기 대중문화가 보여준 역동성과 가변성은 우리로 하여금 21세기 문화가 어떠한 양상을 보이게 될 것인지를 예측하지 못하게 한다. 1900년과 1999년의 대중문화는 너무나 다르고 이질적이다.

21세기 대중문화는 더욱더 빠른 속도로 변할 것이기 때문에, 21세기 문화의 양상을 예측한다는 것은 불가능하다. 다만 문화가 인간의 삶을 풍요롭게 하고, 존재의 의미를 더욱 깊게 하는 방향으로 나아갈 수 있도록 문화에 대한 바른 인식을 갖는 것이 필요하다. 또한 악화가 양화를 구축하는 방식으로 문화 시장이 작동하지 않도록 감시하는 것이 필요하다. 21세기가 자본의 세기 혹은 시장의 세기가 아니라 문화의 세기가 될 수 있도록 만드는 것은 결국 대중의 손에 달려 있다.

과학기술 발달과 정보화

이은경

1. 들어가며

　20세기 동안 과학기술은 그야말로 눈부시게 발전했다. 고대부터 1900년까지 수천 년 동안 발전한 것보다 20세기 1백 년 동안 양적으로나 질적으로 더 발전했다고 해도 별로 과장이 아니다. 비행기와 자동차가 흔한 교통 수단이 되었고, 달에 인간의 발자국을 남겼다. 지구를 돌고 있는 수많은 인공위성 덕분에 이제 아무리 먼 곳에 떨어져 있는 사람들과도 온갖 형태의 정보를 실시간으로 주고받을 수 있게 되었다. 새로운 의료 장비와 약물 덕분에 오랫동안 인간을 괴롭힌 질병을 극복할 수 있게 되었다. 컴퓨터, 정보통신, 생명공학, 로봇 기술은 21세기에 우리들이 지금보다 더 편리하고 안전하게 살 수 있도록 도와줄 것이란 전망이다.

　그러나 놀라운 과학기술의 성과를 누리는 대신, 치러야 했고 또 앞으로 치러야 할 대가도 만만찮다. 인류가 가진 핵무기는 지구를 몇 번이나 날려버릴 수 있는 엄청난 양이다. 우리가 기술 개발을 하면서 생태계를 교란한 결과 지구 곳곳에서 이상 기상 현상이 일어나고 있다. 이는 환경오염을 줄이고 생태계를 원래의 모습으로 되돌리려는 노력을 게을리 하면 엄청난 환경 재앙이 올 수도 있다는 경고다. 그런가 하면 에이즈 같이 이전에는 전혀 알지 못했던 질병이 나타나 우리를 위협하고, 그 어떤 항생제에도 내성을 가진 슈퍼 병균이 생길 것이란 걱정도 심심찮게 듣는다.

제한된 짧은 글에서는 이 중 어느 한 분야만 훑어보는 것조차도 "장님 코끼리 만지기" 식이 될 수밖에 없을 것이다. 이 글에서는 단순화의 위험을 무릅쓰고 20세기 과학기술의 전체적인 모습을 한 번 그려보고 그 속에서 지금의 가장 큰 관심사인 정보기술의 발달을 중점적으로 살펴볼 것이다.

2. 20세기 과학기술의 특징

보통 사람들은 과학기술이라고 하면 "어렵다" "모르겠다"며 피할 생각부터 한다. 논의를 구체적이고 친숙하게 하기 위해서 20세기가 낳은 과학기술에 어떤 것이 있는지 생각해보자.

컴퓨터, 냉장고, 휴대폰, 인터넷, 자동차, 비행기, 피임약, 생명 복제, 원자탄, 우주선, 상대성이론, 원자력 발전, 인공위성, 유전자….

이처럼 실제로 하나하나 꼽아보면 상대성이론 같이 어렵고 추상적인 이론에서 냉장고, 컴퓨터, 자동차 같이 일상 생활에서 많이 쓰이는 장치에 이르기까지 과학기술의 영역이 매우 다양하다는 것을 알 수 있다. 또 우리가 일상에서 뭉뚱그려 사용하는 과학기술이란 말이 사실은 크게 두 가지 범주를 포함하는 것도 알 수 있다. 과학기술에는 상대성이론이나 자동차 공학 같은 지식이나 원리와 더불어 자동차나 휴대폰 같이 그 지식을 활용하여 만들어낸 생산물 역시 포함된다.

이와 같이 과학기술의 넓은 영역에서 20세기 과학기술의 일반적인 특징을 다음과 같이 간추려볼 수 있다. 첫째, 과학기술 연구의 규모가 매우 커졌다. 특정한 연구 프로그램에 참여하는 연구원의 수, 연구비의 규모, 연구에 필요한 장치와 설비가 모두 19세기까지와는 비교도 할 수 없게 되었다. 이를 가리켜 20세기의 과학기술은 '거대 과학(big science)'이 되었다고 말한다. 원자탄 개발 계획, 미항공우주국(NASA)의 아폴로 계획이나 화성 탐사 같은 연구가 거대 과학의 대표적 예들이다. 20세기에는 물리 과학이 거대 과학의 주를 이루었으며 20세기 후반에는 인간 유전자지도 작성 연구(Human Genome Project)처럼 생명 과학의 연구들도 거대 과학이 되었다. 거대 과학이 되면 단순히 규모만 커지는 것이 아니라 연구 조직도 복잡해진다. 수많은 연구원들이 하나의 목표를 위해 효과적으로 활동하기 위해서는 인력, 연구비 등을 관리하는 조직과 행정이 필요하기 때문이다. 그에 따라 개별 연구원들은 자율적으로 각자의 연구를 통제하지 못하고 주어진 과제를 해결하는 조직의 일원이 된다. 이는 개인이나 과학자 몇 명으로 구성된 과거의 소규모 연구에서는 볼 수 없었던 현상이다.

둘째, 새로운 과학기술 분야와 두 개 이상의 기존 분야가 결합된 형태의 간학문 분야(interdisciplinary field)가 대거 등장했다는 점을 들 수 있다. 예를 들어 신약 개발 같은 일은 20세기에도 여전히 높은 부가가치를 생산하는 중요한 분야였지만, 그 뿌리는 19세기의 유기 합성을 통한 인공염료 개발로 거슬러 올라갈 수 있다. 그러나 반도체, 컴퓨터 공학, 항공 우주 과학, 생명 공학 같은 분야는 이전에 전혀 존재하지 않았거나 두 개 이상의 기존 분야가 중첩되어 생겨난 새로운 분야들이다. 여기에 과학과 기술이라는 전통적인 이분법을 적용하는 것은 별로 의미가 없다. 이러한 분야들의 비중이 높아짐에 따라 과학과 공학, 또는 과학과 기술의 경계가 점차 흐려지는 경향이 나타났다.

셋째, 이른바 군산학 복합체의 형성을 들 수 있다. 산업체와 대학의 연결, 즉 산학 협동은 19세기 후반부터 전기, 통신, 화학 산업에서 나타나기 시작했다. 20세기에 들어서면서 산학 협동은 대학 교수가 기업의 기술 자문을 맡고, 대학에서 기업의 연구 과제를 수행하고, 기업이 자체 연구소를 통해 연구 개발을 하는 등 그 형태도 다양해졌다. 여기에 세계대전과 냉전의 영향으로 군사영역이 가세했다. 특히 냉전 기간에는 과학기술 연구비의 상당 부분이 군사 예산에서 지출되었다. 20세기 후반 사회주의 붕괴 이후 과학기술 연구 지원에서 군사영역의 비중이 감소하고 상대적으로 기업 또는 경제영역의 역할이 증가하는 추세다.

좀 단순하게 보자면 20세기 과학기술은 자본주의와 전쟁(또는 냉전구도)을 두 축으로 전개되었다고 말할 수 있다. 이렇게 말하면 산업기술 연구도 아니고 군사기술과도 상관 없는 순수 연구는 어떻게 이해할 수 있겠느냐는 반문이 있을 수 있다. 물론 그런 성격의 순수 연구도 있으며 확실히 20세기가 시작될 무렵에는 지금보다 더 많았을 것이다. 그러나 두 번에 걸친 세계대전은 과학기술의 거의 모든 영역을 산업 기술, 군사 기술과 직·간접으로 연결시켰고 시간이 지나면서 이 연결은 점차 강화되었다.

학부생들을 대상으로 한 강의에서 얻은 경험을 소개하면 이 연결 관계를 이해하는 데 도움이 될 것이다. 원자탄 개발의 역사를 다루는 시간에는 항상 분위기를 풀고 관심을 유도하려는 목적에서 학생들에게 "원자탄과 관련해서 아는 것은 뭐든지 다 말해보라"고 주문

한다. 그러면 학생들은 머뭇거리면서 대충 "아인슈타인, $E=mc^2$, 히로시마, 나가사키, 방사능, 이휘소…"를 든다. 대답이 이휘소에 이르면 대개는 여기저기서 웃음이 터진다.

아인슈타인이 전쟁 당시 루스벨트 대통령에게 배달된 편지, 즉 독일이 원자탄을 만들지도 모른다는 위험한 가능성을 경고하는 내용을 담은 편지에 서명한 것은 사실이다. 그러나 실제로 그는 원자탄 제작에 참여하지 않았고 전쟁이 끝난 뒤에는 오히려 핵무기에 반대하는 운동에 동조했다. 그의 유명한 식 $E=mc^2$이 핵분열에서 발생하는 에너지의 양을 계산하는 데 중요하지만 그 식만 가지고 원자핵이 분열하여 폭발을 일으키게 할 수는 없다.

그런데도 심지어 "원자탄을 만든 아인슈타인…" 하는 식의 생각을 만나게 되는 까닭은 원자탄의 제작에서 이론 물리학의 역할이 가장 인상적이었기 때문이다. 원자탄을 만드는 과정에는 물리학자, 수학자, 화학자, 공학자 등 다양한 영역의 인원이 동원되었다. 그 중 화학자나 공학자가 중요한 역할을 했다는 것은 별로 새로울 것도 없다. 폭탄을 만드는 데 화약, 폭발물에 관한 전문가들이 참여하는 것은 당연한 일 아니겠는가? 그러나 이론 물리학자들은 달랐다. 원자탄 이전에 이론 물리학자들의 연구는 지적으로 흥미로운 문제일지는 모르지만 실질적인 문제 해결과는 별 상관이 없는 '순수 연구' 그 자체로 생각되었다. 그런데 그 순수 연구가 원자탄이라는 유례없는 강력한 무기 개발에서 두드러진 역할을 했고 이것은 대중에게 강한 인상을 남겼다. 그 결과 50여 년이 지난 오늘날까지도 학생들은 이론 물리학자의 대표격인 아인슈타인이 당연히 그 일에 참여했을 것이라고 믿고 있고, 더 나아가서 탁월한 핵물리학자였던 이휘소 박사만 있으면 우리나라에서도 원자탄을 충분히 만들 수 있다고 생각하게 된 것이다.

원자탄 이후 모든 순수 연구는 잠재적 실용성을 가진 것으로 여겨졌다. 순수 연구란 그저 잠재적 실용성이 실현되기까지 시간이 좀더 많이 필요하다는 뜻으로 해석된다. 순수 연구까지 포함한 과학기술의 전영역이 실용성과 관련이 있다고 볼 때 자본주의가 과학기술 발전에서 중요한 역할을 한 것은 당연하다. 기업들은 언제나 경쟁에서 살아남고 이익을 만들어내기 위해 신기술, 신상품 개발에 열중한다. 연구개발(R&D)이 새로운 기술 개발의 중요한 원천이라는 인식과 믿음이 생기자 당장 급한 기술적 문제를 해결하기 위해 연구팀을 두는 것 외에도 기업들은 장기적 전망을 가지고 자체 연구소에서 순수 연구를 진행하기 시작했다. 이 연구에서 무언가 중요한 것이 나올 것이란 믿음을 가졌기 때문이다. 초기의 성공적인 사례들은 이러한 믿음을 더욱 부추겼다.

나일론을 발명한 화학자 캐로더스는 처음에 하고 싶은 연구를 하게 해주겠다는 약속을 받고 화학 회사 듀퐁의 연구소에 들어갔다. 듀퐁 연구소에서 캐로더스는 자신이 관심을 가졌던 중합체 물질의 성질을 연구했고 그 결과가 우연히도 가늘고 강력한 새로운 합성섬유, 나일론의 발명을 낳았다. 듀퐁은 나일론을 팔아서 캐로더스에게 준 연구비와는 비교도 안되는 큰 돈을 벌었을 것이다.

반면 전쟁과 냉전체제가 20세기 과학기술에 끼친 영향은 기업에 의한 것과는 매우 다르다. 한마디로 말해 전쟁과 냉전이 아니었으면 등장하지 않았을지도 모르는 분야를 생산해냈다. 산업기술과 군사기술의 가장 큰 차이는 무엇을 위한 연구개발이냐 하는 문제일 것이다. 산업기술은 이익을 내는 것을 목표로 하기 때문에 가능한 한 효율성과 경제성을 고려한다. 기업은 일반적으로 새로운 기술의 가능성을 감지했다 하더라도 그것을 실제 개발하는 데 드는 비용에 비해 이익이 더 클 것이라고 기대할 때에만 그 기술을 실현한다.

그러나 군사기술은 다르다. 다시 원자탄을 예로 들어보자. 제2차 세계대전 초반, 영국이 가장 서둘러서 원자탄 개발을 시도했을 때는 이론적으로 가능할 뿐이었다. 이러한 상황은 미국이 진주만 기습 이후 본격적으로 원자탄 개발에 착수할 때까지 조금밖에 나아지지 않았다. 즉 현실적으로도 만들 수 있다는 것이 밝혀졌을 뿐 구체적으로 어떻게 만들어야 할지, 과연 성공할 수 있을지는 불확실했다. 그러나 유럽전선에서 승승장구하고 있고 물리학이 발전한 독일이 원자탄까지 가지게 될 것을 염려했기 때문에 미국은 이 불확실한 가능성에 엄청난 투자를 했던 것이다. 그 결과는 물론 성공적이었지만.

냉전체제가 없었다면, 그리하여 미국과 소련 간의 군사력과 자존심을 건 한판 경쟁이 없었다면 우주항공 분야의 발전은 지금보다 훨씬 늦었거나 경우에 따라서는 나타나지 않았을 지도 모르겠다. 제2차 세계대전 이후 소련이 자체적으로 핵실험에 성공하자 뒤이어 미국이 수소폭탄과 핵잠수함을 만들었고, 소련이 다시 이를 뒤따르는 상황이 전개되었다. 이때까지는 줄곧 미국이 한발 앞서 있었다. 그러나 소련이 1957년에 세계 최초의 인공위성 스푸트니크 호를 쏘아올렸고 곧 이어 최초의 유인 우주선 실험에도 성공했다. 이로써 미국은 뒤통수를 맞은 셈이 되었다. 인공위성은 전혀 눈치채지 못한 채 일거수 일투족을 감시당할 수도 있다는 공포를 불러왔다. 당시 스푸트니크 호의 비행 시간은 그리 길지 않았지만 이것은 안보상의 큰 위협이었다. "1960년대가 다 가기 전에 인간을 달에 올려놓겠다"는 케네디 대통령의 야심찬 선언과 그에 따른 아폴로 계획은 스푸트니크 충격에 대한 미국의 대응이었다. 미국으로서는 소련을 뒤따라 인공위성과 유인 우주선을 쏘아올리는 것 이상의 그 무엇이 필요했던 것이다. 만일 냉전 상황이 아니고 또 소련이 먼저 우주로 나가지 않았더라도 미국은 달착륙을 위해 1960년대에 그렇게 많은 돈을 들여 기꺼이 아폴로 계획을 진행했을까?

아폴로 계획 같은 원대한 목표를 지닌 대규모 연구는 당대 최첨단 과학기술 성과가 집약되어야 한다. 따라서 아폴로 계획은 인간을 달에 올려놓음으로써 우주에 대한 인간의 꿈을 키우고 과학기술에서 미국의 자존심 회복을 넘어서는 기술의 파급 효과가 있었다. <아폴로 13>이나 우주 탐험을 다룬 다른 영화를 떠올려보면 인간이 우주 여행을 하기 위해서는 어떤 지식과 기술이 필요할지 쉽게 짐작할 수 있다. 먼저 우주선을 지구 대기권 밖으로 올려보낼 로켓 기술이 있어야 한다. 우주선을 안전하게 설계하고 제작하기 위해서는 재료, 기계 공학, 정밀기술 등이 동원되어야 한다. 우주 비행사가 먹고 입을 음식이나 의복도 일상적인 것과는 달라야 하고, 실제처럼 훈련하기 위한 무중력 공간이나 모의 비행 장치도 있어야 한다. 지구에서 매우 멀리 떨어진 달에서 우주선과 기지국이 교신을 하고 그 활동 모습을 지구로 보내기 위해서는 고도의 통신기술과 장비가 또한 필수적이다. 달까지의 궤도 계산에 조금이라도 오차가 생기면 우주 비행사는 우주 미아가 되고 말 것이니 고도의 정밀한 계산을 할 수 있는 컴퓨터도 있어야 한다. 따라서 아폴로 계획과 뒤이은 미·소간 우주 개발 경쟁은 과학기술 인력이 급성장하고 과학기술의 전분야가 비약적으로 발전하는 계기가 되었다. 기업의 힘만으로 20세기 후반 민간 항공기 산업이 그렇게 발전할 수 있었을까?

이렇듯 냉전체제 아래서 군사영역의 영향을 강하게 받았던 과학기술 분야는 냉전이 완화되고 화해 분위기가 조성되었을 때 또는 냉전이 끝나버렸을 때 어떻게 되었을까? 이미 말한 것처럼 군사적 목적으로 개발된 과학기술이라 하더라도 민간용으로 전환 또는 응용가능한 것이 있다. 실제로 1970년대부터 미국은 냉전 완화에 대응하고 기술 자원의 효율적 활용을 위해 국가가 지원하는 과학기술 연구에서 군사기술, 민간기술 양쪽에 모두 활용하거나 민간용으로 전환이 손쉬운 소위 '이중 사용'의 가능성을 많이 고려했다. 이것은 아주 좋은 전략인 것 같았다. 그러나 실제로 이중 사용은 수월찮은 일이었다. 군사용으로 개발된 기술은 수준이나 규모에서 민간용으로는 너무 거대하고 수요가 별로 없는 분야가 많았기 때문이다. 컴퓨터와 무선통신 분야는 군사기술에서 시작하여 민간기술로 옷을 바꿔 입는 데 가장 성공한 예다. 이에 대해서는 나중에 언급하겠다.

냉전이 끝난 후에 각 국가들의 이익이 가장 첨예하게 부딪치는 곳은 경제영역이다. 그리고 과학기술 발전을 끌고 가는 가장 큰 원동력 역시 경제다. 기업은 물론이거니와 국가의 과학기술 지원도 기업과 국가의 경제적 경쟁력을 최우선 과제로 삼고 있기 때문이다. 그에 따라 가장 큰 변화를 겪게 된 곳은 대학이다. 미국의 대학들은 20여 년의 냉전 기간 동안 국방비 팽창에 따른 혜택을 많이 누렸다. 이 기간에 대학의 연구비, 대학의 연구 주제의 상당히 많은 부분이 국방 관련 연구에 집중되었고 연구 인력도 마찬가지였다. 그런데 냉전이 끝나자 국방 관련 연구비와 일자리가 대폭 줄었다. 이 때문에 국방 연구를 하던 대학 연구소는 큰 타격을 입었고 대학의 연구 인력들이 연구비를 지원받거나 졸업 후 일자리를 구하기가 힘들어졌다. 특정한 분야에서 고도로 전문적인 훈련을 받은 이들이 달라진 환경에 걸맞은 적절한 분야로 연구주제를 바꾸는 것도 쉽지 않았다. 기업들이 주도하는 과학기술 연구는 과거에 비해 상대적으로 규모가 작고, 연구에서 제품 생산까지의 시간차가 작고, 동시에 수요 창출이 쉬운 분야에 집중된다. 20세기 말에 물리과학에 비해 상대적으로 생명과학 분야가 부상하는 것도 이러한 맥락에서 이해할 수 있다.

20세기 후반의 과학기술이 냉전체제에 크게 영향을 받아 과학기술 연구를 위한 공적 자원이 특정한 분야에 집중된 것 역시 지적되어야 할 점이다. 분단이라는 특수한 조건 때문에 경제 규모에 비해 상대적으로 국방비 지출이 많은 우리나라의 경우에도 이 같은 문제는 잘 드러난다. 냉전 덕분에(?) 우리는 달 표면을 구경할 수 있었고 위성통신 같은 편리를 일찍 맛볼 수 있었다. 그러나 그 이면에는 우리의 생존과 안전을 위해서 중요하지만 국방과 무관하기 때문에 외면당한 분야들이 있다. 거대 규모의 국방 연구에 드는 예산 하나면 이러한 연구를 몇 개, 경우에 따라서는 몇 십 개 지원할 수도 있다. 예를 들어 멸종 위기에 있는 동물을 보존하기 위한 연구, 파괴되어 가는 생태계를 되살릴 수 있는 연구, 값싸고 이용하기 편리한 장애자 보조 장비 개발 같은 소외된 계층을 위한 연구 등이 있다. 이러한 연구야말로 '휴먼테크' 또는 '테크노피아'를 구현하는 데 꼭 필요하지만 실제로 경제적인 이익을 많이 줄 수 있는 분야는 아니다. 냉전은 끝났지만 그 자리를 자본주의 경제 전쟁이 차지함으로써 이러한 분야에 대한 연구가 활발해지기를 기대하는 것은 여전히 힘들게 됐다.

3. 과학기술의 사회적 수용

20세기에 과학기술은 인간에게 많은 풍요와 편리를 주었지만, 그 이면에 많은 문제도 낳았음을 우리는 알고 있다. 자연자원을 지나치게 많이 쓰고, 그 때문에 환경이 파괴되고, 파괴된 환경이 다시 인간에게 위협으로 다가오는 악순환을 이미 겪었다. 이런 문제들을 어떻게 해결할 것인가를 놓고 크게 두 입장이 있다. 하나는 과학기술의 발전에서 답을 얻으려는 시도이고 다른 하나는 우리의 사고틀과 과학기술이 나아갈 새로운 방향을 찾으려는 시도다.

첫번째 입장은 지금까지 과학기술이 해온 긍정적인 역할을 충분히 인정함과 동시에 그로 인한 문제를 필요악으로 보고 이 문제를 해결할 새로운 과학기술을 시도하는 것이다. 몇 해 전 수질오염의 주범이 생활 폐수라는 진단이 나왔을 때 기업들이 앞다투어 빠르게 분해되는 세제를 내놓았던 것을 기억할 것이다. 그러나 새로운 세제 덕분에 생활 폐수로 인한 수질오염이 줄었다고 믿는 사람은 없을 것이다. 그 후 수질이 좋아졌다면 그것은 시민들의 자각과 생활 폐수의 총량을 줄이려는 노력의 결과라고 보아야 할 것이다. 아무리 환경친화적인 세제라도 쓰지 않는 것보다 더 좋을 수는 없으며 오히려 안전하다는 믿음 때문에 방심하고 지나치게 사용할 가능성까지 있기 때문이다. 이와 같이 문제의 해결을 과학기술의 힘에 기대려는 입장을 과학기술 결정론이라고 부른다. 말 그대로 과학기술이 모든 것을 결정한다는 뜻이고 나아가 과학기술이 더 발전하면 우리의 여러 가지 문제가 해결될 것이라고 믿는 태도이다.

이 같은 입장이 사회의 대세이지만 선뜻 동의할 수 없는 까닭은 과학기술이 사회에서 어떤 경로를 따라갈지를 예측하기가 어렵기 때문이다. 과학기술의 산물이 언제나 개발자의 의도대로 사회에서 수용되는 것은 아니다. 좋은 의도를 가지고 개발했으나 파괴적으로 사용될 수도 있고, 특정한 목적을 위해 고안되었으나 실제로는 전혀 다른 용도로 사용되기도 한다. 알프레드 노벨이 폭발 위험이 높은 액체 화약 대신 다루기 안전하면서도 강력한 폭약을 만들려고 고심한 끝에 만들어낸 다이너마이트가 전쟁에서 무수한 인명을 살상하는 무기로 둔갑하는 것을 보고 충격을 받았다는, 그래서 그가 다이너마이트로 번 돈을 인류의 복지와 평화를 위해 써달라며 내놓았고 이 돈이 노벨상의 종잣돈이 되었다는 것은 잘 알려진 이야기다. 또 화학비료와 살충제가 처음 등장했을 때 그것은 농업 생산성을 단기간에 값싸게 높일 수 있는 구원과도 같았다. 당시에는 화학비료로 인해 토양의 산성화가 일어나고 살충제가 사람에게도 치명적인 해를 끼치게 될지 아무도 예측하지 못했다.

또한 과학기술은 이용자들의 능동적인 개입과 사회적·문화적 환경 조건에 의해 개발자의 의도와 전혀 다른 방향으로 전개되기도 한다. 이때 사회적·문화적 조건이 사회에 따라 다르기 때문에 같은 과학기술이라 하더라도 다른 양상을 나타낼 수 있다. 최근 정보사회의 핵으로 등장한 인터넷이 그 대표적인 예가 될 것이다. 인터넷의 기원은 미국 국방부가 핵전쟁이 일어나도 안정적으로 작동할 수 있도록 컴퓨터들을 연결한 아르파넷(ARPANET)으로 거슬러 올라간다. 1985년 미국 국립과학재단의 네트워크(NSFNET)가 아르파넷과 똑같은 프로토콜을 채택함으로써 기간 네트워크 역할을 했고, 이는 전세계의 학술 전산망, 기업 전산망과 연결된 인터넷으로 발전했다. 그러나 이때까지도 인터넷은 문서 정보만을 교환할 수 있었고 인터넷을 사용하는 사람들도 주로 학술 연구자들이었다. 1989년 한 물리학자가 우리가 요즘 사용하는 방식, 즉 월드와이드웹(World Wide Web)을 창안함으로써 인터넷은 멀티미디어 정보를 쉽게 교환할 수 있게 되었다. 다양한 정보를 쉽고 주고받을 수 있는 기술이 고안되자 인터넷은 대중 속으로 급속히 전파되었다. 기업가, 언론인, 정치인들은 이 새로운 매체의 잠재력을 금방 인지했고 그 결과 과거의 안보용, 학술 정보 교환용에서 점차 상업, 엔터테인먼트 등의 용도로 사용되기 시작했다. 그에 따라 인터넷에서 영향력을 가진 집단도 초기에는 인터넷 발명가들과 시스템 관계자들이었으나 점차 기업가, 정치가들로 바뀌고 있다. 미국의 인터넷 전도사 빌 게이츠와

엘 고어 부통령이 대표적인 예가 될 것이다.

유용하고 잠재성이 높은 기술이라고 해서 모든 사회에서 빠르게 수용되는 것은 물론 아니다. 정보통신부가 발표한 자료에 따르면 2000년 1월 현재 우리나라의 인터넷 사용자는 1천만 명에 이르렀으며 이는 일본을 제치고 아시아권에서 최고 수준이라고 한다. 이것은 물론 인터넷이 21세기 정보사회의 가장 중요한 영역이고 또 많은 사람에게 유용성과 가능성을 주기 때문일 것이다. 그러나 다른 한편으로는 우리나라에서 인터넷의 빠른 보급은 이른바 '국민성'과 연결시켜 이해해야 한다는 주장도 있다. 마치 유행을 타면 전국 어디를 가나 똑같은 옷차림을 볼 수 있는 것처럼 인터넷의 빠른 보급도 언론, 특히 광고에 의해 자극을 받은 사람들이 우르르 몰려든 측면이 없지 않다는 것이다. 게다가 전세계에서 우리나라에만 있다는 인터넷 게임방은 비교적 싼값에 인터넷에 접할 수 있는 기반을 제공했을 것이다.

이와 같이 과학기술 발전·수용 경로의 불확실성 때문에 문제 해결을 과학기술적 해법에만 기댈 수 없다고 보는 사람들이 있다. 이들은 가능한 위험 요소를 미리 고려한, 그러고도 문제가 발생하면 빨리 수정할 수 있고, 가능한 한 자원을 적게 효율적으로 사용할 수 있는 과학기술을 만들어야 한다고 주장한다. 이들은 또 이미 개발된 과학기술이 사회에서 수용되는 과정에 대해서도 지속적으로 감독함으로써 과학기술로 인한 문제가 가능한 한 적게 발생할 수 있도록 노력할 것을 강조한다.

이러한 주장은 많은 사람들에게 공감을 얻을 수 있지만 실제로 실현하기란 쉽지 않음을 우리 주변에서 흔히 볼 수 있다. 왜냐하면 냉전도 끝난 이 시점에서 과학기술을 추동하는 가장 큰 힘은 기업의 이윤 동기인데, 이들의 주장을 고려하는 것이 개별 기업에게 이익이 된다는 인식이 없는 한 과학기술의 발전 방향이 크게 달라지지 않을 것이기 때문이다. 식품의 안전성, 생태계 안정과 윤리적 이유를 들어 유전자 변형식품 유통과 생명복제 연구를 반대하는 여론이 높지만 세계 어느 나라, 기업도 그 때문에 생명공학 연구 관련 예산을 삭감하지 않았다는 사실이 이를 증명한다. 생명공학은 정보통신산업과 더불어 21세기에 가장 경쟁력 있는 매력적인 분야이기 때문이다. 이 점에서 우리나라도 예외가 아니며, 우리나라만 예외가 되는 것도 바람직하지 않다.

그렇다면 21세기 과학기술로 인한 문제를 최소화하면서 보다 바람직한 방향으로 과학기술과 사회가 나아가도록 할 수 있을까? 최근 가장 자주 거론되는 정보기술, 그 중에서도 인터넷을 중심으로 생각해보자.

4. 인터넷이 열어준 사이버 세계

앨빈 토플러는 정보통신기술을 바탕으로 한 이른바 정보사회, 또는 사이버 사회에 대해 말할 때 빠지지 않고 언급되는 인물이다. 그는 오래 전에 출판한 『제3의 물결』이란 책에서 이미 대량생산, 대량소비의 산업화 사회를 넘어 정보가 가장 중요한 자원이 되고 컴퓨터 관련 기술이 사회의 기술적 기반이 되는 시대가 올 것이라고 예측했다. 그는 정보사회에서는 국경, 인종, 성별, 나이가 의미 없어지고 따라서 이러한 차이에 의한 기존 사회의 차별이 끝날 것으로 내다보았다. 또 융통성 있는 소량 주문 생산 체제가 보편화되어 개성을 중시하는 소비문화를 형성할 수 있으며, 재택 근무 등으로 여가 시간을 더 많이 즐길 수 있을 것이라고 전망했다. 대체로 그가 내보인 미래 사회는 긍정적이고 낙관적인 모습이었다. 정보사회 초기에 새로 등장한 기술적 성과들과 그 영향은 토플러의 예측과 맞아들어가는 부분이 많았기 때문에 사람들은 그가 제시한 미래상에 대해서도 상당히 신뢰하게 되었다.

실제로 PC의 보급에 힘입어 우리나라에서도 컴퓨터 통신과 인터넷이 점차 확산되었다. 이러한 양상은 대략 1990년대 초부터 눈에 띄게 드러났다. 초기에는 컴퓨터 통신이 많이 사용되었다. 컴퓨터 통신은 제한적이긴 하지만 사이버 세계의 맛보기로서 충분한 역할을 했다. 이름 대신 ID를 사용하는 통신 공간의 익명성, 시간과 공간의 제약 없이 사람들을 만날 수 있는 또 하나의 공간, 누구나 자기가 하고 싶은 말을 할 수 있고 또 그에 대한 반응을 즉각 받아볼 수 있는 공개 게시판의 기능, 전자 메일 등은 경이로운 새 세상이었다. PC통신을 통해 여론이 형성되고 그 여론이 힘을 발하는 일을 몇 차례 겪으면서 유럽과 같은 참여 정치 문화에 익숙하지 못한 우리나라 사람들은 새삼스럽게 여론의 힘을 경험했다. 이러한 경험만으로도 토플러를 비롯한 이른바 미래학자들의 정보사회론을 공감할 수 있었다. 언론 매체들은 앞다투어 정보사회에 대한 특집을 실으면서 정보사회가 열어줄 낙관적인 사회상을 제시하기에 바빴다.

이러한 불씨에 기름을 끼얹은 것은 갑작스럽게 가까이 다가온 인터넷이었다. 쉽게 사용할 수 있는 웹브라우저가 등장하기 전까지는 주로 학술연구자들이 정보 교환용으로 인터넷을 사용했다. 상황이 갑작스럽게 달라진 것은 1993~94년경이었다. 1993년에 등장한 모자이크라는 웹브라우저는 1994년에 넷스케이프로 변신했는데, 넷스케이프를 사용하면 누구나 손쉽게 몇 번의 클릭만으로 전세계의 웹사이트를 돌아다닐 수 있었다. "정보의 바다를 항해한다"는 말을 쓰게 된 것은 바로 넷스케이프의 로고가 항해사의 키였기 때문이다. "누구나 백악관의 홈페이지에 접속하고 클린턴 대통령에게 전자 메일을 보낼 수 있다"는 소문이 떠돈 것도, 그래서 일찍 인터넷에 접속할 수 있었던 사람들이 호기심에 한 번씩 백악관 홈페이지에 들러보던 것도 이맘때였다. 인터넷은 빠른 속도로 확산되었고 홈페이지의 수, 인터넷에서 얻을 수 있는 정보의 양과 종류도 기하급수적으로 증가하기 시작했다.

인터넷이 열어준 사이버 공간은 PC통신의 공간과는 비교할 수도 없이 넓고 깊었다. 전세계 어느 나라의 홈페이지에도 아무 때나 들어갈 수 있었고, 인터넷 채팅을 통해 전세계 누구와도 실시간으로 대화를 주고받을 수 있었다. 지구촌, 지구촌, 수없이 들어오던 그 말이 인터넷의 사이버 공간에서 비로소 구현되는 것 같았다. 현실 세계에서 집이 없는 이도 인터넷에 자기만의 공간을 마련할 수 있었고, 거기에 자기가 가진 정보 재산을 쌓아둘 수 있었다. 인터넷의 또 다른 매력은 누구라도 거기 올려진 정보를 손쉽게 공짜로(!) 얻을 수 있다는 점이었다(지금도 그렇지만 초기의 웹사이트는 대부분 무료였다). 그 가운데는 어딜 가야 얻을 수 있는지조차 알기 어려웠던 정보, 돈을 주지 않고서는 얻을 수 없던 정보들이 가득했다. 물론 포르노물도 있었다. 정보사회가 만들어주는 평등하고 새로운 세상이 진짜로 열리는 것 같았다.

인터넷의 일반 사용자들이 새로운 공간에 열광하고 있을 때, 이 공간이 가진 잠재성을 일찍 알아챈 사람들은 부자가 되었다. 누구는 인터넷에 쇼핑몰과 서점을 열어 장사를 시작했고, 누구는 웹 페이지에 붙이는 네모난 형태의 배너 광고(이것을 클릭하면 광고주의 홈페이지로 직행한다)를 창안하여 인터넷을 새로운 광고 시장으로 만들었다. 요즘 웹사이트들은 정보를 공짜로 얻을 수 있는 대신 현란한 광고들로 도배가 되어 있다. 인터넷을 더욱 다양하게 즐길 수 있는 각종 소프트웨어와 주변 장치를 만들어 파는 것은 가장 유망한 사업 분야가 되었다. 눈이 아주 밝은 사람들은 인터넷이 곧 경제 활동의 가장 중요한 장이 될 것이라 보고 일찍이 유명한 회사 이름이나 사람들이 익숙한 단어를 포함하는 인터넷 도메인 이름을 등록하여 자기 것으로 만들었다. 2000년 1월에는 한국의 '두루넷'이 미국에 사는 김 아무개 씨한테 www.korea.com이라는 도메인 이름을 55억 원을 주고 사들였다는 소식이 전해져서 사람들을 놀라게 했다. 두루넷은 이 주소를 사용하여 55억 원 이상의 이익을 올릴 것으로 예상하는 모양이었다. 김 아무개 씨가 5년 전에 이 도메인 주소를 등록하고 유지하는 데 든 돈은 1백 달러도 되지 않았다고 한다.

인터넷은 지금까지의 다른 기술과 마찬가지로 '더 나은 세상'을 만들 수 있는 잠재성을 가지고 있지만 그 잠재성이 저절로 실현되지 않는다는 것은 분명하다. 인터넷의 개방성, 익명성이 악용되면 많은 문제가 발생할 수 있음이 드러났다. 인터넷을 이용한 범죄, 음란 폭력물로부터 청소년 보호, 전자 상거래 확산에 따른 소비자 피해 사례 증가, 지적재산권 보호 등의 문제가 대두되었고 이 문제들을 해결하기 위해서는 현실 세계의 정부 또는 입법부의 개입이 필요해진 것이다. 이는 네티즌들의 자율적인 통제에 따라 움직이고 기존 권위와 강제에서 자유로운 사회를 사이버 세상에 건설할 수 있다는 애초의 꿈이 현실과는 상당히 멀어졌음을 말해준다.

인종, 국경, 나이, 성별을 초월한 만남이라는 것도 실제로는 제한된 소수에게나 가능하다는 것, 즉 '평등한' 사이버 세상의 많은 부분이 허구라는 것 역시 분명해졌다. 점차 사정이 나아지고 있다고 하나 회사나 학교 같은 기관의 망을 이용하지 않는 개인이 인터넷을 이용하기 위해서는 아직도 적지 않은 비용을 부담해야 한다. 인터넷을 원활하게 할 수 있을 정도의 사양을 갖춘 PC는 아직도 비싸다. PC가 있는 집에서도 아들, 딸, 가장, 주부, 노인층으로 PC와 인터넷의 이용 정도와 우선 순위가 정해진다. 인터넷의 정보 90% 이상이 영어로 되어 있다는 점 역시 비영어권 사람들에게는 높은 벽이다.

이러한 사정을 두루 살펴보면 다음과 같은 결론에 이른다. 사이버 사회에서는 다음과 같은 사람들이 경쟁력을 가질 것이다. 괜찮은 직장인, 영어에 능한 사람, 인터넷을 자유롭게 쓸 수 있는 사람, 젊은 층, 남성층, 웬만큼 사는 집의 자녀들. 그렇게 되면 기존의 소외 계층이 사이버 세계에서도 역시 정보 소외 계층으로 남아 있게 될 것 아닌가?

전체적으로는 약간의 거품이 있다 하더라도 인터넷의 확산은 거스를 수 없는 대세인 것 같다. 그렇다면 인터넷의 긍정적인 면은 최대로 살리고 부정적인 면은 가능한 한 줄여나가는 것이 상책이다. 이를 위해서는 인터넷에 대한 턱없는 기대와 과도한 두려움을 모두 떨쳐내는 일이 가장 시급하다고 생각한다.

대부분의 사람에게 인터넷은 공부해야 할 대상이 아니라 자동차나 휴대폰같이 이용하면 편리한 기술일 뿐이다. 인터넷에서 새로운 성공의 기반을 찾거나 기존 사업을 사이버 공간 속으로 확장하려는 사람들에게나 인터넷이 통달해야 할 그 무엇이다. 이는 일반 운전자와 자동차 전문 정비공이나 카레이서의 차이와 같다. 누구라도 처음에는 인터넷을 사용하는 방법을 익혀야 한다. 이것은 자동차를 운전하려는 사람들이 면허를 따고 두려운 초보 시절을 거쳐야 하는 것과 같다. 사람들은 시행착오를 거듭하지만 대개는 시간이 어느 정도 지나면 운전을 할 수 있게 되는 것처럼, 인터넷도 그 정도 학습 기간을 거치면 그 다음에는 쉽게 이용할 수 있다. 휴대폰의 단추를 누르고 리모컨을 사용하듯이 마우스로 클릭하면 된다.

　인터넷의 비중이 높아진다고 해서 당장 모든 것이 사이버 공간 속으로 들어갈 수는 없다. 오히려 사이버 세계의 확장에 따라 현실 세계에서 그와 관련된 새로운 영역이 창조되기도 한다. 그러니까 적어도 당분간은 인터넷이 없이도 살아남을 수 있다는 말이다. 1999년 연말에 명암이 엇갈린 두 분야를 보자. 인터넷으로 카드를 보내는 사업이 인터넷에서 '뜨고 있다'고 했다. 네티즌들이 전통적인 방식의 종이 카드 대신 화려한 동영상에 음악까지 곁들인 멀티미디어 카드를 선호했기 때문이다. 공짜로 카드를 보내주는 사이트들도 성황이었다. 대신 종이 카드 회사와 카드를 파는 문구점은 별 재미를 못 보았다. 반면 전자상거래의 빠른 확장에 힘입어서 새로이 부상하는 분야가 배달업이다. 인터넷 쇼핑몰에서 물건을 샀다 하더라도 그 물건을 디지털 파일로 바꾸지 않는 한 누군가는 그 물건을 소비자에게 날라주어야 하기 때문이다.

　인터넷을 친숙하게 만들기 위해서는 원하는 사람은 누구나 적은 비용으로 인터넷을 익혀 사용할 수 있는 사회적 장치가 갖추어져야 할 것이다. 정부가 '국민 PC' 사업을 한다거나 광통신망 설비를 담당하는 것, 학교와 공공복지기관을 통해 인터넷을 익히고 이용할 수 있게 하는 것 등은 이런 맥락에서 이루어지고 있으며 앞으로 더욱더 강화되어야 할 것이다. 우리나라에만 있다는 인터넷 게임방은 창업 동기야 어떻든 인터넷을 쉽고 값싸게 이용할 수 있는 설비를 제공한다는 점에서 제도적으로 육성하고 지원할 필요가 있다.

　인터넷에 친숙한 사람들이 많아질 때 사이버 공간이 사회 개혁을 촉진하는 장이 될 것이란 전망이다. 인터넷에 펼쳐진 생각들이 여론의 향방을 가늠하는 매우 중요한 잣대로 평가되고 있기 때문이다. 우리 사회에서는 이른바 민심을 읽을 수 있는 제도적 장치가 별로 없다. 유럽과 달리 참여 정치의 경험과 전통이 없는 우리나라의 보통 사람들은 사회 문제에 대한 의견이 있다 하더라도 공식적으로 표출할 수단을 가지고 있지 않다. 그런데 드나드는 것이 쉽고 익명성이 보장되는 인터넷 게시판이 그 역할을 하게 된 것이다. 이제 중요한 사회적 논쟁이나 사건이 발생하면 언론은 항상 그에 대한 시민들의 반응을 보여주는 지표로서 인터넷 게시판을 이용한다. 실제로 과거에는 그냥 유야무야 지나갔을 일들이 네티즌의 항의가 거세자 뒤늦게 대응하는 경우도 있지 않았던가?

개방성은 인터넷의 큰 특징이다. 그래서 다른 과학기술의 경우와 달리 우리는 인터넷 정보의 소비자이자 동시에 생산자이다. 사이버 공간에서 기업가 같은 경제 주체들의 영향력이 점차 커지고 있기는 하지만, 그들이 사이버 공간 전체를 장악할 수는 없다. 사이버 공간은 무한히 확장될 수 있기 때문이다. 우리는 그 공간을 우리의 정보, 우리의 의견으로 채울 수 있다.

20세기 문화의 대중화와 상품화

김찬호

1. 대중, 대중사회, 대중문화

◆ 20세기의 세계사적인 변화의 한 가지 중요한 흐름인 대중문화의 전개에 대해 함께 생각해보는 자리인데요.

우선 대중문화 그 자체에 대한 우리의 생각을 정리해보고 들어가야 할 듯합니다. 1990년대 접어들어 한국에서는 문화 연구가 활발히 이루어졌고 그 가운데 대중문화에 대한 관심도 높아졌습니다. 그런데 대중문화라는 개념은 매우 널리 쓰이는 만큼 그 의미의 스펙트럼도 매우 큰 것 같습니다. 거기에 포괄되는 의미는 어떤 것이 있을까요?

일반적으로 '대중문화'라고 하면 '대량생산되어 상품화된 문화'를 말하지요. 예를 들어 신문이나 잡지에서 '대중문화 비평'이라는 코너에서는 영화나 음반 등을 주로 다룹니다.

그러나 또 하나 다른 차원의 '대중문화'가 있습니다. 다름

---

* 이 글은 논술이나 강의의 형식을 지양하고 대화적인 상황으로 각색하여 쓰였다. 이번 강좌의 기획 의도가 일방적인 지식 전달이 아니라 상호소통을 활성화하는 데 있는 만큼 이러한 시도가 의미 있으리라고 생각한다. 앞으로 이런 식의 글쓰기 방식이 더욱 계발되기를 기대한다.

아닌 '대중들의 생활문화'입니다. 즉 보통 사람들의 일상 속에서 생성되고 변형되어 가는 문화지요. 물론 대량생산되어 '상품화된 문화'와 '대중들의 생활문화'는 서로 밀접히 연관된 영역입니다. 그런데 지금까지 주로 전자의 측면, 즉 '대량생산된 상품화된 문화'가 강조되어왔습니다. 대중문화의 연구나 비평이 주로 미디어를 중심으로 이루어져오면서 그 사회적 맥락을 섬세하고 구체적으로 파헤치는 작업을 소홀히 해온 듯합니다.

◆ 왜 그렇게 치우쳤을까요? 그 사회적 배경이 있을 것 같은데….

1990년대 이후에 갑자기 왕성해진 문화 연구는 당시 전개된 급격한 문화 변동과 밀접한 관련이 있다고 할 수 있습니다. 그 문화 변동은 주로 새로운 문화상품의 등장에 의해 촉발되어왔고, 그러한 상품 세계는 외국에서 먼저 생겨나 유입된 것이 대부분이지요.

지난 한 세기 동안의 한국 사회의 변동이 그러했듯이 1990년대 이후의 급격한 문화 변동도 그 진원지가 바깥에 있었습니다. 그 과정에서 확장된 대중문화에 대한 논의도 그렇듯 재빠르게 모습을 바꾸어 가는 미디어 및 거기에서 파생되는 문화 현상에 집중되었습니다.

그러한 편향성이 가장 두드러지게 드러나는 한 예가 일본의 대중문화에 관한 담론들입니다. 애니메이션, 게임, 영화, 만화 등 아무래도 우리가 쉽게 접할 수 있는 부분에 치중되어 있습니다. 그러나 그러한 외형적 현상은 언제나 대중들의 삶 그 자체와 조응하면서 빚어집니다. 따라서 일본의 대중문화를 제대로 이해하기 위해서는 일본의 대중들이 걸어온 사회사적 발자취에 대한 질적인 이해가 뒷받침되어야 하는 것입니다.

◆ 그렇다면 대중문화를 개념적으로 정의하면 어떻게 될까요?

　'대중문화'는 영어로 두 가지로 번역될 수 있습니다. 하나는 'mass culture'이고 다른 하나는 'popular culture'입니다.

　'mass'와 'popular'라는 개념은 일맥상통하는 의미를 가지면서도 그 뉘앙스가 다르지요? 'mass culture'가 대량으로 복제되는 문화의 측면에 초점을 맞춘 개념이라면, 'popular culture'는 많은 사람들이 일반적으로 향유하는 문화라는 의미에 가깝습니다.

　즉 전자가 주로 문화의 생산 과정에 초점을 맞춘 개념이라면, 후자는 문화의 소비 내지 수용 과정에 초점을 맞춘 개념이라고 할 수 있습니다. 따라서 전자는 대량복제가 가능한 매스미디어가 등장한 근대 자본주의 이후의 문화 산물로 한정되지만, 후자는 산업화 이전의 민중문화 내지 민속문화(folk culture)까지 포함하는 개념이 되는 것이지요.

　물론 현대 사회에서 popular culture는 대부분 매스미디어에 의해 생산되고 유통되기 때문에 결국 현실적으로는 그 두 개념 사이에 뚜렷한 경계가 없다고 할 수 있습니다. 그러나 '삶의 양식'이라는 좀더 보편적인 문화 개념과 결부시킨다면 popular culture로서의 대중문화가 더욱 설득력 있습니다[이 점에 대해서 더 자세히 공부하려면 김창남의『대중문화의 이해』(한울, 1998)를 참조하세요].

◆ 그러고 보니 '대중문화'에 대해 이야기하기 전에 먼저 짚고 넘어가야 할 개념이 있는 듯합니다. 바로 '대중'과 '대중사회'입니다. 현대사회에서 대

중문화는 '대중(mass)'이라는 존재 자체, 그리고 '대중사회(mass society)'를 전제로 성립하기 때문이지요. 도대체 대중이란 누구일까요? 그리고 그 속성은 어떻게 규정될 수 있나요?

대중의 등장은 대량생산, 대량전달, 대량소비의 발달과 궤도를 함께한다고 할 수 있습니다. 또는 '두 가지 M'의 시대라고 이야기되듯이, 기계(machine)의 발달은 그 배후에 대중(mass)의 대두를 수반한다고 할 수 있습니다.

여기에서 말하는 대중이라는 것은 사회기구에 의해 획일화되고 균질화되었으며 무력하고 평범한 존재로서 연상되는 것이 일반적입니다. 예를 들어 대량생산 기구의 톱니바퀴로 된 대중, 매스컴에 의해 조작되는 대중, 그리고 일반적으로 고도로 시스템화되는 사회 속에서 떠도는 사막과 같은 대중말입니다.

사회학자 막스 베버가 말한 '영혼 없는 전문인, 심정 없는 향락인'은 산업화, 기계화, 합리화의 결과 등장하는 대중화된 인간을 가리키는 것입니다. 말하자면, 자본주의의 발전과 함께 금욕의 정신도 인격숭배도 잊어버리고 세속화된 인간이야말로 대중의 원형인 것입니다. 다시 말하자면 자본에 의해 강제적으로 개별화되어가면서도 독립한 인격주체로서의 보편적인 본질을 사회 시스템에 몰수당해 시스템의 뜻대로 자기를 만들어가는 인간이야말로 대중이라고 불리는 인간입니다.

그러나 '대중'에는 정반대의 이미지도 있습니다. 기존의 집단적 굴레에서 벗어난 자유로운 개인의 모습이 그것입니다. 즉 귀속적인 신분이나 사회적 위치에 얽매이지 않고 스스로 자신의 삶의 양식을 실존적으로 선택하고 만들어갈 수 있는 조건이 주어진 것이지요. 이는 주어진 체제에 수동적으로 적응하는 것이 아니라, 능동적으로 사회 그 자체를 새롭게 구성하는 근대의 시민적 주체성이 성립된 배경과 맥락을 함께합니다. 따라서 대중문화라는 것도 전통이나 전문적 규율에 구애받지 않고 자기 나름의 내용과 형식을 창출해가는 특징을 갖는 것입니다.

이렇듯 대중은 커다란 시스템에 종속된 모습과 자유로운 개개인의 결사라는 이미지를 함께 가지고 있다고 할 수 있습니다. 그 어느 쪽이든 우리가 지금 말하는 대중사회는 19세기 후반 산업화, 근대적 계급사회, 자본주의 분업, 대량생산, 도시화, 인구 집중, 의사결정의 중앙집권화, 광범위한 커뮤니케이션, 참정권의 확대(평등주의적 사회관계의 확대) 등과 맞물리면서 형성되었다고 할 수 있습니다. 그리고 거기에 조응하여 대중문화를 정의하자면, 다량성, 균질성, 복제가능성, 익명성, 토속성, 유동성을 포함한 산업사회의 문화 현상의 형태적 역사적 특징을 가리키는 개념이라고 할 수 있습니다.

2. 근대 사회변동의 두 가지 패러다임

◆ 너무 추상적인 개념이 압축적으로 나열되어 있어서 금방 와닿지는 않는데요. 근대의 사회변동을 좀 차근차근 설명해주시겠어요?

근대는 엄청난 변화의 연속이었습니다. 기존의 사회 질서가 통째로 흔들리고 해체되었고 사람들의 관계는 완전히 재구성되었습니다. 어마어마한 유동성(mobility)으로 특징짓게 되는 것이 근대이지요. 전통사회의 폐쇄적 공동체의 굴레에서 벗어난 개인들은 자신의 아이덴티티를 새롭게 구성해야 하는 상황에 놓이게 되었습니다.

그 굴레라는 것이 무엇인가? 두 가지로 나누어 생각해볼 수 있거든요. 하나는 신분이고 다른 하나는 지역입니다. 기존의 신분 질서에서 해방된 개인들은 자신의 인생 항로를 스스로 선택하고 개척할 수 있는 여지가 엄청나게 넓어졌습니다. 또한 지리적인 제약을 넘어 자유롭게 이동하기가 쉬워진 상황에서 개개인의 행동반경과 그에 따른 삶의 기회도 크게 확장되었습니다. 그러한 두 가지 커다란 경계를 넘어서 사람들이 새로운 존립 기반을 획득하고 사회적 관계를 만들 수 있게 된 것입니다.

그렇듯 사회적 관계들이 근원적으로 재편성되는 과정에서 전통적인 문화는 그 기반을 상실하게 됩니다. 생산 공간과 생활 공간 분리되고, 지역 안에서 유기적인 순환 관계 속에서 영위되던 일과 놀이와 학습이 각기 고립된 활동 영역으로 분화되면서 삶의 과정에서 자연스럽게 생성되던 문화는 점점 형해화되어갔습니다.

그런데 그렇게 기존의 사회적 관계에서 이탈한 개개인들은 어떠한 방식으로든 재결합되어야 합니다. 그렇지 않으면 사회 그 자체가 붕괴해버릴 것이기 때문이지요. 그렇다면 무엇을 매개로 원자화된 개개인들이 다시 통합되어갔는가? 그리고 삶과 사회의 물적인 토대가 근원적으로 달라지고 그에 따라 사회적인 관계가 총체적으로 재구성되어가는 과정에 문화는 어떠한 방식으로 맞물렸는가? 그러한 관점에서 근대성이라는 것 자체가 갖는 문화적 함의를 입체적으로 조망할 필요가 있습니다. 바로 거기에서 대중문화라는 것의 정체도 드러나지요.

◆ 대중문화가 근대의 산물이라고 한다면 말입니다. 문화와 산업화의 관계가 어떻게 되는지가 궁금해지네요.
왜냐하면 '문화'라고 하면 딱딱한 노동의 세계에서 벗어나 여유로운 속에서 추구되는 그 무엇으로 여겨지지 않습니까? 물질적 성장을 극대화하기 위한 경쟁에 몰두하는 산업사회에서 문화는 어떻게 자리매김되어왔나요?

근대의 사회변동을 일반론적으로 접근할 때, 크게 다음의 두 가지 상반된 측면으로 나누어 살펴볼 수 있을 것 같습니다.

그 하나는 동원과 규율이라는 생산 패러다임입니다. 말씀하신 대로 근대 산업화 과정에서 각 사회는 저마다 생산력의 극대화를 위해 모든 자원을 최대한 동원해왔습니다. 테일러리즘과 같은 과학적 관리 기법으로 집약되듯이 그 체제는 사회 전체를 표준화된 틀로 통제하면서 구성원들을 규율했고 개개인들은 서로가 서로에게 분리된 채 경쟁 관계에 놓이게 되었습니다. 그 관계는 성문화된 규범에 의해 결정되는데, 국가가 강력한 권력과 관료제를 통해 위로부터 일방적으로 질서를 부과했기 때문에 그 규범은 집체주의의 형식을 띨 수밖에 없었습니다.

그러한 체제는 그에 상응하는 심성과 문화를 요구하는데요, 학교 교육과 군대 등이 그것을 재생산해내는 기제로 기능했고, 거기에서 배양된 인적 자원은 위계적인 피라미드 산업 조직으로 흡수되었습니다. 그러한 산업과 교육 체제를 통해 기계적 시간의 템포와 리듬이 체득되어간 것이죠.

한국에서 1970년대에 유행하던 "하면 된다"라는 구호로 집약되듯이 단일하고 분명한 목표를 설정하고 그것을 달성하기 위해 일사불란하게 사회를 통제하는 과정에서 욕망은 억제되고 근면이 제도화됩니다. 여기에서 사회적 의미의 장(場)은 신호로 대체되어, 사람들의 생활과 행동은 완전히 기능성과 경제 합리성에 기초해 조직됩니다. 그래서 공장에서는 신호표시에 따라 반복적으로 노동하고 일상생활에서도 일정한 자극에 기계적으로 반응하는 행위가 증가하지요.

◆ '산업사회'라고 할 때 전형적으로 떠오르는 사회의 정황이군요. 찰리 채플린의 <모던 타임스>도 생각이 나고요.
말하자면 지극히 금욕적인 관리 사회의 이미지인데요, 그렇게 경직되고 빡빡한 일상 속에서 어떻게 문화가 꽃피울 수 있을까 하는 것이 제 질문입니다.

그런데 근대화는 그런 측면만 있었던 것은 아니었습니다. 근대화는 또 하나의 전혀 다른 얼굴을 가지고 있었는데요, 그것은 그 이전까지 경험하지 못했던 전혀 새로운 욕망의 자각이라는 소비 패러다임입니다.

소비사회라고 하면 후기 산업사회와 연관시켜 생각하지요. 물론 유럽의 경우 1970년대, 한국의 경우 1990년대에 들어와서 소비사회가 본격적으로 전개된 것은 사실입니다. 그러나 사실 그보다 훨씬 일찍 그러니까 산업화가 어느 정도 성숙한 단계에서 소비는 이미 새로운 삶의 모습으로 등장하고 있었습니다.

발터 벤야민이 '파사쥬'를 중심으로 조망했던 19세기 파리의 풍경, 1930년대 일본 다이쇼(大正) 시대의 도쿄의 급변하는 모습은 당시 사람들에게 도시 문화의 신선한 충격을 던져주었습니다. 한국의 경우에도 일본의 다이쇼 시대와 거의 같은 시기에 그러한 변화를 경험하고 있었지요. 일본 긴자(銀座) 거리와 비슷하게 명동에 이른바 '모던 보이', '모던 걸'이 등장하여 소비 문화의 첨단을 걷고 있었던 겁니다. 그들은 '타인 지향형' 인간으로서 뿔뿔이 원자화된 고독한 군중이 아니라, 미디어나 동년배 집단을 의식하면서 연기하는 군중이었습니다. 그래서 근대적 풍경을 무대로 세련되고 행복한 '나'를 창출하는 데 골몰하였습니다.

◆ 그렇다면 그러한 소비 문화적인 세계가 펼쳐지게 된 배경에는 어떠한 상황이 있었나요?

산업화의 결과 풍요로워지는 물질 세계가 곧 생활 환경의 변화로 직접 이어지는 것은 당연하지요. 그런데 그러한 변화는 실제보다 더 빠른 속도로 사람들에게 체험됩니다.

새로운 상품 세계와 그로 인해 달라지게 되는 삶의 모습들을 예고하는 문화적 장치들이 등장하는데요, 박람회, 백화점, 도시의 번화가, 카페, 광고 등이 그것입니다. 그것들을 통해 소비 문화가 집약적으로 디스플레이 되고 그 축제 공간에서 사람들은 자본주의가 가져다 줄 생활 양식의 변화를 상상하게 됩니다.

이제 상점은 단순한 상품의 저장소가 아니라 소비자의 욕망을 환기하는 전시장이 되지요. 그전까지 상점은 물건을 사려는 사람만이 들어갈 수 있었고, 가격은 점원과의 흥정에 의해 정해지는 폐쇄적 성격의 공간이었습니다. 그런데 쇼윈도가 보급되고 정가를 표시하고 "자유롭게 들어오세요"라는 간판을 처음으로 내걸게 되면서 쇼핑에는 오락의 요소가 가미되게 된 것입니다. 이러한 상품 물신의 스펙터클 속에서 도시인들의 지각 체험은 엄청나게 다양해지는 것입니다. 19세기 산업 도시에서 진전한 스펙터클 공간(백화점, 만국박람회)에서, 20세기 초 미국 도시에서 진전한 대중문화와 아메리카나이제이션, 그리고 20세기 말 정보 도시가 구축하는 가상공간에 이르기까지 스펙터클은 독자적인 사회를 형성하는 기능을 발휘해왔습니다.

그래서 여러 매체가 독자적인 환상공간을 연출하고, 그 공간 속에서 도시민들은 서로 분단, 고립됨과 동시에 직접적인 경험에서 멀리 동떨어진 표상의 세계에서 통일성을 회복하는 것이지요.

◆ 그렇다면 그러한 변화 과정에서 대중문화는 어떻게 맞물렸나요?

문화라는 것을 거칠게 정의하여 잠정적으로 "사회구성원들 사이에 소통을 촉진하고 그 안에서 집단적인 정체성을 만들어가는 매체"라고 해둡시다. 그러한 관점에서 볼 때, 대량으로 생산되어 대량으로 소비되는 대중문화는 광역화되고 익명화된 삶의 조건 속에서 살아가는 사람들 사이에 간접적인 커뮤니케이션을 도모했다고 할 수 있습니다.

말하자면 기존의 촌락 공동체와 그 안에 담겨 있던 전통 문화가 해체되고 도시적인 인간 관계가 급격하게 형성되는 가운데, 제도와 시장으로 매개되는 그 추상적 관계에 정서적인 접착제 역할을 한 것입니다. 그런데 그 대중문화의 의미체계는 기존의 전통 문화가 제 나름의 견고한 맥락 속에서 유지되었던 것과 대조적인 성격을 갖습니다. 그전까지 문화를 구성하는 감각적인 제 형식들(음, 이미지, 색채, 몸짓, 형상 등)은 일정한 상징적 코드 속에 서로 연계되어 있었고, 그 상징 코드는 나름대로 견고한 사회 질서 속에서 일정한 자리를 차지하고 있었지요. 그런데 근대 이후 상품-화폐관계의 확대는 전산업시대 도시를 구성하고 있던 여러 상징적 코드(의례, 관습, 전통, 신분질서 등)를 파괴합니다.

그러한 상징 코드와 사회 질서가 해체되면서 그 안에 담겨 있던 문화 요소들은 맥락의 구속을 받지 않고 점점 자유롭게 이합집산하게 되었는데 그러한 조건 속에서 근대 디자인이 출현했습니다.

◆ 그것과 함께 **빼놓을** 수 없는 것이 대량복제라고 보는데요. 테크놀로지의 발달에 힘입어 시·공간의 제약을 넘어 대량으로 생산되고 전달되면서 사람들이 다양한 문화를 쉽게 향유할 수 있게 된 것이 바로 대중문화 아닙니까?
거기에서 미디어는 핵심적인 자리를 차지하고 있는 것 같습니다. 미디어가 폭발적으로 발달하면서 20세기 인간의 삶도 극적으로 변화해왔지 않습니까?

미디어는 커뮤니케이션을 매개합니다. 사람들은 커뮤니케이션을 통해 사회적 리얼리티를 체감하지요. 거기에는 신체 감각과 시·공간 의식 같은 것이 전부 결부되어 있습니다.

여기에서 미디어는 단순히 전달의 수단이 아닙니다. 그것은 신체가 세계에 맺는 관계를 구조화하는 제도라고 보아야 합니다. 다시 말해 세계에 대해 사고하는 신체 기술, 인식의 모드, 인간의 결합이나 행위의 기준과 태도에 형식을 부여하는 틀이라고 할 수 있습니다.

"미디어는 메시지다"라는 맥루한의 유명한 단언처럼 미디어는 보다 깊은 레벨에서 메시지를 성립시키는 커뮤니케이션의 지평을 규정합니다. 따라서 미디어는 우리가 살아가는 사회적 세계의 기술론적 차원과 의미론적 차원을 매개합니다. 그러니까 근대 이후 미디어의 전개는 매우 복잡하고 중층적인 것으로, 사회의 전체적인 구조 연관이라는 컨텍스트 속에서 자리매김되어야 합니다.

즉 개별 미디어들의 배치나 편제를 가능하게 하는 보다 전체적인 구조가 맞물리고 얽히는 사회적인 장(場)에 주목해야 하는 것이지요.

◆ 그러니까 기술적인 발명으로 생겨난 미디어가 삶을 이러이러하게 바꾸었다는 식의 단선적인 모델은 곤란하다는 말씀인가요?

그렇습니다. 그것을 기술결정론이라고 하는데요. 물론 기술은 일정한 가능성과 한계를 결정합니다. 그러나 그 구체적 사회변동 양상이나 결과 그 자체를 단선적으로 결정하는 것은 아닙니다. 즉 필요조건이라는 말이지요.

예를 들어봅시다.

역사를 보면 어떤 기술이 발명되어도 채택되지 않거나 지역에 따라 수용되는 속도에 차이가 많이 나는 경우가 있습니다. 그리고 기술이나 미디어가 시간이 지나면서 용도가 달라지는 경우도 흔합니다.

가까운 예를 보면 삐삐는 애당초 노동을 위한 도구로 발명되어 보급되었지만, 청소년들에게 확산될 때는 일종의 완구로 그 용도가 바뀌어버리지 않았습니까? 똑같은 기술이 시·공간의 변수를 두고 상이한 효과를 낳는 것입니다. 그러니까 삶의 변화는 어떤 기술적 발명의 소산으로서 사회의 바깥으로부터 직접 주어지는 것이 아닙니다. 기술적인 발명 그 자체가 애당

초 사회적인 프로세스 속에서 구성되는 것이지요.

기술은 자연 현상이 아니고 사회 내적·역사적 산물이라고 말할 수 있습니다. 그리고 위에서 삐삐의 예를 들었듯이 기술 그 자체가 완결된 이후에도 그것이 응용되는 방식은 다른 여러 사회문화적 요소들에 의해서 결정됩니다. 전화를 발명한 사람이 오늘 이 땅에 와서 휴대 전화가 액세서리로서 패션의 일부가 되어 있는 것을 보면 매우 신기하게 생각하지 않겠어요?

3. 교통 수단의 발달과 여행의 대중화

◆ 자, 그러면 20세기의 문화 변동을 구체적으로 살펴볼까요?
그런데 20세기의 역사는 근대 이후 활기차게 전개된 역사의 연속선상에 있다고 볼 때 적어도 19세기에 이뤄진 기술 문화적 토대를 먼저 짚고 넘어가야 할 것 같은데요. 무엇을 가장 중요하게 꼽을 수 있을까요?

20세기 대중문화가 역동적으로 펼쳐진 핵심에는 결국 두 가지가 있었는데, 하나는 시각적 체험의 증폭 그리고 다른 하나는 교신 범위의 엄청난 확장입니다.

20세기 미디어 변용의 기초를 이루는 그 원형은 사진과 전신으로, 1820~1830년대에 걸쳐서 발명되었지요. 사진은 시각적인 이미지를 시간을 넘어서 기록하는 매체이고, 전신은 문자 정보를 공간의 제약을 넘어서 전달하는 매체입니다. 그렇다면 남은 과제는 음성을 시간을 넘어서 기록하고 공간을 넘어서 전달하는 것과 시각적 이미지에서도 연속 영상을 기록하고 재생하며 또한 거리를 넘어서 전달하는 것이 됩니다.

그 과제는 19세기 말부터 20세기 초에 걸쳐서 폭발적으로 달성됩니다. 1870년대 이후 제1차 세계대전까지 전화, 축음기, 무선 전신 등이 발명됩니다. 그리고 필름과 카메라 기술의 진보에 따라 사진이 대중화되었고 X선도 발견되어 응용되는 한편 자동차와 비행기 등 수송 수단도 혁명을 일으킵니다. 이렇듯 새로운 테크놀로지가 등장하면서 사람들의 의식과 감각을 근본적으로 변용시켰고, 전혀 새로운 인식의 모드를 성립시켰습니다.

◆ 매체의 발전과 함께 세계를 수용하는 방식이 달라졌다는 것은 매우 중요한 의미를 가질 것 같습니다.
감각의 변용을 언급하셨는데요, 특히 시각의 측면에서 20세기는 인류사에서 매우 각별한 시기로 기록될 것이 틀림없습니다. 영상의 기술이 비약적으로 발전하면서 일상에서 접하는 이미지가 폭발적으로 늘어났으니까요.

그렇습니다. 그런데 그것과 함께 빼놓을 수 없는 것이 있습니다. 바로 교통입니다. 미디어를 사람과 사람을 이어주는 수단이라고 할 때 교통 기관도 통신과 함께 미디어의 중요한 한 축을 이루지요. 의식주에 덧붙여 이제 교(交)를 집어넣는데, 그것은 통신과 교통을 말하지요.

생각해보면 의식주가 완전하게 보장이 된다 해도 연락망과 도로망이 끊겨 외부와 완전히 두절된 채 살아간다면 견디기 어려울 것입니다. 그만큼 교통은 현대 생활에서 매우 중요한 일부를 이룹니다. 근대의 교통에서 가장 최초의 혁명적인 발명은 말할 것도 없이 철도입니다.

◆ 그러면 그러한 교통의 발달이 인간의 지각 체험을 어떻게 바꾸었나요?

지금이야 일상적인 체험이 되어버렸지만요, 사실 역사 속에서 인간이 그렇게 빠른 속도로 이동하면서 외부 공간을 바라볼 수 있었던 적은 한번도 없습니다. 가장 빨랐던 것이 마차 정도인데, 그 속도는 기차와 비교가 안되지요. 시속 50km 이상의 속도로 달려가면서 바라보는 세계는 매우 빠르게 스쳐 지나가는 풍경의 연속입니다.

여기에서 커다란 변화가 무엇이냐 하면 보는 자와 보이는 대상 사이의 상호삼투적인 관계가 단절되었다는 것입니다. 여행자의 몸이 존재하는 공간과 완전히 별개의 차원에서 체험되는 시각적 현상 속에서 장소적인 연계성은 사라지지요. 급속한 이동은 주체를 바로 가까운 공간에서 떼어내기 때문에 풍경이나 사물은 주체에게 찰나적이고 인상파적·파노라마적으로 체험됩니다. 어떻습니까? 이것은 바로 우리가 스크린에서 펼쳐지는 영상을 보는 것과 질적으로 비슷한 것 아닌가요?

◆ 그러한 교통의 발달로 사람들의 공간 체험의 폭이 매우 확장되어왔을 텐데요, 여행이라는 것이 근대 이후 대중화되어오지 않았습니까?

그렇습니다. 중세 때까지만 해도 여행은 매우 특수한 체험이었습니다. 종교적인 순례, 원거리 무역, 전쟁을 위한 파병, 또는 공동체에서 추방되어 어쩔 수 없는 유랑 등이 그것이었는데요, 엄밀히 말해 여행은 아니지요. 여행은 여행 그 자체가 목적이 되어야 하니까요.

'travel'의 어원을 캐보면 불어의 'travail(노동)'과 한 뿌리를 이루고 있는데요, 그만큼 옛날에는 마을을 떠나 어디론가 돌아다닌다는 것은 대단한 고통을 수반했던 것이지요. 그러다가 근대시민사회가 성립되면서 가로가 정비되고 치안이 마련되어 갔습니다.

이는 회화에서도 명확한 소실점을 중심으로 모든 풍경이 말끔히 정돈되는 형태로 드러나는데, 이는 지평선 같은 것이 황량하게 묘사된 중세 그림과 대조를 이룹니다. 이제 풍경화라는 독자적인 장르가 탄생하는데 그러한 그림은 여행이라는 것을 매혹적인 것으로 암시하고 있었습니다 그전까지는 풍경이라는 것은 신화나 성서의 한 장면에 지나지 않는 것으로 그 자체가 독립된 회화의 주제가 되지는 않았지요.

◆ 그러면 사람들이 본격적으로 여행을 다니게 된 것은 언제부터였나요?

1차 관광혁명이 19세기 중엽에 일어납니다. 그전까지 오랫동안 여행은 왕후 귀족 등 지배(유한)계급만이 가능한 레저였습니다. 그런데 산업혁명이 성숙하면서 여가 시간의 증대, 철도망의 정비, 근대호텔의 성립, 만국박람회의 탄생 등 여러 문명 시스템에 의해 관광의 대중화가 유럽에서 실현됩니다.

여기에서 특히 철도망이 중요한 역할을 합니다. 오랫동안 여행은 마차에 의존했기에 서민들에게는 그림의 떡이었습니다. 그런데 철도에 의한 국내 관광이 대중화되었습니다. 상황이 이렇게 되자 상류계급의 유한 엘리트들은 해외 여행이라는 새로운 과시적 소비를 통해 자신들을 대중으로부터 구별짓기 시작합니다. 그리스, 로마, 이집트, 아프리카, 인도, 중국, 미국 등으로 대상지가 확대되어갔고 1870년대에는 세계 일주가 붐을 이루게 됩니다.

20세기에 접어들어 두번째 관광혁명이 일어나는데, 제1차 세계대전 무렵이었습니다. 그때 19세기에 구축된 앙시앙 레짐의 붕괴와 함께 유럽 유한계급의 엘리트 관광이 막을 내립니다. 그와 함께 미국 중산계급의 국내 관광여행 붐이 일어나는데 이는 20세기 초에 자동차의 붐이 일고 경제 성장과 함께 신유한계급이 탄생한 것에 배경을 두고 있습니다. 그리고 제1차 세계대전 중에 미국 병사들이 유럽 전선에 종군하면서 도시와 지중해에 매료된 경험이 종전 후 미국 중산층의 유럽 관광 붐으로 이어졌죠. 그 배경에는 1903년 시베리아 철도의 전구간 개통, 1913년 파나마 운하 개통, 20세기 초 여객선의 대형화와 고속화 등이 있었습니다. 영화로 유명해진 타이타닉호도 바로 이때 등장했지요. 그리고 1910~20년대 라디오와 영화의 등장이 미국 관광 붐의 원동력이 되기도 했습니다.

이러한 분위기 속에서 1963년 유엔 주최로 국제여행관광회의가 열렸고, 국제관광의 촉진이 국제정치 및 경제의 중요 과제로 인식되기 시작했습니다. 그러나 정말로 관광이 대중적인 폭발을 일으킨 것은 1960년대 들어서입니다.

말하자면 3차 관광혁명이라고 할 수 있는데, 정확히 말하면 1966년 점보 제트기가 취항하면서 많은 사람들을 한꺼번에 멀리 그리고 값싸게 실어 나를 수 있게 된 것입니다. 그 이후 계속 기술이 진보하면서 관광객의 수가 늘어나게 되자, 1980년대 들어서 개발도상국들이 관광입국을 기치로 내걸기 시작했고 전통 문화가 상품화되어 무대에서 관광객들을 위해 퍼포먼스되었습니다. 그러한 관광의 대중화 결과 부작용도 없지 않았는데, 매춘 관광과 환경 파괴 같은 문제들이 생겨난 거죠. 이러한 문제들에 대해 국제적인 대응책이 강구되고 있습니다.

‘지속가능한 관광’ 같은 개념도 그런 맥락에서 나온 것이죠.

4. 전자미디어로 인한 지구촌 시대의 도래

◈ 이야기를 미디어 쪽으로 다시 옮겨가보지요.
20세기의 대중문화 역사에서 아무래도 가장 혁명적인 것은 전자적 커뮤니케이션의 확장이 될 텐데요. 그 점에 일찍이 착안하여 논의한 사람이 바로 맥루한(Marshal McLuhan)이지요?

그렇습니다. 1990년대 들어서서 유행하게 된 단어 가운데 ‘지구촌(global village)’이라는 것이 있는데, 사실 이것은 맥루한이 처음 사용한 말입니다.

그는 ‘활자’의 시대에서 ‘전기’의 시대로 이행함에 따라 지구적 규모에서 감각이 변용되는 것에 주목했습니다. 미디어의 발달을 단지 표현 수단의 변화만이 아닌 사고나 기억의 양식, 세계관을 근저로부터 바꾸는 구조적인 계기로서 파악한 거죠.

즉 미디어는 전달의 수단이라기보다는 신체가 세계에 맺는 관계를 구조화하는 제도입니다. 그에 따르면 중세에 활자 미디어가 보급되면서 청각 중심의 주술적 세계에서 시각 중심의 추상적 세계로 이행했다고 합니다.

그런데 전기 미디어가 보급되면서 활자에 의한 선형적·시각적 지식에서 전기에 의한 비선형적·촉각적 지식으로 그 중심이 이동했습니다. 또한 전자적으로 매개된 동시적 장이 모든 곳에 출현하면서 지리적 공간 시스템이 전기적인 정보 시스템으로 대체되어갑니다. 중추 신경계를 지구적 규모로 확대하여 공간적인 차이를 무효화하는 것이죠.

◆ 미디어가 사회 공간을 재편성하는 데 결정적인 지렛대가 되었군요.

그렇습니다. 미디어는 사람과 사람을 새롭게 결합하면서 또한 분리시켰습니다. 커뮤니티를 둘로 나눠 공간적 근접성(propinquity)을 기초로 하는 '장소의 커뮤니티'와 사회적 접근 가능성(accesibility)을 기초로 하는 '관심의 커뮤니티'로 나눈다면, 20세기 미디어의 발달은 전자의 비중을 떨어뜨리면서 후자의 비중을 높이는 쪽으로 전개되어온 셈이지요.

맥루한에 따르면 20세기의 매스컴은 사회의 중추신경계 자체를 지구 규모로 확대, 인류를 다시 부족사회로 만들었다고 풀이합니다. 지구촌의 개념은 바로 거기에서 나온 것이죠. 그의 논의를 문명사적 문맥에서 보면 흥미롭습니다. 문자 문화가 인간을 수렵에서 농경 정착생활로 이행시켰고, 인쇄기술이 근대 내셔널리즘과 활동을 구속하는 제도로서 국경을 만들어냈습니다.

이에 대해 전자 기술은 그때까지의 경계를 제거했을 뿐만 아니라, 다시금 인간생활을 유동적인 것, 부족적인 것으로 만들었습니다. 또한 인간의 오감 전체를 해방하여 부족적인 삶의 회복을 실현했습니다. 그가 남긴 한 가지 명제로 "미디어는 마사지다"라는 말이 있는데, 이는 바로 미디어가 갖는 촉각성을 부각시킨 것입니다.

즉 미디어가 단지 피부와 물체가 접촉하는 것만이 아니라, 여러 감각들의 상호작용을 의미하는 거죠. 물론 문자 이전의 사회가 그대로 재현되는 것은 아닙니다. 문자 이전의 사회의 소리 문화는 농밀한 사회 관계와 그 내부에서의 체험의 응고를 말 속에 담았던 만큼 매우 상징적 의미로 가득 차 있었습니다. 그런 반면 텔레비전 시대에는 상품화된 패키지로서 소비되는 기호로 가득 채워지지 않습니까?

◆ 그렇게 차고 넘치는 기호 환경 속에서 우리들은 상징이나 예술에 대해 긴장감을 갖지 않게 되었다고 할까요? 아무튼 너무 흔해 빠지게 되었으니 귀한 줄을 모르는 거죠.
이에 대해 발터 벤야민은 그 유명한 복제 기술론을 펴지 않았습니까?

예, 벤야민은 음향 및 영상 미디어의 발달로 인해 문화가 그것을 생성한 장소성이나 생생한 현장성에서 괴리되어 얼마든지 복제되고 편집 가능하게 된 상황에 주목했습니다. 그의 대표적인 저작 『복제 기술 시대의 예술작품』에서 벤야민은 사진이 발명된 이후 그리고 기술적 복제 가능성이 계속 확대되는 가운데 시각 미디어가 예술이나 문화, 미적 감각에 어떠한 구조적 변화를 가져왔는가를 분석합니다.

석판에서 사진 그리고 영화에 이르는 복제 기술의 발달은 그 전까지 예술작품이 띠고 있던 '지금' '여기에' 밖에 없는 일회성, 즉 작품의 아우라(aura)를 소멸시켜버렸습니다. 그래서 이제는 더 이상 '진짜임(authencity)'이 문제되지 않게 되었지요.

아우라란 어떤 사물이 지니는 '분위기'로서 사물이 그 시·공간적인 고유 맥락을 지닐 때 생깁니다. 그 아우라의 근저에는 예술의 의식성이 존재합니다. 그 의식성은 근대 이전까지 미의 기조를 이루는 계기였으나, 기술적 복제 가능성의 확대는 역사상 처음으로 이러한 미의 기반을 의식적인 일회성으로부터 떼어내게 되었습니다. 그 결과 미의 준거 틀(frame of reference)은 '예배적 가치'로부터 '전시적 가치'에로 그 중심을 옮겨갔습니다.

◆ 그러한 미디어 환경이 초래한 사회심리적 상황은 여러 가지 각도에서 평가될 수 있을 것 같은데요. 대충 어떠한 관점들이 그동안 있어왔습니까?

혼히 20세기를 군중의 시대라고 말하지요. '군중(crowd)'이라고 하면 대중보다도 부정적인 뉘앙스가 강하지 않습니까. '군중심리'라는 말에서 그것이 가장 강하게 배어나지요. 즉 선동적인 자극과 암시에 단세포적으로 반응하고 비합리적이고 공격적인 충동에 휩싸이기 쉬운 군집 성향을 가리키는 것으로 르봉이라는 심리학자가 많이 연구했습니다.

그런데 현대 사회를 두고 그것과 전혀 달리 접근한 학자도 있는데 가브리엘 타르드와 같은 이가 말한 '사회적 집합체로서 공중'이 대표적입니다. 그는 미디어 발달로 사회적 커뮤니케이션에서 육체적 접촉은 점점 덜 중요해지고, '육체적으로는 분리되어 있고 심리적으로만 결합된 공중(public)'이 광범위하게 탄생했다고 보았습니다.

그 외에도 쿨리 같은 사회학자는 개인의 마음의 성장은 개별적으로 분리된 성장이 아니라, 오히려 일반적인 마음의 속에서 분화되면서 이뤄진다고 보았습니다. 그에 따르면 미디어의 발달이 초래하는 복합적인 세계 속에서 사람들이 선택적으로 개성을 풍부하게 해 광범위한 사회성과 공동성의 감각을 체득해가게 됩니다. 또한 존 듀이를 위시한 미국의 자유주의자들도 사회진화론적인 낙관론을 펼쳤는데 미디어의 발달로 미국 공중의 일체성이 확보되고 합의의 민주적 형성을 촉진하리라고 확신하였습니다.

그러나 똑같은 시기의 미국의 상황에 대해 정반대의 입장을 취한 이들도 있었는데, 바로 프랑크푸르트 학파였습니다. 나치즘의 박해를 피해 미국으로 건너간 이들은 당시 막 꽃 피우고 있던 미국의 대중문화를 목격하면서 그 이면에 깔려 있는 이데올로기성이나 정치성에 대한 비판을 가했습니다. 그들에 따르면 문화산업은 대중의 의식과 욕망을 획일적으로 복제하면서 욕구 자체를 창출합니다. 그들은 대중문화의 범람 속에서 중세의 흔적이 전혀 없는 미국의 순수한 자본주의가 전체주의로 변질될 수 있는 징후를 보았습니다. 그 문화는 사회적 모순을 깨달을 수 있는 개인의 인식 능력을 몰수합니다. 또한 그 문화는 사회와의 거리를 잃어버림으로써 현실을 부정하는 힘을 상실하고 기존 체제에 기능주의적으로 봉사하는 도구로 전락했으며, 그 과정에서 개인이 해체되어 스스로 사회에 통합되어버린다고 보았습니다.

◆ 오늘날의 문화산업은 프랑크푸르트 학파가 문화산업론을 펼쳤을 때에 비해 훨씬 거대해졌고 또한 그 구조도 복잡해지지 않았습니까?

그렇습니다. 우선 그 당시에 비해 선진국들의 생산성이 엄청나게 향상되고 잉여도 충분히 축적되어 사람들의 소비 생활에서 문화를 위해서 지출할 수 있는 돈의 규모가 크게 늘어났습니다. 그만큼 문화산업의 시장이 커진 것이죠. 지금 미국 같은 선진국에서 폭발적으로 늘어나는 직종 가운데 문화에 관련된 영역의 비중이 매우 크거든요.

그러한 변화와 밀접히 연관된 것인데, 오늘날의 문화산업은 무엇보다도 미디어가 훨씬 고도로 발달하여 기존의 문화 전달 및 수용 방식을 날로 혁신해가고 있습니다. 범지구적인 규모로 영향력을 확대해가는 문화산업자본은 각국의 시장을 점점 강도 높게 공략해 들어가고 있습니다. 특히 멀티미디어의 기반 위에서 기존의 하드웨어와 소프트웨어들을 다차원적으로 연계하고 복합화하면서 문화산업을 독점해가는 거대 자본들이 막강한 힘을 발휘하고 있지요.

5. 스타 숭배의 사회심리와 문화산업 구조

◆ 그런데 문화산업과 떼놓고 생각할 수 없는 것이 바로 스타의 존재가 아닙니까?

20세기 대중문화의 역사는 바로 스타의 역사라고도 할 수 있는데요. 스타는 과연 무엇인가요? 그리고 왜 현대의 대중문화에서 스타의 존재가 그렇게 부각되는 것일까요?

인간은 누구나 힘을 추구합니다.

여기에서 힘이란 자기의 의지대로 타인이나 세계를 움직일 수 있는 자원이지요. 그 힘의 가장 적나라하고 원시적인 형태는 폭력이지요. 현대 사회에서 폭력은 군대나 경찰 같은 국가 기구가 독점하고 있어서 일부 청소년 집단이나 폭력배들이 아니면 폭력을 추구하지 않고 그것이 없다고 손해를 보지도 않습니다. 그 대신 사람들은 권력을 추구합니다. 거기에 또 한 가지 재력이라는 것도 매우 치열한 쟁취의 대상으로 떠오르지요. 그런데 그러한 권력이나 재력 못지않게 아니 많은 경우 그 이상으로 맹렬하게 추구되는 힘이 있습니다.

바로 '매력'입니다. '매력'이란 한마디로 타인들의 관심을 끄는 힘이지요. 스타란 바로 그런 매력을 독점하고 있는 사람들입니다. 도대체 무엇이 사람들의 관심을 끄는가? 역설적이게도 관심을 끄는 것 자체가 관심을 끕니다. 길거리에서 우연히 스타를 직접 보면 신기해하고 다가가 구경하는 것은 그가 많은 사람들의 주목을 받는 존재라는 사실 때문입니다. 인기를 끈다는 것 자체가 인기를 만들어냅니다. 물론 그것만은 아니지요. 본질적인 부분이 있습니다. 그것은 아마도 비범함일 것입니다. 보통 사람들로서는 갖기 어려운 뛰어난 외모나 능력을 통해 인간의 가능성을 보여줍니다.

우리는 그런 사람들의 뛰어난 면모를 한없는 선망의 시선으로 바라보면서도, 동시에 무의식중에 그 존재에 자신의 이미지를 투영하면서 동일시하려 합니다. 인간은 자신의 현존을 뛰어넘고 싶은 초월의 욕구를 가지고 살아가거든요. 그것은 신이라는 절대자를 향한 구도로 나타날 수도 있고, 정치적 영웅에 대한 맹목적 숭배의 형태를 띠기도 합니다.

대중문화의 스타도 일종의 카리스마지요.

◆ 그런데 스타라고 해서 모두 그렇게 뛰어난 자질을 갖추고 있는 것은 아니잖아요? 그리고 반대로 뛰어난 자질을 갖추었다 해도 스타가 되지 못하는 이들도 많지 않습니까?

물론 그렇습니다. 스타는 만들어진다고 해도 과언이 아니지요. 특히 영상 매체의 영향력이 점점 커지는 지금의 상황에서 더욱 그러합니다.

요즘 한국의 대중가요를 보면 매니저들이 스타가 될 만한 인물들을 발굴하여 철저하게 기획하고 관리하여 스타들을 제조해내고 있습니다. 스타를 만드는 매뉴얼 같은 것이 있어서 거기에 맞춰 다듬고 훈련시켜서 대중 앞에 내놓습니다. 그런데 그 호흡이 너무 가쁜 나머지 긴 안목으로 자질을 키워가지 못해 참으로 아쉽습니다.

◆ 그렇게 보면 스타는 문화산업의 핵을 이루는 존재라고 할 수 있는데요. 문화산업이 스타를 필요로 하는 까닭은 어디에 있습니까?

문화산업에는 다른 산업과 구별되는 몇 가지 특징이 있습니다.

우선 문화산업은 그 효용이 명확하지 않습니다. 즉 옷이나 음식처럼 명백한 물질적 욕구가 아니라 미적이고 표현적인, 또는 오락적 욕구와 관련됩니다. 게다가 사치재라서 필수품과 달리 수요의 탄력성이 매우 높습니다. 따라서 그 수요가 고정되어 있지 않지요. 문화적 욕구는 사람에 따라서 제 각각이라서 일반적으로 규정짓기 매우 어려운 상대적인 개념이지요. 그래서 영화나 출판이나 음반이나 어떤 신상품이 나왔을 때 그것이 얼마나 팔릴지는 아무리 뛰어난 전문가도 점칠 수가 없어요. 실제로 엉뚱한 작품이 예상 외의 히트를 치는 반면, 흥행이 확실하다고 믿은 것이 완전히 실패로 돌아가는 경우가 흔하지요.

문화산업의 또 한 가지 중요한 특징은 '경험의 부재'와 '소비의 비반복성'입니다. 어떤 문화상품을 소비하는 사람은 모두가 그 상품은 처음 구입하는 것이고 그리고 일회로 끝난다는 것입니다. 물론 영화 같은 경우 정말로 좋은 작품은 사람에 따라서 여러 번 관람하는 일이 있긴 하지만 아주 예외적이죠. 음반이나 책이 아무리 좋다 해도 똑같은 것을 두 개 이상 구입하지는 않습니다. 이러한 이유들로 인해서 문화산업은 언제나 불확실성에 직면하고 있습니다.

그러한 불확실성을 최소화하는 방법 가운데 하나가 바로 스타를 등장시키는 것입니다. 소비자들의 입장에서 작품은 두 번 구매하지 않지만 좋아하는 스타는 열 번이고 스무 번이고 구매하기 때문에, 한번 '뜬' 스타는 일단 기본 고객을 안정적으로 확보해줄 수가 있지요. 이러한 스타 의존성은 특히 한국처럼 문화산업의 기반이 튼실하게 자리잡지 않은 상태에서 수요가 갑자기 커진 상황에서 더욱 두드러집니다.

◆ 그러한 스타는 대중 일반에게 호소력을 갖지만, 특히 청소년들을 사로잡지 않습니까. 더구나 요즘의 문화산업은 10대와 20대 젊은이들을 겨냥해서 마케팅이 이루어지는데요.
20세기 역사 속에서 청소년이 문화적인 중심으로 부상한 것은 매우 특기할 만한 사항이지요?

그렇습니다. 오늘의 청소년문화에서 무엇보다도 두드러지는 특징은 그 세대만이 배타적으로 누리는 고유한 생활 양식의 경계가 뚜렷해지고 있다는 점입니다.

전통사회에서는 문화의 차이를 자아내는 것은 세대가 아니라 공간이었습니다. 그래서 공간이 조금만 격리되어 있어도 문화가 아주 달랐지요. 그 대신 같은 공간 내에서는 여러 세대가 지나도 연속적이고 동질적인 문화를 보유했습니다. 그 당시 사회에서는 새로움을 추구하기보다는 전통을 복제해갔고, 그래서 할아버지가 살아오던 대로 손자들은 미래를 설계할 수 있었습니다.

우리 사회에서도 기성 세대는 그러한 시대를 살았던 경험이 있지요. 그러나 이제는 공간이라는 요소가 더 이상 문화의 차이를 자아내는 변수로 작용하지 않습니다. 지역들 사이의 차이가 줄어들고 있기 때문이지요. 전국 어디에 가든 거의 똑같은 노래와 방송을 들을 수 있습니다. 서울에서 뉴욕이나 도쿄의 분위기를 쉽게 접할 수 있습니다. 일본보다 더욱 일본적인 공간들도 생겨납니다. 그렇다고 해서 집단들 사이의 차이가 없어지는 것은 아니고요. 오히려 더욱 다양해지고 있습니다. 다만 그 다양성의 축이 공간의 차원으로부터 시간 내지 세대의 차원으로 옮겨지고 있을 뿐입니다.

이 점이 중요합니다. 이제 젊은이들은 한 지붕 밑에 살고 있는 할머니나 아버지와는 대화가 통하지 않는다고 외면하는 반면, 한번도 만나보지도 못한 먼 나라의 또래들과 동류 의식을 느끼는 시대가 된 것입니다. 무엇이 그들을 묶어주는가? 록, 음악, 뮤직비디오, 논노 잡지, 특정한 의상과 스타일, 컴퓨터 게임, 액션 영화…. 날로 발달하는 매체들이 공간적인 제약을 돌파해 순식간에 전세계로 전파시키는 이미지와 의미의 흐름 속에서 그들은 연대감을 갖습니다. 단지 젊다는 이유 하나만으로요.

그래서 그 특권의 세대를 조금이라도 벗어난 20대 후반이나 30대 사람들에게조차 그들이 소통시키는 기호들은 매우 낯설 수밖에 없습니다. 세상 돌아가는 일에 아무리 민감한 사람일지라도 그들이 만들어가는 새로운 유행과 언어들을 따라잡기가 어렵습니다. 오늘의 청소년들은 명실공히 지구촌이라는 공간을 엄청난 속도의 변화를 타고 누비고 있는 것입니다.

◆ 역시 미디어가 절대적인 역할을 하는군요.

지금의 젊은이 문화는 통신 네트워크의 확장 속에서 성립이 가능합니다. 그것은 말할 것도 없이 정보화의 결과이지요. 그런데 정보화 사회의 본질은 그러한 기술적 차원에만 있는 것이 아닙니다. 정보화란 그것과 함께, 의미 세계의 차원에서 생활의 운영 방식과 사물에 대한 감수성이 변화하는 문화 현상이기도 합니다.

그러한 문화 변동에 가장 민감하게 반응하는 것이 젊은이들이고, 또한 그런 젊은이들을 겨냥하여 여러 가지 문화상품이 쏟아집니다. 그리고 일반 상품의 광고도 젊은이들의 생활 양식과 결부된 이미지를 구사하면서 소비자들의 마음을 끌려고 합니다. 그러한 새로운 커뮤니케이션의 형성은 상품의 영역에 한정되지 않습니다. 젊은이들의 독자적인 의미 추구는 공간적인 현상으로 나타나기도 합니다. 그래서 이제는 도시 공간 그 자체까지도 기호적인 성격을 띠는 일종의 미디어 또는 이벤트적 성격을 띠면서 거기에 모여든 사람들과 커뮤니케이션 하는 것이지요.

젊은이들이 몰려드는 쇼핑 센터나 광장은 그 자체로 닫힌 소우주처럼 느껴지는 경우가 많은데, 도시의 번화가에서 흔히 볼 수 있듯이 건물에 커다란 화면이 걸려 있고 거기에서 흘러나오는 영상을 보면서 친구를 기다리는 젊은이들의 풍경이 그 전형적인 예입니다. 이러한 환경 속에서 사람들 특히 젊은이들의 문화적인 욕구 충족은 크게 나누어 다음의 두 가지 양태로 나타난다고 할 수 있습니다.

하나는 거대하고 화려한 스펙터클을 추구하는 것으로서, 공간과 그것이 자아내는 분위기, 또는 거기에서 벌어지는 이벤트에 몰입하는 것입니다. 스포츠 관람, 라이브 쇼, 번화가 등이 그 현장입니다.

또 한 가지 문화 양태는 사적인 폐쇄공간을 광범위하게 연결하는 회로를 통해 소통하고 문화상품을 소비하는 것입니다. 다시 말해 오늘 젊은이들이 체험하는 문화 환경은 한편으로는 하루가 다르게 현란하게 변모하는 도시 공간, 다른 한편으로는 문화산업이라는 거대한 영역이 형성되어 그 속에서 끊임없이 이루어지는 소프트웨어의 폭발과 혁신입니다. 일상 생활에서 그것은 날로 비대해지는 기호 환경으로 체감됩니다. 그리고 그러한 기호는 신체 행위를 통해서도 표현되고 교환됩니다. 젊은이들에게 몸은 그 자체로 하나의 미디어처럼 간주되지요. 21세기에 몸의 의미는 더욱 적극적으로 탐색될 것입니다.

6. 스포츠
– 문화의 지구촌화를 촉진하는 보편 언어

◆ 몸과 대중문화를 논할 때 **빼놓을** 수 없는 것이 바로 스포츠일 텐데요. 우리의 일상 속에서 스포츠는 각별한 자리를 차지하고 있습니다. 경제 성장과 함께 삶의 질과 건강에 대한 관심이 높아지면서 몸을 관리하는 데 점점 더 많은 시간과 비용을 지불하고 있습니다. 그러나 현대인들에게 스포츠의 체험은 그러한 직접적인 활동보다는 경기의 관전과 그것을 둘러싼 여러 가지 이야기의 소비라는 간접적인 형태가 더욱 주류를 이루고 있고, 점점 비중도 커지고 있거든요.

우선 스포츠라는 것이 무엇이고 역사 속에서 어떻게 성립했는지에 대해 간단하게 설명해주시겠어요?

아시다시피 스포츠는 근대 유럽의 역사 속에서 탄생하여 발달했습니다. 물론 근대 이전에도 운동 경기가 존재했지만, 공정하고 객관적인 규칙이 확립되어 그것을 준수하고 그에 의거해 내려지는 판정에 복종하는 스포츠맨십이 성립된 것은 근대 유럽이라는 공간이었습니다.

근대 올림픽의 원형으로 여겨지는 고대 그리스 올림픽조차도 폭력은 별로 규제되지 않았어요. 아니, 어떤 면에서는 상대방을 거침없이 거꾸러뜨리는 용기는 전사(戰士)다운 미덕으로까지 여겨졌으니까요. 그러던 것이 근대 스포츠의 성립에 따라 신사다움을 요구하는 정제된 게임으로 변환된 것입니다.

역사에서 생겨난 비폭력화(문명화)의 경향을 직접 신체에 표상하는 실천의 형식이 바로 스포츠였던 것입니다. 그 진원지가 되는 영국에서는 귀족학교에서 중요한 인격 도야의 프로그램으로 축구나 럭비 같은 스포츠를 오래 전부터 도입해왔죠. 그리고 축구는 곧 노동자계급으로 전파되면서 지역 사회와 뿌리 깊은 관련 속에서 성장을 거듭해왔습니다.

◆ 그러니까 19세기 유럽에서 성장할 때만 하더라도 스포츠는 아직 생활 속의 오락 아니면 교육의 일환으로 자리잡고 있었군요.
지금 대중문화로서 나타나는 스포츠는 20세기에 접어들어서부터 형성된 것인가요?

그렇습니다. 그 무대는 바로 미국입니다. 20세기에 스포츠는 미국에서 새로운 모습으로 꽃을 피우게 됩니다. 영국에서 건너간 구기들이 미국식으로 변형되어 야구와 미식 축구로 등장하는가 하면, 배구나 농구처럼 전혀 새롭게 발명되기도 했습니다.

여기에서 특기할 만한 것은 실내 경기장이 생겨나 기후에 관계없이 경기가 가능해졌다는 것인데, 심지어 야구조차도 돔에서 할 수 있게 되었습니다. 바야흐로 스포츠의 미국화가 진행된 것이죠. 스포츠의 역사에서 20세기 미국에서 일어난 가장 중요한 변화는 무엇보다도 스포츠의 비즈니스화입니다. 그리고 그러한 변화 속에서 그전까지 사회적으로 완전히 열등한 위치에만 머물러 있던 흑인들에게 성공의 찬스가 부여되었다는 점도 빼놓을 수 없고요.

스포츠가 대중 소비의 대상이 되면서 스타들이 탄생하기 시작했는데, 이는 개인의 활약이 두드러지게 나타나는 야구에서 특히 그러했습니다. 당시 스포츠는 사람들의 생활 감정을 자극하여 사회에 에너지를 불어넣고 있었습니다. 그러한 효과가 경제를 활성화하는 데에도 크게 도움이 된다고 판단한 미국 정부는 뉴딜정책이 시작된 1932년 로스앤젤레스에 올림픽을 유치했습니다.

◆ 스포츠의 역사에서도 역시 미디어의 영향을 빼놓을 수 없겠지요?

물론입니다. 텔레비전의 보급은 스포츠의 역사에서 또 한번의 결정적인 전환점이 되었습니다. 경기장에 직접 가지 않고서도 관람이 가능해지면서 관객의 수는 비약적으로 늘어나게 되어 스포츠 마케팅에서 미디어는 핵심으로 자리잡기 시작했습니다.

미국에서 1960년대 이후 중심 미디어가 되었는데 그 배경으로 교외화가 진행되어 사람들이 도심지까지 나오지 않고 집안에서 여가를 즐기기 시작한 것, 그리고 영상 조작 기술이 급속하게 발달한 것을 들 수 있습니다. 그런데 거기에 덧붙여 빼놓을 수 없는 것은 ABC 방송사가 스포츠 중계를 독점하면서 NBC, CBS를 추월하게 되면서 스포츠와 텔레비전의 상호 유인력이 상승적으로 작용했다는 점입니다. 스포츠산업에서 미디어의 영향력은 지금 점점 커지고 있습니다.

스포츠라는 신체 언어는 다른 상징들에 비해 문화적 특수성의 장벽이 매우 낮기 때문에 텔레비전만 보급되면 금방 시청자를 확보할 수 있습니다. 월드컵의 시청자수는 회를 거듭하면서 폭발적으로 늘어납니다. 그래서 FIFA는 ISL이라는 스포츠 마케팅회사를 통해 어마어마한 돈을 챙깁니다. 2002년 한국과 일본은 개최국이면서도 막대한 텔레비전 중계료를 지불해야만 국내 시청자들에게 경기를 보여줄 수 있습니다.

이제는 더 나아가 머독과 같은 거대한 미디어자본이 유명한 축구구단을 매수해 그 팀의 경기를 독점하여 유료 채널로 위성 중계하려고 하는데, 그렇게 되면 돈을 낸 사람만 볼 수 있게 됩니다. 스포츠라는 문화의 공공성과 상업성 사이에 긴장이 점점 깊어질 것입니다. 또한 세계 최고의 경기를 어느 나라에서나 늘 볼 수 있게 되면 수준이 거기에 미치지 못하는 국가나 지역의 스포츠는 관객을 잃어버리는 결과를 낳을 수 있습니다. 벌써 그런 경향이 나타나지 않습니까?

박찬호나 선동렬 선수 같은 슈퍼스타가 더 큰 무대에서 활약하는 모습이 국내에 자주 보여지면서 국내 프로 야구가 빛을 잃고, NBA 경기가 방영되면서 국내 농구가 왠지 초라해 보이는 것 말입니다.

◆ 문화의 글로벌라이제이션이 가장 급속하게 진척되는 영역이 바로 스포

츠군요. 그렇게 되면 20세기 역사에서 스포츠가 국가주의와 결합되어 발전되어온 흐름에 변화가 생기는 것 아닙니까?

간단하게 잘라 말할 수는 없습니다. 점점 지구촌화로 되어가는 세계 속에서 스포츠는 오히려 국가라는 정치적 틀의 상징적 역할을 부각시킵니다.

사실 국제 스포츠 이벤트에서 국가는 개인과 국제 기구 사이에 있는 매개 이상 아무 것도 아니지만, 그 매개가 없이는 참가할 수 없지요. 스포츠는 신체의 게임에 지나지 않지만 동시에 어느 표상으로서 세계를 전제로 하고 있어서, 거기에 참여하느냐 못 하느냐는 근대 사회의 대열에 끼였는가의 여부를 나타내는 지표가 됩니다. 아프리카의 많은 나라들이 내전과 기아 등 극한적인 상황에서도 무리를 해가면서까지 올림픽에 선수를 내보내는 까닭도 바로 거기에 있습니다.

그러나 다른 한편 역설적이게도 스포츠는 국가를 상대화시켜버립니다. 국경을 넘어서 이적(移籍)하는 선수가 점점 늘어나는 것이 그것을 가속화하고 있습니다. 유럽이나 일본이나 그리고 한국에서도 프로축구는 한편으로는 도시 생활의 영역으로 응축되면서, 다른 한편으로는 세계의 수많은 리그들과 잠재적인 네트워크가 맺어지고 있습니다. 그런 점에서 자본제 시스템을 닮았지요.

즉 한편으로 무역 마찰처럼 국가간의 분쟁이 벌어지면서 다른 한편으로는 자본이 국가의 틀과 무관하게 옮겨다니듯이, 스포츠에서도 내셔널리즘이 극도로 고양되는 분위기 속에서 경기가 계속 열리는 한편 선수들은 독립된 개인으로서 이 나라 저 나라 온갖 팀을 옮겨다닙니다. 그에 따라서 팬들도 더 이상 국적과 관계없이 자기의 스타를 숭앙합니다.

◆ 이제 정리해야 할 시간입니다. 21세기의 문화 상황은 더욱 복잡하게 전개될 것이 분명합니다.
삶의 질에 대한 관심이 더욱 높아지고 문화적인 욕망도 훨씬 다양하게 증폭될 것입니다. 또한 그에 상응해 문화산업의 시장이 넓어짐에 따라 초국적인 자본의 영향력이 점점 커질 것입니다.
이런 상황에서 한국 사회의 문화적인 과제는 무엇일까요?

범지구적인 규모로 영향력을 확대해가는 문화산업자본은 한국 시장을 점점 강도 높게 공략해 들어오고 있습니다. 특히 멀티미디어의 기반 위에서 기존의 하드웨어와 소프트웨어들을 다차원적으로 연계하고 복합화하면서 문화산업을 독점해가는 거대 자본들이 막강한 힘을 발휘하고 있습니다.

여기에 대처하는 데 필요한 것은 반외세적인 감정이나 논리가 아닙니다. 우선 내적인 잠재력을 소진시키는 한국 문화산업의 부조리한 구조를 투명하고 합리적으로 개혁하는 작업이 필요합니다. 이는 특히 유통부문에서 그러한데, 1999년도에 한국 영화가 높은 시장 점유율을 보인 것은 배급망을 체계적으로 조직하고 운영한 데 상당 부분 기인했다고 하는데 이는 시사하는 바가 매우 크지요.

그와 함께 필요한 것이 국가의 지원입니다. 한국의 문화산업은 아직 그 자본이 영세하고 시장의 규모도 작기 때문에 초국적 문화산업자본과 겨루기에 역부족입니다. 문화는 산업이면서도 시장 원리에만 맡겨둘 수 없는 공공재적 성격을 갖는 것이기에 국가의 개입이 요청됩니다. 그런데 그 방식이 개별 문화산업자본을 보조금으로 지원하는 것은 바람직하지 않습니다. 그것은 WTO 체제에서 시비 거리가 될 수 있을 뿐만 아니라, 오히려 경쟁력을 떨어뜨릴 수 있기 때문이지요.

문화정책은 개별 자본이 사업을 벌여가는 데 필요한 인프라를 정비하는 방향으로 집중되어야 합니다. 공공으로 이용할 수 있는 데이터베이스의 구축과 개방, 값싸게 이용할 수 있는 제작 설비 및 환경의 제공 같은 것을 통해 중복 투자를 피할 수 있습니다. 또는 상품성은 떨어지지만 문화의 자산으로서 보존되고 장려되어야 할 예술 영화나 공연을 관람객들이 값싸게 향유할 수 있도록 전용관이나 지역의 공공문화 공간을 더 활성화하는 것도 매우 긴요한 전략입니다.

그러나 그 모든 것은 궁극적으로 국민들의 문화향유 능력을 신장시키는 것과 함께 이루어져야 합니다. 문화에 대해 기꺼이 시간과 비용을 지출할 수 있도록 정신적 여유가 주어지는 삶의 조건, 좋은 작품을 식별하고 그 가치와 의미를 사회적으로 소통할 수 있는 문화 해독력, 그리고 스스로 문화를 생성할 수 있는 감수성과 상상력 등이 있어야 합니다.

지난 1백 년 동안 한국 사회와 한국인들은 오늘보다 내일이 나을 것이라는 생각으로 정신없이 뛰어왔습니다. 그러한 진보 관념의 바탕에는 근대에 대한 열망이 강하게 자리잡고 있었지요. 우리에게 근대는 아름다움, 재미, 약육강식의 논리와 그에 대처하는 힘, 편리와 효율, 부유함, 세련된 삶의 양식, 합리적인 사유체계 등을 의미했습니다. 그러한 가치들을 함축적으로 표상하는 근대 문화의 충격을 받으면서 우리는 과거와 애써 단절하면서 혁신의 길을 내달려 왔습니다.

그러나 그것은 문화의 진보를 함께 가져왔나요? 20세기 한국의 역사 속에서 문화는 무엇이었습니까? 지금 우리에게 문화는 어떤 모습으로 실현되고 있습니까? 21세기를 맞는 한국 사회에 문화는 무슨 의미를 지니는지 생각해봅시다.

좁은 의미의 문화로는 문화산업이나 디자인 등 고부가가치 산업의 활성화와 그 생산성 제고를 통해 경제의 탈바꿈을 꾀해야 하는 과제가 있습니다. 그와 함께 문화의 의미를 좀 넓혀 삶의 전반적인 정황을 생각한다면 지구촌 및 한국 사회가 성장의 한계에 부딪힌 시대에 적응하는 방법으로써 내면 세계를 다양하게 가꿔가야 하는 과제가 제기됩니다.

음악이나 영화 같은 대중문화도 지금과 같은 유니폼 문화를 극복하는 과정에서 더욱 풍요롭고 이른바 경쟁력이 배가될 수 있습니다. 그와 동시에 대중문화가 그러한 풍요로운 삶의 정서와 세계관을 만들어가는 원천이 될 수 있습니다.

개발과 환경

지탱 가능한 사회를 위하여

정태석

1. 생존의 딜레마
- 개발이나 환경이냐?

공장 폐수로 썩어가는 호수와 강, 선박에서 유출된 기름으로 뒤범벅이 된 바다, 자동차와 공장의 매연으로 질식할 듯한 대기, 중금속으로 오염된 토양, 이 모든 것들은 급속한 경제 성장의 산물들이다. 비록 정도의 차이는 있다고 하더라도 과거의 선진국들이 그랬고 현재의 많은 개발도상국들이 그러하다. 게다가 오존층은 파괴되고, 지구온난화로 기상이변이 생기고 바다는 각종 폐기물로 쓰레기장이 되어가고, 핵의 위협은 사라지지 않고 있고, 열대 우림은 벌목으로 사막화되어가고 있다. 이제 환경오염은 단지 개별 국가의 문제가 아니라 지구촌 전체의 문제가 되었다. 말하자면 지구촌 곳곳에서 이루어지고 있는 개발은 엄청난 자연 파괴와 생태 환경오염을 낳아 궁극적으로 인간 생존을 위협하게 된 것이다.

역사적으로 보면 가난하고 힘들었던 과거에 개발과 경제 성장은 인류의 생존을 위한 유일한 희망이었다. 그리하여 자연은 자연스럽게 착취와 개발의 대상으로만 여겨졌으며, 또한 지구는 너무나 넓어서 공업화로 인한 환경오염을 쉽게 자연 정화할 수 있으리라는 점을 별로 의심하지 않았다. 지속적인 공업화의 결과로 인류는 물질적 풍요를 얻을 수 있었다. 그러나 공업화가 쏟아내는 오염물질들은 자연이 스스로 정화할 수 있는 능력을 벗어나기 시작했으며, 역설적이게도 인류의 생존은 생존을 위한 공업화의 결과, 즉 환경 파괴로 인해 새로운 생존의 위기에 직면하게 되었다. 공업화와 경제개발은 물질적 생존 조건을 개선시키는 동시에 생태학적 생존 조건을 악화시켜왔던 것이다.

이러한 역설적 상황은 오늘날 현대성(modernity)의 위기라고 불리는 것의 주요한 구성 부분이다. 봉건적이고 전근대적인 삶에서 벗어나 보다 이성적이고 인간 중심적인 삶을 추구함으로써 사회 진보를 이루고 행복한 미래를 건설하고자 했던 현대성의 이념은 이성에 대한 믿음, 과학기술에 대한 신뢰, 생산력 발전과 경제 성장에 대한 기대를 품고 있었다.

그런데 전체주의의 등장, 전쟁, 핵 위협, 빈곤, 감시, 환경위기 등과 같이 오늘날 만연하고 있는 현대성의 부정적 결과들은 현대성의 실현이 단순한 문제가 아니라는 점을 여실히 보여주었다. 말하자면 현대성의 궁극적인 실현을 위해서라도 현대성에 대한 근본적인 반성이 필요하다는 것이다. 여기서 환경위기는 과학기술과 경제 성장에 대한 믿음의 역설적 결과라고 할 수 있는데, 이로 인해 인류의 생존은 개발과 환경의 딜레마에 빠져들게 되었다고 할 수 있다.

그런데 언뜻 보기에는 이제 문제가 분명해졌고 환경을 개선시킬 해결책을 찾으려는 노력을 하기만 하면 환경위기가 해결될 것처럼 보이지만 실은 그리 간단치 않다. 왜냐하면 공업화와 자본주의의 발전에 따라 상승한 인간의 욕구 수준을 낮춘다는 것이 생각처럼 쉽지는 않을 것이기 때문이다. 게다가 환경문제는 단순히 의식을 바꾸는 수준을 넘어서 환경위기를 발생시키는 사회경제체계를 바꿔야 하는 문제이기 때문에 더욱 어렵다. 환경관리주의와 생태주의, 지탱 가능한 발전과 성장의 한계가 서로 대립하고 있는 것도 바로 이런 문제와 연관되어 있다고 할 수 있다. 그래서 한편에서는 단지 경제개발과 성장의 속도를 조절하기만 하면 된다고 주장하고 다른 한편에서는 경제개발과 성장 자체를 중단해야 한다고 주장하고 있다.

개발과 환경의 대립을 해결하는 가장 손쉬운 방법은 아마 '개발과 환경의 조화'를 주장하는 것일 것이다. '환경을 생각하는 개발' 또는 '지탱 가능한 발전'과 같은 주장들이 바로 그런 것들이다. 그런데 이러한 주장들은 환경에 대해 관심을 기울이기는 하지만 성장의 관성에서 벗어나지 못하고 있다는 점에서 현대성에 대한 근본적인 반성에 이르지 못한 것처럼 보인다. 이러한 태도는 지구 환경 위기에 대한 인식 부족의 결과이거나 아니면 환경오염으로 인한 피해의 비가시성, 간접성, 점진성 등에 기대어 근본적인 반성을 하지 못한 결과로서 궁극적으로 인류 생존의 위기를 앞당길 수 있는 환경위기의 심각성을 은폐하고 있는 것 같다. 그러므로 미래의 인류 생존을 위해 인식의 근본적인 전환을 가져오기 위해서는 현재의 발전주의가 어떻게 치명적인 결과를 낳을 수 있는지를 보여주는 것이 무엇보다도 시급하다. 그리고 이를 위해서는 지구 환경 위기의 근본적 원인으로서 공업주의와 자본주의의 문제를 살펴볼 필요가 있겠다.

2. 공업화와 환경위기
- 지탱 가능한 발전이냐 지탱 가능한 사회냐?

공업화가 이루어지지 않았던 시기에는 환경문제가 인류에게 전혀 심각한 문제로 여겨지지 않았다. 그때는 바이러스를 제외하면 생태계의 자연 정화 능력을 넘어설 정도로 심각하게 환경을 오염시킬 수 있는 물질이 거의 존재하지 않았기 때문이었다. 물론 도시화로 인한 인구의 집중이 생활 쓰레기를 대량으로 배출하게 할 가능성은 있었지만, 인체에 심각하게 영향을 미칠 수 있는 것들은 아니었다.

그러므로 환경오염이 본격적인 사회문제로 등장하게 된 것은 18세기 산업혁명을 계기로 급속히 진전된 공업화 이후로 보아야 할 것이다. 공업화는 자연 개발을 가속화시켜 자원과 에너지의 소비 형태를 급격하게 변화시켰을 뿐만 아니라, 공장을 중심으로 노동력의 집중을 낳아 도시화를 가속화시켰다. 자원과 에너지의 대량생산과 대량소비, 기술개발로 인한 화학 물질의 대량생산 등은 산업 쓰레기나 산업 폐수와 같은 환경오염물질의 대량배출을 낳았으며, 또한 생활양식도 변화시켜 생활 쓰레기의 유형도 크게 변화시켰다.

이러한 공업화가 얼마나 심각한 환경 파괴와 인간 생존의 위협을 가져왔는지는 세계적인 환경오염 사건들에서 잘 드러난다. 1953년 일본 미나마타 시에서는 플라스틱 원료를 제조하는 과정에서 인근 해양에 조금씩 흘러든 미량의 수은(Hg)이 먹이사슬을 통해 인체로 유입되면서 6천 명 이상의 수은중독 환자가 생겨났으며, 그 중 2백 명 이상이 사망하는 사건이 발생하였다. 미나마타 병으로 유명한 이 사건은 1962년 발생한 이타이이타이 병으로 유명한 카드뮴(Cd) 중독 사건과 함께 중요한 수질오염 사건으로 손꼽히고 있다. 그리고 1952년 12월 영국 런던(London)에서는 공장 지대에서 내뿜은 매연과 이산화황(SO_2)이 대기의 정체에 의해 1주일 동안 지표면 가까이에 깔려 있으면서 수천 명의 사망자를 내는 사건이 발생하였다. 런던 스모그(London Smog)로 잘 알려져 있는 이 사건은 공장의 매연 및 연소 가스가 주원인이 된 대규모의 대기오염 사건이라고 할 수 있다.

한편 1981년 미국의 러브 캐널(Love canal)이라는 마을에서는 토양에서 악취가 나고 주민들이 불쾌감을 느껴 조사한 결과, 다이옥신(dioxine), 트리클로로에틸렌(trichloroethylene) 등 20여 종의 발암성 물질이 토양에서 휘발하여 대기를 오염시키고 있는 사실이 발견되었다. 이 지역은 약 30년 전 인근의 화학 공장이 주 정부의 허가를 받아 산업 폐기물을 매립하고 복토를 한 후 주택을 조성한 장소였는데, 지각이 변동하고 지하수 층이 상승함에 따라 땅속에 매립되어 있던 유해 물질이 지표면으로 올라와 토양 및 대기를 오염시키게 된 것이었다. 이 사건으로 인해 인근 주민들은 모두 다른 지역으로 퇴거하였으며, 미국 환경보호국(EPA)에서는 이 지역에 대해 출입을 금지시켰다. 이외에도 구소련의 체르노빌 핵발전소 사건을 비롯한 크고 작은 환경오염 사건들이 전세계적으로 줄을 잇고 있다.

한국의 경우도 1960년대 이후 급격하게 추진된 경제개발 과정은 한편으로는 경제적인 생활 수준을 향상시켰지만, 다른 한편으로는 환경오염을 가속화시켰다. 산업 수준이 점점 고도화되면서 환경오염도가 강한 화학 물질들이 섞인 산업 폐수나 산업 쓰레기의 배출량이 급속히 늘어났고, 이로 인한 환경 피해 사례가 급증하기 시작했다. 1985년 온산공단 인근 주민들의 괴질병 사건, 1991년 구미공단 두산전자의 페놀 유출 사건 등은 그 단적인 예들이다. 그런데 환경오염의 영향이 대체로 간접적, 복합적, 누적적이어서 그 피해 결과가 시간적인 간격을 두고 나타난다는 점을 염두에 둔다면, 지금까지의 환경오염 사건들은 앞으로 발생할 환경위기의 전주곡일 뿐이다.

이처럼 공업화는 자연정화가 거의 불가능한 오염물질들을 발생시키고 있다. 이러한 오염물질들이 얼마나 많이 배출되고 또 얼마나 심각한 영향을 미치는가 하는 점은 무엇보다도 공업 생산의 형태가 어떠하냐에 달려 있다. 그리고 공업 비중의 증대가 사회 전체적인 수준에서 환경오염을 어떻게 유발하게 되는가 하는 점은 산업 구조, 에너지 소비 형태, 환경 기술 수준, 도시화 정도, 인구, 생활양식 등과 깊은 연관을 맺고 있다.

자본주의적 공업화는 생산 규모를 점차 확대시켜 대량생산 대량소비체제를 형성하였으며 이 과정에서 경공업 중심에서 중화학공업 중심으로 산업 구조가 고도화되었다. 중화학공업화는 제철 금속, 석유화학 제품 등을 생산하는 과정에서 막대한 에너지와 물을 필요로 하였을 뿐만 아니라 생산 과정에서 중금속과 화학 물질들을 포함한 오염물질들을 배출시켜 환경오염을 가속화시켰다고 할 수 있다. 산업 구조가 고도화될수록, 즉 농업보다 공업의 비중이 커지고 경공업보다 중화학공업의 비중이 커질수록 사용되는 에너지와 자원의 종류 및 양이 많아지며 동시에 오염물질 배출량도 많아진다는 것이다. 이 점은 최근 중국이 경제 특구를 중심으로 공업 생산을 급속히 늘리면서 전세계의 석유 소비량이 급속히 늘어났고 공업용수 공급을 위한 댐 건설이 늘어났으며 이에 따라 환경오염 문제가 심각해졌다는 사실을 보면 보다 분명해진다.

한편 공업화에 따른 환경오염은 인구의 증가와 도시화의 정도에 따라 그 심각성이 달라질 수 있다. 인구의 증가는 우선 식량 생산의 증대를 필요로 하는데, 이를 위해서는 농지를 더 많이 개간하거나 농업 생산성을 높여야 한다. 농업 생산성을 높이려면 농약과 비료의 사용량을 늘리거나 유전자 조작 식품을 개발할 수밖에 없는데, 이것은 토양 오염과 인체 피해로 이어질 가능성이 높다. 게다가 인구의 증가에 따른 육류의 생산을 늘리려면 자연히 축산을 위한 물과 사료의 소비가 늘어나게 되며 축산 폐수의 양도 늘어나게 된다. 이처럼 인구의 증가는 식량 및 육류 소비량을 늘림으로써 다양한 환경오염을 발생시키게 된다.

그런데 환경오염의 발생은 식량에 국한되지 않는다. 공업화는 다양한 공산품들을 만들어내는데, 인구의 증가는 공산품의 소비량을 증가시켜 대량생산과 대량소비에 따른 산업 폐기물과 생활 쓰레기의 증가를 가져온다. 또한 도시화는 이러한 폐기물과 쓰레기의 발생을 도시에 집중시킴으로써 환경오염을 심화시킬 뿐만 아니라 자연의 자정 능력을 떨어뜨린다.

결국 공업화는 현대 사회의 환경위기를 발생시킨 궁극적 원인이라고 할 수 있으며, 도시화와 인구의 증가는 환경위기를 심화시키는 데 부수적인 영향을 미쳤다고 할 수 있다. 특히 급속한 공업화는 자원 고갈과 환경오염을 심화시켜 궁극적으로 인류의 생존 자체를 위협하기에 이르렀다. 그래서 생태주의자들은 '성장의 한계'를 내세우면서 지구 환경의 위기를 경고해왔다. 1972년 로마 클럽은 「성장의 한계」라는 보고서를 통해 경제 성장과 환경 파괴가 계속된다면 인류의 생존을 더 이상 보장할 수 없다고 경고했으며, 이후 많은 환경 보호론자들이 지구 환경을 위해 재빨리 손을 쓰지 않으면 안 된다고 주장해왔다. 기술주의, 공업주의, 발전주의에 대한 근본적인 반성에서 출발하는 '성장의 한계'라는 관념은 가속적인 공업화, 급속한 인구 성장, 광범위한 영양실조, 재생 불가능한 자원의 소모, 환경오염 등 다섯 가지를 앞으로 세계적인 중요성을 갖는 경향들로

꼽고 있다.

이러한 경향들을 중단시키기 위해 '성장의 한계'를 주장하는 생태주의자들은 '지탱 가능한 사회'의 필요성을 주장한다. 만약 우리가 계속하여 현재의 속도로 지구의 재생 불가능한 자원들(석유, 석탄, 광물)을 소비하고 또 재생 가능한 자원들(기름진 땅, 깨끗한 물, 숲)을 남용한다면 가까운 미래에 지구는 인류의 생존을 파멸로 몰아갈 수 있을 것이다. 그러므로 지구 환경을 구할 수 있는 유일한 길은 성장을 멈추고 '자연적 순환'에 기반하여 지속될 수 있는 사회, 즉 지탱 가능한 사회를 유지하는 것이다.

하지만 생태주의자들의 지속적인 경고에도 불구하고 지구 환경에 대한 관심은 한동안 크게 고조되지 않았으며, 다만 선진국들이 자국의 환경문제를 해결하기 위해 다양한 노력들을 해왔을 따름이었다. 그런데 점차 오존층 파괴와 지구 온난화에 따른 위기감이 고조되고 일국의 수준에서 이러한 문제들을 해결하기 어렵다는 사실이 분명해지면서, 1992년에 지구촌 곳곳의 대표들이 브라질의 리우데자네이루에 모여 그린라운드를 열게 되었고 또 국제환경협약들을 맺었다. 하지만 프레온가스의 생산과 이산화탄소의 배출을 억제하는 목표치를 놓고 견해가 엇갈려 완전한 합의에 이르지 못했다.

그리고 나서 4년이 지난 1996년 7월에 유엔 기후협약회의가 열렸으며, 여기서 비로소 세계 150개국 대표들은 공동선언을 통해 리우환경협약을 실질적으로 강화하는 길을 열 수 있게 되었다. 즉 이산화탄소와 메탄가스의 배출을 억제하기 위한 법적 장치를 마련하자는 데 합의한 것이다. 그런데 지구 환경 위기를 극복하기 위한 각종 국제회의에서 선진국들이 보이고 있는 태도는 매우 미온적이다. 이 점은 지구 온난화 가스 규제 협약인 교토 의정서가 세계 최대 온난화 가스 배출국인 미국의 반대로 그 발효 시기가 늦춰지고 있다는 사실에서 잘 드러난다.

이처럼 지구 환경의 위기에도 불구하고 발전주의 또는 성장주의에 대한 근본적인 반성이 이루어지지 않고 있는 것은 선진국들을 비롯한 많은 나라들이 환경위기의 시급성을 인식하지 못하고 있거나 인정하지 않고 있기 때문이라고 할 수 있다. 그래서 세계적으로 보면 여전히 공업주의 또는 발전주의를 유지하면서 부분적으로 환경문제를 해결하려는 경향이 우세하게 나타나고 있다. 1992년 리우 환경회의의 중심 테마인 '환경적으로 건전하고 지탱 가능한 발전'이라는 개념 역시 이러한 경향의 산물이다. "우리들의 후손인 장래의 세대가 이룩해야 할 개발 욕구를 저해함이 없이 오늘을 사는 현 세대가 지니는 욕구를 만족시킬 수 있는 개발"이 바로 '지탱 가능한 개발'의 의미인데, 여기서 분명히 드러나는 것은 어떤 형태로든 개발은 지속되어야 한다는 관념이 지속되고 있다는 점이다.

만약 개발의 지탱 가능성을 에너지와 자원의 이용이라는 측면에서 판단한다면 개발의 속도를 조절하려는 생각은 의미가 있을 수 있다. 하지만 에너지와 자원의 이용이 그 과정에서 엄청난 환경 파괴를 발생시키며 이로 인해 인류의 생존을 위협하게 된다는 측면에서 판단한다면 개발을 지속하려는 생각은 어리석은 것이다. '성장의 한계'는 단순히 성장과 개발에 따른 에너지와 자원의 고갈에만 관련된 것이 아니라 이로 인한 환경 파괴 및 인류 생존의 위협과 더 밀접히 관련되어 있는 것이다. 그러므로 지구 환경 위기를 극복하려는 노력은 공업주의, 발전주의에 대한 근본적인 반성을 통해 가능하며 따라서 '지탱 가능한 발전'이 아니라 '지탱 가능한 사회'를 추구함으로써 그 결실을 얻을 수 있다. 하지만 세계의 현실은 아직 발전과 성장의 관성을 버리지 못하고 있으며 이러한 경향은 선진국들에서 더 강하게 나타나고 있다. 이것은 단순히 공업화의 문

제만은 아니며, 공업화를 끊임없이 추동하는 또 다른 힘에 대한 반
성을 필요로 한다. 그것은 바로 '자본주의'이다.

3. 자본주의와 환경 파괴
— 욕망의 수레바퀴

현실적으로 편안히 먹고 살려는 인간의 기본적인 욕구는 어느 정
도 충족되어야 한다. 그리고 이를 위해 어느 정도의 지구 환경오염
은 불가피하다. 그렇지만 이러한 오염이 생태계의 균형을 파괴하고
나아가 인류의 생존까지 위협한다면, 경제적·물질적 생존 욕구를
위해 생태학적·육체적 생존 욕구를 희생하는 결과를 낳을 것이다.
말하자면 물질적 풍요를 위해 목숨을 버리는 꼴이 되는 셈이다. 공
업주의와 발전주의가 비판받는 이유는 바로 이런 결과를 낳을 수
있기 때문일 것이다. 그럼에도 불구하고 개발 또는 발전이 지속되
는 것은 풍요, 편리함, 쾌락을 끊임없이 추구하는 인간의 욕망 때문
일 것이다.

그렇다면 지금 우리의 욕망은 그저 자연스러운 것인가? 이 질문
에 대한 해답은 욕망을 끊임없이 확대재생산하는 체계가 무엇인지
를 밝히는 데서 찾을 수 있는데, 그것은 바로 공업화의 특수한 형태
로서의 자본주의라고 할 수 있다.

자본주의는 무엇보다도 사적인 자본들이 이윤 추구를 극대화하
기 위해 끊임없이 상품을 만들어내고 또 이를 소비하도록 만드는
경쟁적인 경제체제이다. 공업주의의 급속한 발전도 바로 이러한 자
본주의 시장경제의 경쟁체제로 인해 가능했다고 할 수 있다. 대량
생산과 대량소비를 가능하게 한 포드주의적 생산 방식도 결국은 이

윤 극대화를 위한 기술개발 경쟁의 산물이라고 할 수 있다. 물론 포드주의적 생산 방식은 인류에게 커다란 물질적 풍요를 가져다주었다. 하지만 이것은 동시에 소비 사회를 만들면서 낭비 풍조를 심화시켰다.

과거에는 기본적인 의식주에 대한 소비자들의 욕구를 충족시키는 것이 사회적으로 중요한 경제적 목표였다. 그래서 무엇보다도 농업, 어업, 축산업 등 1차산업과 기본적인 소비재와 생활 연료를 생산하는 2차산업이 생산의 중심이 되었다. 굶주린 배를 채울 수 있는 풍족한 음식, 추위로부터 몸을 보호할 수 있는 따뜻한 의복, 안락하게 쉴 수 있는 방 한 칸이 절실하게 여겨졌던 것이다. 그런데 경제가 성장하고 생산력이 높아짐에 따라 이러한 기본적인 생활의 욕구는 차츰 충족되게 되었으며, 더불어 상승된 임금과 수입은 더 나은 생활을 위한 새로운 욕구를 추구할 수 있는 기반을 만들었다.

기업들은 이러한 잠재적 수요를 이윤으로 연결시키기 위해 대량생산체제를 갖추고 광고와 마케팅을 통해 소비자들에게 새로운 욕구를 불어넣기 시작했다. 이제 기업들은 이전에는 볼 수 없었던 새로운 상품들, 그리고 이전보다 더 좋은 품질, 더 세련된 디자인, 더 낮은 가격의 각종 상품들을 홍수처럼 시장에 쏟아놓고 있다. 드디어 소비 사회가 된 것이다.

소비 사회는 '소비주의'를 확산시키는 물질적 조건이다. 소비주의란 모든 것이 상품화되어가는 사회에서 개인들이 상품 소비를 끊임없이 추구함으로써 육체적·정신적 만족을 얻고 또 그 속에서 자기 정체성을 형성하려는 경향이라고 할 수 있다. 오늘날 대중매체와 광고의 발달은 바로 이러한 소비주의를 급속히 확산시키고 있다. 대중매체와 광고는 대중들을 끊임없이 '소비의 주체'로 만들어가고 있는 것이다. 소비는 현대인들이 자기를 표현하는 중요한 생활양식이다. 현대의 상품들은 단지 기본적인 물질적 욕구를 넘어 이미지와 상징, 개성과 자유, 쾌락과 환상으로 포장되어 있다. 현대인들이 소비하고자 하는 것은 바로 이런 것들이다.

결국 소비 자본주의 사회의 확대재생산, 즉 생산과 소비의 상승적 순환 과정을 추동하는 힘은 이중적인 욕구이다. 하나는 자본들의 이윤 욕구이며 다른 하나는 소비자들의 소비 욕구이다. 이러한 욕구의 사슬은 광고를 통해 끊임없이 확대재생산되며 궁극적으로 자본주의 사회의 과잉생산과 낭비를 가속화시키고 있다. 자본은 이윤을 극대화하기 위해 값싼 상품을 대량으로 생산하고 또 이것을 판매하려고 한다. 상품을 더 많이 팔기 위해서는 구매 욕구를 불어넣는 선전과 광고가 필요하다. 슈퍼마켓, 백화점, 편의점, 상가 등등의 진열장에는 온갖 종류의 상품들이 진열되어 있고, 지나가는 사람들에게 유혹의 손길을 뻗치고 있다. 그런데 유혹은 여기에서 그치는 것이 아니다. 텔레비전, 라디오, 잡지, 신문, 인터넷 등의 광고를 통해서, 거리의 곳곳에서 심지어는 집집마다 뿌려지는 광고지를 통해서, 우리는 잠시도 상품의 유혹으로부터 벗어나기 힘들다. 심지어는 우리가 입고 있는 옷과 액세서리들 자체도 광고 효과를 지니게 된다. 한마디로 상품과 광고의 홍수 속에 살고 있는 셈이다. 이런 상품과 광고의 홍수 속에서 소비자들은 끊임없이 욕구가 자극되고 또 새로운 욕구를 느끼게 되며, 이러한 욕구는 곧 소비로 이어진다.

짧아진 상품 생애주기는 낭비를 더욱 가속화시킨다. 예를 들어 핸드폰의 소비과정을 보자. 새로운 디자인과 기능이 첨가된 제품들을 경쟁적으로 만들어내는 기업들은 신제품 생산 주기를 단축시켜 소비자들이 끊임없이 새것 콤플렉스, 최신품 콤플렉스를 느끼도록 만든다. 핸드폰 광고는 구입한 지 얼마 되지 않은 핸드폰을 가지고 있는 소비자들조차도 새로 나온 제품을 구입하지 않으면 불편하거나 유행에 뒤떨어져 있는 것처럼 느끼도록 만든다. 매일매일 쏟아지는 광고는 새로운 욕구를 만들어내며, 소비자들을 끊임없이 새로운 상품을 추구하는 '소비의 화신'으로 만들고 있는 것이다. 말하자면 소비 대중들은 자본주의적 욕망의 수레바퀴 속에서 살아가고 있는 것이다.

이처럼 자본주의적 소비 사회는 광고를 통해 욕망을 확대재생산함으로써 끊임없이 새로운 상품을 추구하도록 하는 낭비적인 체제일 뿐만 아니라 동시에 끊임없이 생활 쓰레기들을 발생시키는 환경 파괴적 체제이다. 과거와 달리 생산체계만이 환경 파괴적인 것이 아니라 소비 양식까지도 환경 파괴적이 된 것이다. 이것이 바로 자본주의적 욕망 논리의 결과이며, 자본주의가 다른 형태의 공업주의보다 더 환경 파괴적이 되는 이유이다.

자본주의 사회에서 소비 욕구의 상승은 사람들이 황금만능주의에 빠져들도록 한다. 우리 사회에서 만연했고 또 만연하고 있는 부동산 투기, 주식 투기, 복권 열풍 등은 이러한 경향을 잘 보여준다. 한편으로는 많은 사람들이 환경 이익보다는 개발 이익에 집착함으로써 자연 환경 파괴를 부추기게 되고 다른 한편으로는 개발 이익을 통한 수입을 상품 소비에 사용함으로써 성장에 따른 환경오염을 더욱 부추기게 되는 것이다. 이것이 바로 개발 또는 발전주의에 대한 근본적인 반성을 어렵게 하는 이유들 중 하나이다. 욕망의 사슬 속에서 사람들은 한편으로는 환경위기를 심각하게 느끼면서도 다른 한편으로는 이러한 위기의식을 환경친화적인 소비와 생활로 옮기지 못하게 되는 것이다.

공업주의의 한 형태로서의 자본주의, 그리고 자본주의의 발전 형태로서의 소비 사회는 생산되고 또 소비되는 상품의 종류와 양을 급속히 증대시킴으로써 생산 과정에서 엄청난 에너지와 자원을 소비하고 또 각종 오염물질들을 다량으로 발생시켰을 뿐만 아니라 소비 과정에서 생활 쓰레기의 급속한 증가를 가져왔다. 그럼에도 불구하고 자본주의는 물질적 풍요를 위해 자본축적에 기반한 성장을 지속적으로 지향해왔다. 그리고 성장이 경제적 불평등을 감소시킬 것으로 기대했다. 그런데 급속한 성장에 따른 물질적 풍요에도 불구하고 이러한 풍요의 분배는 여전히 편중되어 있다. 세계적으로 보면 물질적 풍요는 선진국들에 편중되어 있으며, 자본주의 나라들에서는 자본가들과 부유층들에게 편중되어 있다. 물론 유럽의 선진국들에서는 복지제도의 발전과 복지국가의 등장에 따라 분배의 문제가 개선된 것은 사실이다. 하지만 지난 자본주의의 역사를 통해 보면, 성장이 불평등을 감소시킬 것이라는 기대는 허구임이 드러났다. 반면에 현재의 생산 수준에서 분배를 개선할 경우 더 이상의 성장 없이도 대부분의 인구가 만족할 만한 생활을 누릴 수 있다는 계산이 나오고 있다.

이런 상황을 염두에 둔다면 노동자들을 비롯한 서민 대중들의 삶의 질 개선은 성장을 통해서가 아니라 적절한 분배를 통해서 가능할 수 있다. 그리고 이러한 분배의 근본적인 개혁은 자본주의의 발전 논리와 단절함으로써 환경 파괴를 막을 수 있는 중요한 길이다. 말하자면 무제한적 경쟁, 투기, 반환경적인 개발 이익의 추구를 억제할 수 있는 것이다. 분배적 정의의 실현을 통한 빈곤의 해결과 기본적 욕구의 충족은 발전과 성장만이 대중들의 욕구를 충족시켜줄 수 있다는 자본주의적 발전 논리의 허상을 보여줌으로써 노동자들을 비롯한 피지배 대중들이 성장주의에서 벗어나 친환경적인 삶을 살 수 있도록 해줄 것이다. 물론 친환경적이고 절약적인 생활양식의 추구는 편리함과 여가를 줄이는 대신 불편함과 늘어나는 노동시간을 감수할 것을 요구한다. 그러므로 부를 공평하게 분배하는 것 못지않게 불편함과 노동을 사회적으로 공평하게 분배하려는 노력이 필요하다고 하겠다. 특히 가사노동을 남성과 여성에게 공평하게 분배하는 것이 중요하다.

그런데 발전과 욕구의 논리를 넘어서 물질적 생존과 환경적 생존을 조화시킬 수 있는 자본주의적 생산 및 분배 체계의 혁명적 변형을 제약하는 것들이 있으며, 이러한 문제들을 해결하는 것이 중요하다. 우선은 자본주의 시장의 무제한적 경쟁 논리와 자본의 확대재생산 논리를 막고 부의 공평한 분배를 통해 소비주의적 생활양식과 단절하려는 시민들의 근본적인 의식 혁명과 환경운동이 필요하다. 말하자면 환경 파괴적인 자본주의 사회체제를 변혁시킬 주체세력이 형성되어야 하는 것이다. 이것이 가능하다면 발전주의 논리의 완화를 기대할 수 있을 것이다. 그런데 오늘날 급속히 진전되고 있는 지구촌화(globalization)와 세계 자본주의 시장경제의 통합은 세계 시장 경쟁을 가속화시킴으로써 개별 국가들이 발전주의에서 벗어날 수 있는 길을 제약하고 있다. 지구촌화는 자본의 성장 논리에 우호적인 환경을 제공해주고 있으며, 역으로 지구 환경 보호의 논리에 심각한 악영향을 끼치고 있는 것이다.

4. 지구촌화와 환경 제국주의
― 세계 자본주의의 팽창과 환경오염의 지구촌화

산업자본주의는 그 태동기부터 팽창적인 경향을 지니고 있었다. 자본은 이윤을 극대화하기 위해 값싼 원료와 에너지, 넓은 시장을 찾아서 끊임없이 팽창해온 것이다. 그런데 지구촌화는 자본과 상품의 이동을 제약하던 국민 국가의 관세 장벽을 넘어서 자본과 다양한 상품들의 자유로운 이동을 보장함으로써 세계 시장을 통합시켜 가고 있다. 이러한 자본주의적 세계 시장경제 체제 속에서 각 국가들과 기업들은 서로 경쟁에 몰두하지 않을 수 없게 되었다. 자본주의 세계 경제의 팽창과 경쟁의 가속화는 곧 생산의 무정부성에 따른 과잉생산을 불러와 전세계적인 자원 및 에너지 소비를 급속히 증대시키고 있으며 동시에 환경오염의 지구촌화를 심화시키고 있다.

그런데 이러한 자원 낭비와 환경 파괴적 발전을 통해 성취한 물질적 풍요에도 불구하고 지구 인구의 많은 부분은 자본주의적 풍요의 혜택을 누리지 못하고 있다. 국제노동기구(ILO)의 2000년도 연례 보고서에 따르면, 전세계 60억 인구 가운데 1/4인 15억 명이 하루 1달러 미만으로 살아가고 있다. 이들은 주로 아프리카, 동유럽, 중앙아시아, 동남아시아에 집중되어 있다. 그런데 문제는 이미 지구 환경이 심각한 위기를 겪고 있음에도 불구하고 이런 빈곤한 국가들과 빈곤에서 벗어나려는 개발도상국들의 발전 논리를 막을 수 있는 정당한 논리가 없다는 것이다. 중국의 경우만 보더라도 공업화는 엄청난 자원과 에너지의 소비와 환경오염을 낳고 있으며 이러한 추세가 지속된다면 그렇지 않아도 지구 온난화에 따른 기상 이변, 오존층 파괴 등 각종 환경오염으로 위기를 겪고 있는 지구 환경을 더욱 악화시킬 것임에 틀림없다. 만약 앞으로 더 많은 나라들에서 경제발전을 추구하게 된다면 지구 환경의 미래는 더욱 어두워질 수밖에 없을 것이다.

일찍이 환경문제로 인한 심각한 경험을 겪었던 선진국들에서는 시민들에 의한 환경운동이 활성화되고, 정부에서도 환경오염을 줄이고 예방하기 위한 대책을 다각도로 마련함으로써 국내 환경문제를 상당히 해결해왔다. 환경오염에 대한 국가의 규제와 시민들의 감시가 점차 강화되어왔고, 기업들도 국가와 시민 환경운동에 의한 압력으로부터 살아남기 위해 오염 방지를 위한 투자를 강화해왔다. 그런데 이제 오존층 파괴, 삼림 파괴, 지구 온난화 등 전지구적 환경문제가 등장하면서 선진국들도 자국의 환경문제만을 해결하는 것으로는 한계가 있다는 점을 인식하기에 이르렀다. 1992년 리우 환경회의를 계기로 지구 환경 문제가 국제적인 관심거리가 되었고, 선진국들도 이제 지구 환경의 보존을 위해 이산화탄소 발생량을 줄이는 데 관심을 기울이게 되었다.

하지만 선진국들의 노력은 결코 만족스러운 것이 아니다. 실제로 각국의 1인당 에너지 소비량을 비교해보면, 미국인 1명이 일본인 3명, 멕시코인 6명, 중국인 12명, 탄자니아인 281명, 에티오피아인 422명분의 에너지를 소비하고 있다고 한다. 선진국들이 이렇게 많은 에너지를 소비하면서도 자국의 환경을 보다 깨끗하게 유지할 수 있는 것은 환경 기술의 발전과 환경 투자의 확대에 기인하는 것이기도 하지만 무엇보다도 환경오염을 후진국이나 개발도상국으로 전가할 수 있었기 때문이라고 할 수 있다. 그럼에도 불구하고 선진국들, 특히 미국은 자국의 에너지 소비량이나 온실 가스 배출량을 줄이는 데 미온적인 태도를 보이면서도, 그린라운드를 통해 개발도상국들의 오염물질 배출 기준을 강화시키는 데 혈안이 되어 있다.

사실 선진국이 상대적으로 깨끗한 환경을 향유할 수 있도록 하는 데는 후진국의 희생이 컸다. 선진국들은 자국의 높은 오염물질 배출 기준으로 인해 생산활동을 할 수 없는 각종 오염물질 배출 산업—특히 중화학공업—을 기술 이전 또는 고용 기회 확대라는 명목으로 개발도상국 및 후진국으로 이전시켜 이들 나라의 환경을 오염시켜왔기 때문이다. 선진국의 산업 구조가 경공업에서 중화학공업을 거쳐 첨단산업 중심으로 나아감에 따라, 선진국들은 이윤율이 낮고 환경 규제로 인해 자국 내에서 더 이상 활동할 수 없는 사양 산업 및 공해 산업인 철강·조선·화학 등의 전통적 산업들을 차례로 개발도상국들 및 후진국으로 이전시킬 수밖에 없었으며, 개발도상국들은 경제 성장과 산업 구조의 고도화라는 명목으로 선진국의 공해 산업을 유치할 수밖에 없는 상황으로 나아갔던 것이다. 뿐만 아니라 선진국들은 1970년대 오일쇼크 및 세계적인 경제 불황을 극복하는 과정에서 과학기술 개발을 급속히 촉진시키고, 에너지 저소비형, 기술 집약적 신소재 개발 중심의 첨단산업 분야를 발전시켜왔던 것이다.

최근 선진국들에서 이루어지고 있는 자국의 핵 발전 시설 감축과 핵 발전 기술의 후진국 이전을 보면, 선진국들이 지구 환경의 위기보다는 자국의 이익을 우선시하고 있다는 사실이 잘 드러난다. 핵 발전은 오늘날 전세계적으로 그 위험성이 확인되었으며, 현재 많은 선진국들은 시민들의 반핵운동으로 점차 핵 발전을 포기하고 있다. 그런데 반대로 한국, 중국, 동남아 나라들은 경제개발 과정에서 필요한 에너지를 확보하기 위해 핵 발전에 대한 의존을 높여가고 있는 것이 현실이다. 만약 선진국들이 경제 논리가 아닌 환경 논리에 충실하다면, 핵 발전 기술을 이전시킬 것이 아니라 대체 에너지 기술을 지원해야 할 것이다. 그렇지만 현실은 그렇지 못하다.

미국을 비롯한 선진국들은 지금까지 공업화와 경제 성장 과정에서 엄청난 자원과 에너지를 끌어다 쓰면서 동시에 엄청난 환경오염 물질들을 배출해왔다. 이처럼 선진국들이 경제적으로뿐만 아니라 환경적으로도 선발 효과를 충분히 누려왔음에도 불구하고, 개발도상국이나 후진국의 환경문제에 적극적인 지원을 하기보다는 오히려 환경오염 시설을 개발도상국이나 후진국들로 이전시키거나 이들 나라의 환경 규제 강화를 요구하면서 환경 기술을 판매하려는 태도는 가히 '환경 제국주의'라 할 만하다. 지구 환경 보호의 관점에서 본다면 개발도상국이나 후진국의 환경 규제가 강화되어야 하는 것은 분명하다. 하지만 이것은 지금까지의 경제발전 과정에서 환경 파괴로 엄청난 이득을 본 선진국들이 환경문제 해결을 위해 개발도상국과 후진국들을 적극적으로 지원하고 또한 자국의 에너지 과소비형 생활양식을 바꾸려고 노력한다는 전제에서만 정당한 것이다. 이러한 노력 없이 선진국들이 환경 규제를 강화하자고 주장하는 것은 개발도상국과 후진국들의 경제발전을 가로막는 제국주의적인 발상이라고 할 수밖에 없다. 그러므로 지금까지의 지구 환경 파괴에 더 큰 책임이 있는 선진국들이 환경위기 해결을 위한 적극적인 노력을 하지 않는 한 '지탱 가능한 사회', '지탱 가능한 지구'를 건설하기 위한 노력은 더욱 지난한 과정이 될 것임에 틀림없다.

자본주의는 공존의 원리가 아니라 경쟁의 원리에 따라 움직인다. 세계 자본주의 시장에서의 경쟁은 선진국과 후진국을 막론하고 끊임없는 성장과 개발을 부추기고 있으며, 자본주의적인 욕망 생산의 끝은 보이지 않는다. 그런 가운데 지구 환경의 파괴와 오염은 인류의 목을 점점 조여오고 있다. 그러므로 선진국의 자본들이나 국민들이 이윤을 희생하려 하지 않고 또 욕구 수준을 억제하려고 하지 않는 한, 그리고 개발도상국과 후진국 또는 그들의 자본이 기본적인 욕구 충족을 위해 경제 성장과 개발을 멈출 수 없는 한, 지구 환경 파괴의 경향은 되돌리기 힘들 것이 분명하다. 생존의 이중적 측면, 즉 경제적 생존과 생태학적 생존 간의 모순은 심화될 수밖에 없을 것이다. 그렇다면 이제 인류는 단기적인 경제적 생존을 위해 장기적인 생태학적 생존을 희생할 수밖에 없을 것인가? 결국 이제 지구 환경의 미래, 그리고 궁극적으로 인류의 미래는 인류가 얼마나 일찍 세계 자본주의의 환경 파괴적 힘을 깨닫고 환경 친화적인 공존을 위해 노력하는가에 달려 있다고 하겠다.

5. 환경운동과 지구 환경의 미래
- 지탱 가능한 사회를 위하여

　지탱 가능한 사회가 실현되려면 세계 자본주의 시장경제의 경쟁 논리를 규제할 수 있는 기반이 마련되어야 한다. 말하자면 전지구적으로 지탱 가능한 사회가 실현될 때 비로소 지구 환경 위기가 해결될 수 있는 것이다. 사실 자본주의는 내적으로 경제개발의 동력을 제공하기는 하지만 경제적 불평등 개선의 동력을 갖고 있지는 못하다. 그래서 선진국 자본들 또는 초국적 독점자본들이 무제한적 경쟁에서 벗어나지 않고 선진국들이 세계적인 경제적 불평등을 해소하기 위해 적극적으로 노력하지 않는 한, 세계 자본주의는 자본들간의 끊임없는 이윤 경쟁 속에서 국가간의 그리고 계급간의 불평등을 확대재생산해 나가게 될 것이다.

　이런 면에서 보면 오늘날 세계무역기구(WTO)에 의해 주도되고 있는 신자유주의적 세계 시장경제 체제에 반대하는 전지구적 비정부기구들(Global NGOs)의 저항은 경제 제국주의뿐만 아니라 환경 제국주의에도 반대한다는 의미에서 고무적이다. 자본의 지구촌화는 전지구적인 경제적 불평등을 심화시키고 있으며 나아가 지구 온난화, 삼림 파괴, 해양 오염, 핵 위협 등 환경오염의 지구촌화를 낳고 있다. 그러므로 환경오염으로부터 지구를 지키려는 노력은 궁극적으로 자본의 지구촌화라는 벽에 부딪힐 수밖에 없다. 말하자면 전 세계적인 성장의 논리를 해체시키지 않는 한, 지구 환경 위기는 해결될 수 없는 것이다. 그러므로 그린피스(Green Peace)를 비롯한 많은 전지구적 환경운동 단체들의 노력은 일국적 환경운동들이 해결할 수 없는 전지구적 환경위기를 해결하기 위해 필수불가결한 것이라고 할 수 있다.

사람들은 이전부터 늘 풍요로움, 안락함, 즐거움을 추구해왔다. 공업화와 기술 발전에 힘입어 인류는 이제 과거와 비교할 수 없을 정도로 풍요롭고 안락하고 즐거운 삶을 누리고 있다. 그런데 공업화는 필연적으로 환경 파괴를 수반함으로써 생존의 위기를 낳았다. 흔히 환경오염의 원인으로 얘기되는 공업주의는 인간의 욕망은 끝이 없으며 생산과 소비의 영속적인 확대를 통해 이 욕망을 충족시킬 수 있다는 믿음에 기초해 있다. 특히 산업자본주의의 발전은 욕망의 확대재생산을 더욱 가속화시켜 생산의 급속한 증대에 따른 환경오염의 급격한 확산을 가져왔다. 그런데 자본주의 사회에서 물질적 풍요를 누릴 수 있는 기회는 불평등하게 분포되어 있다. 빈익빈 부익부 현상의 심화로 한편으로는 물질적 부가 증대되면서도 다른 한편으로는 빈곤이 심화되고 있다.

일반적으로 빈곤이 자본주의의 발전 논리를 뒷받침해왔다는 점은 분명하다. 성장만이 빈곤 문제를 해결할 수 있다는 것이다. 하지만 자본주의의 양적 성장에도 불구하고 빈곤 문제가 해결되지 않고 있다는 점은 성장이 아니라 분배가 더 중요하게 고려되어야 한다는 점을 보여주었다. 이 점은 환경문제를 해결하는 데 있어서 중요한 실마리를 제공한다. 지탱 가능한 사회는 기존의 소비주의적 생활 양식과의 단절을 통해서만 가능한데, 분배의 편중성을 줄이는 것은 자본주의적 경쟁 논리를 약화시키면서 욕구의 무제한적 상승을 막을 수 있는 길이다. 이렇게 되면 이제 발전주의에 대한 근본적인 반성을 통해 환경 친화적인 생산 양식과 절약적인 생활 양식을 실천할 수 있는 길이 열리게 된다. 소비를 줄이고 재활용을 늘리고 재생 가능한 에너지를 개발하고 환경 기술을 개발함으로써 자연적 순환에 기반하는 사회를 만들 수 있다. 욕구를 최소한으로 줄여 자연 자원의 사용과 오염물질의 배출을 줄이는 것이다.

　사실 자원과 에너지의 낭비를 줄이고 환경오염을 줄이려는 생태주의적 지향점은 자원 분배의 평등화라는 사회주의적 지향점과 맞닿아 있다. 왜냐하면 분배의 평등화야말로 자원과 에너지의 낭비를 줄일 수 있는 중요한 길이기 때문이다. 그러므로 빈곤이나 경제 위기를 성장을 통해 해결하려는 자본주의의 전통적인 노선은 분배적 정의의 실현에도 도움이 되지 않을 뿐만 아니라 지탱 가능한 사회를 위해서도 결코 바람직하지 않다. 그리고 이를 실현하기 위해서는 무엇보다도 전세계적인 노동자계급과 생태주의 세력들의 연대 또는 노동운동과 환경운동의 연대가 필요하다.

　오늘날 현대성의 위기라는 관점에서 지구 환경 위기에 대한 근원적인 반성을 추구하는 많은 사람들은 발전주의 패러다임에서 생태주의 패러다임으로의 근본적인 전환을 주장하고 있다. 발전주의 패러다임이 자연의 이용, 성장, 효율성, 풍요, 시장, 경쟁, 제도정치 등을 강조하고 있다면, 생태주의 패러다임은 자연과의 조화, 환경, 정당성, 절약, 공공재, 협동, 참여민주주의 등을 강조하고 있다. 그러므로 생태주의 패러다임은 사회체계뿐만 아니라 시민들의 의식 및 생활양식의 근본적인 변화를 요구한다고 할 수 있다. 물론 양자는 밀접히 연관되어 있다. 사회체계를 바꿀 수 있는 힘은 결국 생태주의적 시민들로부터 나오기 때문이다. 그러므로 지구 환경의 미래는 편리함, 풍요로움, 쾌락을 추구하는 이기심과 개발의 유혹에서 얼마나 벗어날 수 있는가에 달려 있다고 할 수 있다. 전쟁과 지배가 없는 공존과 협동의 삶, 부와 노동이 공평하게 분배되는 삶, 절약적이고 노동 의존적인 삶을 감수하는 것이야말로 지탱 가능한 사회를 건설하기 위한 실천의 출발점인 것이다.

두 번의 세계전쟁, 팍스 아메리카나의 구축과 재편

이광일

1. 국민국가를 넘어, '하나의 유럽'

근대 국민국가는 봉건체제의 약화와 자본주의의 확장을 주요한 측면으로 하여 형성되었다. 이러한 변화의 출발점이자 중심지였던 유럽의 정치는 근대로의 이행기에 '절대주의 국가들'의 세력균형 속에 이루어졌으며 이들 국가들은 봉건세력과 신흥 부르주아의 타협 및 대결의 산물이었다.[1] 그리고 이러한 타협과 갈등의 유형은 새로이 근대 역사의 주체로 떠오르고 있던 노동자계급의 존재와 운동양태에 의해 매개되고 조건지어졌다.

이와 같은 갈등관계의 변화는 1871년 노동자계급이 중심이 되어 시도된 파리코뮨이라는 사회공화국의 경험을 통해 극명하게 드러났다. 유럽을 휩쓴 1848년 2월혁명에도 불구하고 정치적으로 자신들이 근대 산업사회 재생산의 중심축이며 그 변화를 추동시킬 수 있

---

1) 절대주의 국가의 성격을 둘러싼 종별적 연구에 대해서는 앤더슨(1993) 참조.

는 하나의 주체라는 점을 명확히 인식하지 못했던 노동자들은 1871
년 코뮌에 이르러서야 그것을 표현하였다. 유럽의 모든 봉건특권세
력들과 신흥 자본가들은 이러한 저항과 도전에 놀라워하였다. 그렇
지만 이들은 이것이 자신들의 기존 특권을 박탈하는 것이라는 바를
너무도 잘 알고 있었기 때문에 이해의 차이를 넘어 즉각 대응했다.

이와 같은 대응 양상은 민족적 자긍심에 차 있던 프랑스 부르주
아들 사이에서 분명하게 확인되었다. 1789년 대혁명 이후 '자유, 평
등, 박애'의 3색기를 존중하였던 프랑스 민중은 파리로 진격해 오
는 비스마르크에 대항할 준비가 되어 있었지만 부르주아 사이에서
는 혁명가 "블랑키보다는 차라리 비스마르크"라는 구호가 점점 반
향을 불러일으켰고 이것은 기존 정부의 생각이 되었다(노명식,
1985: 266). 이들 부르주아는 1848년 2월혁명 이후 힘의 교착상황
에서 자신의 지갑을 보호하기 위해 루이 보나파르트에 왕관을 넘겨
주었듯이, 자신들의 권위가 위기에 처하자 이번에는 이웃의 또 다
른 보나파르트 비스마르크에 왕관을 넘겨주고자 하였다. 이것은 일
국의 범위를 넘어서는 부르주아의 공동이해를 확인시켜주는 것이었
다. 이러한 맥락에서 실제 조국이 없는 것은 노동자가 아니라 바로
부르주아였다. 이와 반대로 노동자들은 자신의 국경을 지키기 위한
결의에 차 있었다.

따라서 파리코뮌이 노동자계급 운동의 성장에 놀란 신흥 부르주
아들이 구봉건세력의 품으로 도피하며 등장한 비스마르크 체제의
무력개입으로 진압되었다는 것은 의아스러운 일이 아니다. 물론 일
국적 수준에서 볼 때, 보불전쟁의 패배로 인해 프랑스는 알사스-로
렌을 프로이센에 넘겨주고 민족의 자존심을 훼손당했다. 그렇지만,
유럽의 차원에서 볼 때, 보불전쟁은 노동자계급의 혁명운동을 제압
하고 부르주아 등 특권세력들이 기득권을 유지, 확대시킬 수 있었

던 결정적 계기가 되었다.

이러한 차원에서 파리코뮌은 근대 유럽의 정치에서 '국민국가'가 지니는 모순을 고스란히 보여주었다. 그것의 가장 큰 특징은 이제 유럽 내 개별 국민국가의 문제가 단지 그 국경 내부의 공간 속에서만 해소될 성질의 것이 아니라는 점을, 따라서 이제 하나의 유럽이 현실화되고 있음을 확인시켜주었다. 그리고 이와 같은 변화는 일국의 국경을 넘어 자신을 확장시키고, 경쟁을 통해 끝없이 자신의 존재를 입증하고자 하는 자본의 팽창된 힘과 맞물려 진전되었다는 점에서 그 이전에는 목도할 수 없는 현상이었다. 단지 전쟁과 정복에 의해 자기완결적인 크고 작은 공동체들의 물리적 결합을 목표로 했던 과거 제국의 욕망과는 전혀 다른 성격을 띠고 있었던 것이다.

이것은 세계의 어떤 곳이라도 자신의 지배 아래 두고자 하는 자본의 무한한 물질적 욕망과 맞물려 있었다. 그리고 이 욕망의 중심에 신흥 프로이센이 자리잡고 있었다. 오랜 동안 지속된 봉건적 할거 체제를 극복하고 등장한 통일국가(소독일) 프로이센은 파리코뮌에 개입하여 그것을 좌절시킴으로써 유럽에서 반혁명의 주체로 떠올랐을 뿐만 아니라 보불전쟁에서의 승리로 유럽정치에서 중요한 행위주체로 부상하였다. 이로 인해 근대혁명운동의 중심지 또한 프랑스로부터 독일로 이전되었다.

그런데 19세기 말 프로이센의 부상은 단지 유럽정치에만 영향을 미치는 변화는 아니었다. 왜냐하면 산업혁명을 거치면서 '해가 지지 않는 나라'로 성장한 제국주의의 수장 영국, 유럽의 자존심 프랑스는 과거 백년전쟁 이래 유럽에서는 물론, 19세기 말 이후 식민지를 건설하는 과정에서 상호견제하고 대립하는 두 주체였기 때문이다. 따라서 프로이센의 부각은 이들 양 국가의 관계변화를 촉진시켰다. 즉 이들은 프로이센이 급속한 경제성장을 이루고 정치군사적으로 강대해지자 과거 경쟁국으로서의 관계를 접어둔 채, 동맹을 맺어 이러한 움직임을 견제하고자 하였다. 이런 의미에서 프로이센이 보불전쟁을 통해 알사스-로렌을 병합한 것은 결과적으로 미래거대 전쟁의 씨앗을 뿌려놓은 것이었다.

물론 이 국가들이 식민지 확보를 위해 유럽 이외의 지역에서 전쟁을 불사한 경우에도 꼭 유럽을 전장으로 만들고자 한 것은 아니었다.[2] 그럼에도 불구하고 흔히 자본주의 발전의 특수한 길로 인식되었던 프로이센의 위로부터의 급속한 산업화 과정은 비스마르크 체제의 비민주적, 제국주의적 팽창욕과 맞물리면서 이러한 희망을 약화시켰다. 그것은 기존에 유지되었던 유럽의 세력관계를 변화시켰을 뿐만 아니라 세계 곳곳의 식민지에서 기존 선발 자본주의 국가들과의 경쟁 및 대립을 심화시켰다. 그 결과 유럽 열강들의 전쟁을 자제하고자 하는 의도 여부와 무관하게 그 가능성은 점차 고조되었다.

따라서 20세기 전후에 전개된 이 과정은 한편으로 유럽 정치에서 기존 세력관계를 재편하고자 하는 선후발 제국주의 열강들간의 갈등을 반영하는 것이었고, 다른 한편 이들이 식민 모국이라는 점에서 식민지 재분할을 둘러싼 갈등의 표현이었다. 가치실현을 위해 더 이상 확장될 수 없는 유럽시장의 한계는 광대한 상품시장 및 원료공급지로서, 또한 중동 지역과 같은 정치군사적, 경제적 전략지로서의 비유럽 세계에 대한 가치에 주목하게 만들었고 이것이 이들 유럽 열강들의 정치행태를 규정하였다. 다른 한편 노동자계급 등 인민들의 제반권리를 위한 요구와 저항은 이들 국가로 하여금 그러한 요구에 부응할 부의 제고라는 측면에서 식민지정책을 더욱 촉진

---

2) 홉스봄(1999: 539-567) 참조.

시키는 계기가 되었다.

이러한 맥락에서 볼 때, 근대 국민국가는 그 자체 자기 완결적이라기보다 애초부터 자기의 외연을 끊임없이 재구성하고자 하였다. 무엇보다 그것은 경쟁자본주의시대로부터 독점자본주의시대로 전화되는 과정에서 두드러지게 나타난 자본의 일국적 외양과 그것에 내재된 탈일국적 운동성의 긴장을 반영한 결과였다. 이미 제1차 세계대전 발발에 앞서 심화된 유럽 열강들의 경쟁과 적대, 독점자본들간의 모순은 당시 제기되었던 '유럽합중국'이라는 슬로건을 미래의 가능성, 꿈으로서만 존재하게 하였다. 그리고 그 배후에는 전쟁이라는 긴 그림자가 드리워져 있었다. 그럼에도 불구하고 20세기 벽두 유럽은 이미 내부 열강들의 정치로부터 자유스럽지 못한, 국민국가를 넘어서는 하나의 지역정치단위로, 국제정치의 중심지로 존재하였다.

2. 세계대전과 유럽 헤게모니의 붕괴

흔히 20세기는 전쟁과 억압으로 점철된, 따라서 야만의 세기로 기록되고 있다. 그런데 이것은 역설적이게도 이성과 그를 통한 조화를 강조하며 근대문명을 이끌었던 유럽으로부터 시작되었다. 그 유럽의 이성은 결국 전쟁과 파시즘의 광기에 무색하게 되었다.

제1차 세계대전은 그 전쟁을 원한 것이 누구였는지 여부와 무관하게 유럽의 헤게모니와 식민지 경영을 둘러싸고 조성된 제국주의 열강들간의 갈등과 적대의 표현이었다. 그리고 발생론적으로 이러한 갈등은 빈체제 등장 이후 유럽에서 지속된 세력균형의 정치가 새로운 사회경제적, 정치적 변화의 내용을 담보하지 못한 채 지속

된 결과이기도 하였다.[3]

즉 정통주의를 내세운 빈 회의(체제)는 그것이 현상유지를 위한 기제라는 점에서 프랑스혁명 이후 전면에 등장한 자유, 평등으로 상징되는 근대성의 징표를 담아내기에는 역부족이었다. 그것은 변화를 거부하기 위한 임시방편이었고 이런 면에서 모순은 내적으로 더욱 심화되었다. 따라서 19세기 이후 유럽정치는 이러한 형식과 내용의 딜레마를 해소하지 못한 채, 혁명과 반혁명 그리고 전쟁을 반복하면서 전개되었다.

이미 지적한 대로 프로이센의 급속한 경제성장과 팽창, 지위상승은 기존의 관계를 점차 무기력하게 만들었다. 이에 더하여 화약고 발칸반도를 둘러싼 열강들의 상충되는 이해관계는 이들 국가간의 긴장을 고조시켰다. 발칸에서 합스부르크가의 영광을 되찾고자 한 오스트리아-헝가리제국, 이를 지원한 프로이센 그리고 이탈리아는 이미 1882년 삼국동맹을 형성하였다. 이에 대응하여 발생한 중요한 변화는 이미 지적한 대로 영국과 비우호적 관계를 유지해왔던 프랑스가 알사스-로렌을 상실한 이후 영국과 연대하였다는 점이다. 그리고 여기에 발칸반도의 패권을 둘러싸고 오스트리아-헝가리와 대립한 러시아가 가세함으로써 이른바 삼국협상이 만들어졌다. 그리고 이렇게 재편성된 동맹들간의 긴장은 보스니아-헤르체고비나, 모로코 등지에서 발생한 갈등을 계기로 강화되면서 세계대전의 가능성을 점차 고조시켰다.

제1차 세계대전은 지리적인 측면에서 볼 때, 유럽의 전쟁이었지만, 내용적으로는 유럽 열강들의 식민지분할과 관련되어 있다는 점에서 '세계전쟁'이며 제국주의 전쟁이었다. 이 전쟁에 일관되게 반

---

3) 근대 유럽의 세력균형 정치에 대해서는 전제성(1999) 참조.

대한 세력은 로자 룩셈부르크, 그리고 레닌이 이끄는 러시아 차르 (Tsar) 치하의 볼셰비키 등이었다. 이와 대조적으로 대부분 유럽의 사회주의 정당들은 이 전쟁을 '조국방위전쟁'으로 규정하면서 자국의 전비예산을 승인하였다.4) 이렇게 보면 이 전쟁은 애국주의라는 외형을 지닌 '쇼비니즘'의 결과물이었다. 제1인터내셔널 이후 국제노동운동에 의해 옹호되었던 국제주의마저도 이로부터 자유스럽지 못하였고 이것은 결국 국제노동운동의 분열로 이어졌다.5)

1914년 유고슬라비아의 수도 사라예보에서 세르비아 청년에 의한 오스트리아 황태자 부처의 피살을 계기로 오스트리아-헝가리가 세르비아에 선전포고함으로써 시작된 전쟁은 결국 독일 등의 패배로 일단락되었다. 그렇지만 전쟁은 이들 패전국뿐만 아니라 유럽의 모든 국가들을 피폐하게 만들었다. 이 전쟁 이후 자본주의 산업화, 식민지지배의 첨병이었던 영국은 이제 '저물어가는 해'가 되었다.

이와 달리 이 전쟁은 새로운 헤게모니 국가의 부상을 가져왔다. 전장으로부터 멀리 떨어져 있던 미국은 이 전쟁에서 10만 이상의 병력을 투입하여 연합국이 승리하는 데 결정적인 동력이 되었고 전비제공을 통해 채권국이 되면서 국제정치의 주도국으로 부상하였다. 이미 제1차 세계대전이 발발할 무렵, 미국의 경제력은 전세계 총생산의 33%를 차지하여 당시 최대산업국이던 영국을 앞지르고 있었다. 미국은 상대적으로 자유스러운 정치적 조건 속에서 해외로부터 뛰어난 인력을 끌어 모으고 이들을 미국 문화에 빠르게 동화시킴으로써 내적인 역량을 증대시켜 나갔다. 특히 제1차 세계대전은 미국의 부상(浮上)과 관련, 19세기 이래 미국이 취해왔던 외교적

---

4) 레닌(1989) 참조

5) 전쟁의 성격과 그것에 대한 대응의 문제는 결국 제2인터내셔널에서부터 구 (舊)소비에트연방 중심의 제3인터내셔널이 출범하게 되는 결정적인 계기가 되었다.

고립주의, 즉 먼로주의로부터 탈피하여 유럽의 문제에 본격적으로 개입하는 계기가 되었다. 이것은 그 동안 유럽문제에 침묵을 지켜온 미국의 정책변화를 의미하였다.

다른 한편 제1차 세계대전의 결과, 미국의 등장과 더불어 주목해야 할 또 하나의 변화는 전일적인 자본주의 지배력에 균열을 촉진시키고 사회주의체제의 성립을 틀지은 최초의 국가가 탄생하였다는 점이다. 즉 볼셰비키혁명을 통한 사회주의국가 소련의 등장이 그것이다. 이 체제의 위협은 당시 프롤레타리아 대중운동이 발전된 서구사회와 식민지를 포함한 세계 대부분의 지역에 존재하였다는 점 때문에, 전쟁, 기존 국제질서의 붕괴 그리고 혁명의 영향이 지속되고 있다는 점 때문에 직접적이고도 전면적인 것으로 인식되었다.

바로 이러한 정황들은 제1차 세계대전의 화약냄새가 채 가시기도 전에 유럽을 다시 전장으로 만드는 데 일조하였다. 특히 독일의 경우, 연속된 군사적 패배와 민중봉기로 제국이 붕괴되면서 불확실성이 증폭되었고 이를 극복하기 위해 사회민주당이 집권하여 일련의 정치개혁을 추진하였다. 그 결과 비스마르크 체제로부터 유래하는 구지배체제의 유산을 혁파하기 위해 바이마르공화국 체제가 출범하였으나 이 또한 순조롭게 작동하지 못하였다. 왜냐하면 제1차 세계대전 이후 베르사이유 평화조약이 강제한 가중된 부담과 독일 내부의 정치적 힘 관계가 맞물리면서 격렬한 내부 갈등 및 분쟁이 일어났기 때문이다.[6] 이러한 갈등은 국내적으로 1920년대 초 카프-뤼트비츠의 반동쿠데타, 이를 저지하기 위한 노동자들의 총파업 등으로 표출되었다.

---

6) 특히 베르사이유조약으로 독일은 프랑스로부터 병합한 풍요의 땅, 알사스-로렌을 포함하여 전식민지를 상실하게 되었고 여기에 1천5백억 달러라는 막대한 배상금을 물어야 했다.

바이마르 체제는 반동쿠데타를 좌절시키면서 위기를 넘기는 듯하였으나 상황은 여전히 유동적이었다. 제1차 세계대전의 패배 이후 조성된 중간층, 하급장교 등의 불만 제고, 특히 1920년대 말부터 시작된 전례 없는 세계공황에 따른 실업의 만연 등은 사회의 불안정을 더욱 자극하였다. 바로 이것은 히틀러가 보수반동적 정치세력의 후원 아래 급성장하는 토대가 되었다. 여기에 더하여 정치적 노동운동 진영의 분열과 제3인터내셔널(코민테른)의 파시즘에 대한 좌편향은 이들 세력의 집권을 위한 유리한 조건을 제공하였다.

1933년 1월 히틀러는 독일제국의 총리가 되어 위대한 게르만 민족의 웅비를 설파하였다. 나치즘은 인종주의, 애국주의를 내세우며 불만에 휩싸여 방향을 잡지 못하던 대중을 선동하였고 공산주의자, 사회주의자에게, 그리고 뒤이어 자유주의자와 시민사회에 대한 무자비한 테러공세를 가하였다. 히틀러는 유럽의 헤게모니를 변화시키고자 하였다. 그리고 영국, 프랑스 등이 라인강 동부 지역에 대한 독일의 영토할양 요구에 무기력하게 대응함으로써 '힘의 균형'은 점차 허물어져갔다.

나치의 폴란드에 대한 침공으로 시작된 전쟁은 이탈리아 파시스트 무솔리니가 가담하고 아시아의 군국주의 일본이 대동아공영권을 내세우며 이에 동조, 그야말로 명실상부한 세계전쟁으로서의 형식과 내용을 갖추게 되었다. 그 결과 버마(현재의 미얀마)전선에서 영국과 일본은 전쟁의 주체로 직접 대면하기에 이르렀다. 이러한 맥락에서 제2차 세계대전은 주축국에 대한 연합국의 반파시스트전쟁, 식민지의 민족해방전쟁으로서의 성격을 담고 있었지만 제1차 세계대전과 마찬가지로 세계체제의 재편과정에서 나타난 열강들간의 새로운 헤게모니 구축을 위한 제국주의전쟁이었으며 식민지 분할전쟁이었다.

　그런데 전후 질서의 재편과 관련, 이 전쟁에 내장되어 있던 중요한 대립점은 바로 체제간의 모순이었다. 19세기 유럽의 역사가 프랑스혁명의 그림자 속에서 형태를 갖추었다면 제1차 세계대전 이후 세계의 역사는 그것이 현실이든, 아니면 현실과 분리된 이데올로기든, 레닌의 10월혁명과 소비에트 사회주의체제의 그림자 속에서 형성되었다.

　연합국의 입장에서, 이 전쟁은 반파시스트전쟁의 성격을 지니고 있었지만 그 기저에는 체제간 모순이 흐르고 있었다. 이것은 전쟁 중 독·소전으로 나타났고 이 전투는 전후 냉전정책의 징조를 상징적으로 보여주었다. 독일은 '공산주의국가' 소련을 제압하기 위해 막대한 재원을 독·소전에 쏟아부었으나 스탈린그라드 전투에서 패배하였다. 독일은 한때 소련 주민의 45%, 소련 공업생산의 약 1/3, 소련 농업경작지의 47%에 해당하는 지역을 점령한 적이 있었다. 이 전투의 패배는 과거 나폴레옹의 러시아원정과 같은 결과를 가져와 이를 계기로 독일은 패전의 길로 들어서게 되었다. 소련은 전쟁이 끝날 때까지 베를린, 프라하, 빈까지 진격하였고 이제 독일의 패전은 기정사실화되었다.

　이처럼 전쟁은 후발 자본주의 국가들인 주축국의 패배로 일단락되었지만 그동안 국제정치를 좌우하였던 '유럽의 입장'에서 볼 때, 이 전쟁에는 승자도 패자도 없었다. 오히려 전쟁의 결과 유럽의 모든 제국주의 열강들의 역량은 제1차 세계대전 이상으로 극도로 약화되었다. 이들 국가는 전쟁을 경과하면서 경제적으로 파산하였다. 이들은 이제 세계를 분할한 제국주의국가로서의 면모를 유지할 수 없었으며 오히려 막대한 전쟁비용조달 때문에 미국의 채무국으로 전락하였다.

　20세기 전반기에 발생한 두 차례의 세계전쟁을 통해 유럽의 지배력은 상실되었고 미국의 헤게모니가 확립되었다. 그리고 1차 세계대전의 외중에서 10월혁명을 통해 등장한 후, 연합국의 일원으로 참전하여 반파시스트 전쟁에서 핵심적 역할을 한 구소련이 국제정치의 새로운 주체로 등장하였다.

3. 팍스 아메리카나의 구축
— 냉전과 제3의 길

제2차 세계대전을 경과하면서 미국은 정치·경제·군사적으로 헤게모니 국가가 되었다. 전장으로부터 떨어져 있던 미국은 전쟁을 위한 무장화와 그 수행과정에서 방대하게 증대된 수요를 통해 세계경제공황의 영향을 차단시킬 수 있었다. 이러한 차원에서 1929년 말에 시작된 대공황은 루스벨트의 뉴딜 정책에 의해서가 아니라 외부적 요인인 제2차 세계대전에 의해 극복될 수 있었다(최웅·김봉중, 1992: 271). 미국은 세계 총투하자본의 3/4과 총공업 생산능력의 2/3를 소유한 경제적으로나 막강한 나라로 도약하였다. 거기에다 원자탄을 소유한 유일한 국가가 되어 다른 나라에 대해 군사적 우위를 유지할 수 있게 되었다. 따라서 제2차 세계대전 이후 미국이 세계질서의 전환을 주도하게 된 것은 자연스러운 것이었다. 프랑스, 특히 영국은 전쟁 중에 미국으로부터 물자지원을 통해 경제적 예속에 빠져 있었으며 그 결과 이들 국가는 미국의 정책을 지지하지 않을 수 없었다.

이제 제2차 세계대전 이후 파시즘이 패퇴한 상황에서 주요한 대립선은 전쟁 기간 중 잠복되어 있던 체제간 모순으로 이전되었다. 물론 그 대립의 주체는 두 번의 세계전쟁을 통해 부상한 미국과 사회주의국가 소련이었다. 20세기 전반기 두 차례의 전쟁은 이른바 팍스 브리태니커(Pax Britannica)로 표현되었던 영국의 헤게모니를 마감시키고 팍스 아메리카나(Pax Americana)가 구축되는 결정적 계기가 되었다.

종전과 함께 미국은 당면 시기에 해결해야 할 두 가지 문제에 직면하였다. 그것은 팍스 아메리카나의 주요 내용을 구성하는 것이었다. 그 하나는 정치군사적으로 사회주의체제의 형성에 대응하여 전세계적인 반공블록을 구축하는 것이었고, 다른 하나는 대공황의 충격과 제2차 세계대전으로 파괴된 서구경제를 복구시켜야 하는 것이었다. 물론 양자는 밀접하게 연결되어 있었다.

전자와 관련, 미국 중심의 상호간 방위조약은 물론, 나토(NATO)와 같은 집단안전보장체제의 구축을 통한 봉쇄전략(Containment)이 추진되었고 후자를 위해서는 안정된 국제경제질서가 모색되었다.[7] 특히 전후 각국이 제2차 세계대전의 주요 원인으로 쇼비니즘적 경제블록의 구축과 갈등, 특히 1930년대 경쟁적으로 전개되었던 파멸적인 평가절하정책에 주목하고 있었기 때문에 이러한 상황의 재현을 방지하기 위해 안정된 금융질서의 구축이 적극적으로 추진되었다. 바로 이러한 인식과 노력의 산물로 출현한 것이 브레턴우즈(Bretton-Woods) 체제였다.

애초 미국의 세계전략은 루스벨트의 자유주의적 국제주의에 입각해 있었다. 그 핵심은 시장경제의 확산, 반파시스트연합의 일원이었던 구소련과의 화해를 통한 평화공존 원칙이었다. 그런데 이러한 정책은 트루먼 행정부가 들어서면서 냉전정책으로 변하였다. 트루먼 독트린은 세계적 수준에서 소련을 대상으로 군사적 권력정치와

---

7) 냉전정책에 대해서는 Gaddis(1982) 참조.

경제적 권력정치를 주요한 축으로 삼아 구사되었다.

이처럼 변화된 미국의 전략은 국제정치의 틀을 공산진영의 수장인 소련과 자본주의의 수장인 미국의 대결구도로 보는 것에 있었다. 여타의 국가들은 이들에게 위계적으로 종속되어 있으며 이들 강대국의 체제간 대결은 제로섬게임(zero-sum game)으로 인식되었다. 이것은 매우 중대한 문제를 발생시켰다. 왜냐하면 이 발상은 이른바 '제3의 길' 자체를 선험적으로 부정하였고 탈식민지 국가들에게 두 개의 진영 가운데 하나를 선택하도록 강제하였기 때문이다. 장기적으로 과연 제3의 길이 존재하느냐 여부를 떠나 이들의 특수성은 인정받지 못하였고 거기에는 '적과 동지의 구분이라는 극단의 정치'만이 강요되고 있었다.

무엇보다 이러한 교리(dogma)는 식민지화되었거나 반식민지화되었던 모든 민족에게 미국식 정치와 생활을 강조하는 것이었다. 이 정책은 현실적으로 존재하는 '제3세계'를 부정하는 것이었고 따라서 이른바 제3세계의 탈식민화를 위한 민족민주혁명을 부정하는 반혁명정책을 의미했다. 이러한 정책은 스탈린의 '일국사회주의론' '사회주의모국론'에 기초한 소련의 대외정책과 맞물리면서 점차 강화되었다(Light, 1988: 37). 따라서 미국의 지도를 따르지 않는 모든 국가들의 행위는 '모스크바의 음모'에 의해 움직이는 것으로 인식되었고 그 반대 또한 마찬가지였다. 식민지시대와 마찬가지로 제3세계는 이들 국가들에게 지배의 대상이었지 결코 주체가 될 수 없었다.

그런데 냉전정책은 단순히 정치·군사전략적 수준에서만이 아니라 세계경제의 재편 문제와 맞물려 진행되었다. 이런 맥락에서 브레턴우즈 체제의 출범은 경제제도의 수준에서 팍스 아메리카나의 물질적 기반의 구축을 의미하였다. 그 주요 내용을 보면, 회원국의 화폐는 미국 달러를 기축으로 교환비율을 하나로 고정한다, 미국의 연방준비은행은 보유한 달러를 금과 바꿀 수 있음을 보증한다, 동시에 모든 외환거래는 각 국가의 감독 아래 놓이며 거액의 외화를 교환하거나 다른 나라로 이전하는 경우에는 그들 나라에서 허가를 받아야만 한다는 것 등이었다. 즉, 이 체제는 국민국가 내에서의 케인스주의와 국제적인 수준에서의 자유주의적 조정(co-ordination)의 결합물이었고 그 핵심은 고정환율제와 기축통화의 금태환성이었다.

그렇지만 브레턴우즈 체제가 채택한 원칙과 실제 사이에는 긴장이 존재하였다. 그 긴장은 전쟁 이전에 세계정치경제의 중심적 행위자였던 영국, 독일, 프랑스, 일본 등이 전쟁의 폐허로 경제능력이 고갈되어 스스로 전후경제재건을 위한 의미 있는 행위자가 될 수 없다는 점으로부터 기인하였다. 바로 이러한 상황으로 인하여 과거 경제강대국들은 자국화폐의 태환성이 회복될 때까지─1958년 유럽, 1964년 일본─브레턴우즈 체제가 요구하는 책임과 의무를 다할 수 없게 되었고 이것은 미국의 국제통화체제 관리, 즉 달러 헤게모니의 관철을 자연스러운 것으로 만들었다.

결국 미 달러는 전후 경제재건의 기조로 각 국가가 채택한 케인스주의 정책과 미국의 냉전·봉쇄정책이 효과적으로 수행될 수 있는 물질적 기반이었다. 이 과정에서 유일한 경제대국인 미국의 통화정책이 세계정책이 되었고 달러의 해외유출이 국제통상체제의 윤활유가 되는 유동성을 제공하였다. '세계의 헌병'으로서의 미국은 한편으로 마샬 플랜(Marshal Plan)의 집행자로 서구에서 소비에트 블록의 봉쇄와 경제재건을 주도했을 뿐만 아니라 다른 한편 탈식민지 국가들에게 막대한 경제원조를 제공하는 대가로 체제선택을 강요, 관철시켰는데 바로 이것을 물질적으로 뒷받침한 것이 달러의 과잉 발행이었다. 그리고 이와 같은 미국의 냉전정책은 독일을 중심으로 한 유럽과 일본이 통화팽창된 달러를 이자가 붙는 공채형태로 보유하고 차관을 제공함으로써 가능하게 되었다. 이렇게 하여 전후 팍스 아메리카나의 정치군사적, 그리고 물질적 기재가 구축되었다.

4. 세계경제의 위기, 데탕트, 전후 팍스 아메리카나의 붕괴

전후 경제재건과 냉전정책을 추진하기 위한 달러의 남발은 불가피한 측면이 없지 않았지만 그것의 과잉공급은 미국의 재정적자와 인플레이션을 심화시킨다는 점에서 결국 브레턴우즈 체제의 위기를 조장하였다. 이른바 트리핀 딜레마(Triffin Dilemma)가 가시화되었다.[8] 브레턴우즈 체제의 기초는 유동성을 제공하기 위한 미국의 제정적자에 의존하였는데 적자가 만성화되면서 오히려 이 체제의 근간이 위협받게 되었다. 즉 전후 경제복구 및 성장으로 독일과 일본 등의 달러 보유고는 늘어갔으나 미국이 금 1온스 대 35달러의 교환비율 위에서 이들 국가의 달러보유고를 뒷받침해주고 상환해줄 수 없게 되자 이 체제의 신용성이 붕괴되기에 이른 것이다.

이러한 상황의 도래는 주목할 만한데, 왜냐하면 인플레이션이 주로 케인스주의적 완전고용을 위한 과도한 수요창출정책으로부터 유래하는 국민국가 내부의 문제로 인식되어왔으나 1960년대 이후 더욱 진척된 세계경제의 밀접성과 맞물린 달러의 과잉팽창이 이 문제를 국제적이고 거시적 문제로 확대시켰다는 점 때문이다. 따라서 통합된 상품시장의 가격수준이라는 채널을 통해서뿐만 아니라 미국의 과도한 통화 팽창 및 유통 때문에 인플레이션 유발요소가 국제

---

8) 이에 대해서는 Triffin(1960) 참조.

적으로 확산되었다. 이렇게 하여 브레턴우즈 체제가 목표로 하였던 금융질서의 안정은 오히려 불안정성을 확대, 심화시키는 방향으로 나아갔다.

결국 전후경제복구 및 급속한 경제성장에 기인하는 유로달러의 팽창 및 일본의 달러보유량 증가가 브레턴우즈 체제의 이러한 모순을 증폭시키며 발생한 1968년 골드러시를 계기로 달러의 약세, 마르크, 엔 등의 강세가 드러났고 이들 주요 통화들 사이에 심각한 불일치가 나타나 환율의 근본적인 불균형이 야기되었다.9) 이로 말미암아 마침내 미국은 1971년 금의 유출을 방지하고 자국의 쇠락하는 경제력을 역전시키기 위해 일방적인 긴급경제조치를 취하였다. 이 조치는 보호주의의 증대되는 압력, 금의 다량유출, 가속화되는 주요통화의 대 달러 공세, 금융위기에 대한 공포감 등에 대처하기 위한 것이었다. 무엇보다 경제긴급조치의 핵심내용은 금에 대한 달러의 태환성을 중지시켜 세계통화체제를 순수달러 본위제로 변화시킨 것이었다. 이로부터 전후 세계경제의 성장을 뒷받침해오던 브레턴우즈 체제의 중심축은 실질적으로 붕괴되었다.

그런데 이러한 위기는 단지 경제영역에 한정되지는 않았다. 이것은 전후 팍스 아메리카나가 미국의 정치군사적 역할, 이른바 '세계의 헌병'으로서 지위를 다른 한 축으로 하였다는 점에서 미국이 주도하였던 냉전정책의 완화, 즉 데탕트를 의미하였다. 현실적으로 공산주의체제를 적으로 한 냉전정책의 수행은 세계 자본주의의 구조적 불황과 미국 경제의 침체로 인해 더 이상 미국의 일방적 프로그램에 의해 추진할 수 없는 상황이 되었다.

이것은 한편으로 미국이 소련의 종속국으로 보며 그 실체를 인정

---

9) 골드러시에 대해서는 D. Calleo(1982: 56-58) 참조.

하지 않으려 했던 중국의 존재를 인정하는 것으로, 다른 한편으로는 일본과 독일의 경제적 부상과 관련, 이들이 지역체제에서 맡아주어야 할 역할에 대한 재규정으로 나타났다. 이것은 양극체제에 의한 국제정치의 작동이 한계에 이르렀음을 의미하는 것이었다. 이러한 변화는 유럽의 경우, 이미 독일 사민당 브란트 내각의 '동방정책'으로, 그리고 1972년 베를린협약으로 이어졌으며 동북아에서는 1970년대 초 중·미 수교와 중·일 수교로 나타났다(엠브로우즈, 1996: 283-286).

이러한 변화는 미국의 냉전정책이 현실의 변화에 의해 지탱될 수 없음을 보여주었다. 이것은 이른바 동구체제가 소련을 정점으로 한 단순한 위계구조가 아니라는 점을 인정해야 하는 것이었다. 동구체제의 균열은 전후 티토가 이끈 유고공산당의 '독자노선'이나 1960년대 말 체코슬로바키아의 자유화운동을 구소련의 탱크가 진압하였을 때 이미 확인되었던 것으로, 이를 부정하던 미국은 이제 자신들의 이러한 인식을 변화시키지 않으면 안되었다.

그런데 미국의 정치군사적 위상변화에 결정적인 계기가 된 것은 무엇보다 베트남전쟁에서의 패배였다. 이것은 아시아에서 19세기 이래 지속된 제국주의 지배의 역사가 도덕적으로 인정될 수 없다는 것과 결국 "제3의 길은 없다"로 상징되는 냉전테제를 노골적으로 강제한 미국의 정책이 실패했음을 확인시켜주었다. 이 전쟁에서의 패배는 미국이 세계로부터의 온갖 도덕적 비난을 감수하고 엄청난 물량을 쏟아부으며 수행한 전쟁이었다는 점에서 그 헤게모니에 커다란 상처를 남겨주었다.

닉슨의 긴급 경제조치, 베트남전쟁에서의 패배에 더하여 결국 IMF는 1976년 자메이카의 킹스톤(Kingston)에서 열린 주요회원국들간의 회의에서 고정환율제와 브레턴우즈 체제가 법적으로 종결되었음을 결정하였다.[10] 자메이카 회의는 부동하는 환율의 합법화, 금 예비역할의 감소, 국제통화기금의 지분 중 석유수출국기구 (OPEC)의 지분이 증가하였다는 점, 무엇보다 중요한 것으로 통화의 액면가치의 결정이 각 나라의 책임하에 이루어질 것이라는 점을 확인하였다.

그렇지만 자메이카 회의는 이러한 결정을 내렸음에도 불구하고 그 다음 체제의 수립을 모색하지는 못하였다. 즉 국제통화 및 그것의 조정 메커니즘, 그리고 통화지도력에 대한 합의를 이끌어내는 데 실패함으로써 브레턴우즈 체제는 붕괴되기에 이르렀다. 이렇게 하여 전후 형성된 팍스 아메리카나 체제의 동전의 양면, 즉 냉전체제와 브레턴우즈 체제는 새로이 재구성될 필요에 직면하게 되었다.

5. 신자유주의, 탈냉전과 미국 패권의 재구축

기간의 브레턴우즈 체제라는 국제통화제도의 붕괴에 따른 국제유동성 조정 메커니즘의 부재는 초국적 금융자본의 급속한 팽창을 초래하였다. 미국의 만성적인 지불적자와 석유수출국기구의 흑자 창출에 기인하는 유로달러 등 세계유동성과 금융자산의 엄청난 증대, 새로운 과학기술의 발전에 기반한 파생금융상품의 거래증대, 각 국가가 점차 강화시킨 규제철폐 조치로 인한 국제금융시장의 통합증대 등이 맞물려 1970년대 중반 이후 국제자본 유통규모가 세계무역규모를 훨씬 능가하게 되었다. 그 결과 1979년 현재 국제금융시장의 거래액은 국제무역 가치의 6배에 달하게 되었다(Walter,

---

10) 이에 대해서는 Gilpin(1990: 199-200) 참조.

1993: 197). 이렇게 하여 거대한 양의 통화와 자본이 무역유통을 압도하고 안정성과 높은 금리를 찾아 국경을 넘나들며 자유롭게 운동하는 초국적 금융자본으로 전화됨으로써 국제통화가치와 달러의 환율을 결정짓는 주요인이 되었다. 이것은 특히 국제금융자본에 종속된 발전도상국의 경제위기를 자극하는 촉매제 역할을 하였다.

그런데 여기에서 주목해야 될 것은 국제금융시장의 불안정성과 취약성을 증대시킨 원인이 금융제도 그 자체의 문제나 위기로만 환원될 수는 없다는 점이다. 더 근본적인 문제는 제2차 세계대전 이후 근 30년 간에 걸친 대사회주의 봉쇄정책과 케인스주의 경제정책에 의해 급속히 팽창한 생산자본과 거대은행들의 활황 요인들이 점차 고갈되면서 가치실현의 위기가 도래하였다는 점이었다. 이른바 전후 케인스주의적 복지국가를 뒷받침했던 경제번영은 포드주의적 생산방식의 비효율성 증대, 경제회복에 따른 내수시장의 포화상태 도달, 국제시장에서의 경쟁격화 등으로 경기침체에 이르게 되었고 그 결과 생산성의 저하와 이윤율 하락이라는 장애에 부딪히게 되었다(Boyer, 1988: 199-203). 이와 관련, 생산자본과 마찬가지로 금융자본 또한 이윤원천을 확대하려는 추세에 의해 언제나 자극받고 있다는 점이 간과되어서는 안된다. 이것은 생산부문의 자본축적이 빠른 속도로 진행되고 있던 1960년대까지의 전후 번영기의 상황에서 유동성 팽창은 크게 문제가 되지 않고 이 때 늘어나는 채무부담은 그리 크지 않았다는 것을 의미한다.

문제는 이미 살펴보았듯이 1970년대 이후 세계적인 불황에 의한 생산자본 및 실물자본형성의 침체와 맞물려 금융자본의 팽창이 진행되었다는 점이다. 즉 생산과 투자가 둔화되고 가치실현의 위기가 장기화되면서 과잉축적된 산업자본과 금융자본의 파산이 노정되고 국제유동자금에 대한 경쟁이 심화된 것이 문제였다. 이러한 상황에서 적정이윤율이 보장되는 생산부문의 투자대상을 찾지 못한 거대한 초국적 금융자본이 실물생산부문으로부터 이탈, 자립화하여 고금리와 맞물리면서 투기성금융자본으로 활동하게 되었던 것이다. 나아가 거대한 초국적 금융투기자본은 실물생산자본으로부터 자립화되고 전체경제의 수요로 신속히 전환되지 않음으로써 실물생산자본의 가치실현위기를 조장하는 중요한 요인으로 작용하였다.[11]

물론 이와 같은 상황이 세계 자본주의 체제에서 차지하는 미국의 역할을 근본적으로 위협하지는 않았다. 그렇지만 그 독점적 지위는 내용적으로 약화되었으며 미국의 정치군사, 경제 정책은 여타 유럽 주요국가들과 일본의 도움 없이는 원활히 작동될 수 없었다. 그리고 1970년대 말 이란에서의 회교혁명, 아프가니스탄에서 친소정권의 등장은 미국의 헤게모니를 더욱 실추시켰다.

팍스 아메리카나의 위기와 재편에 직면하여 미국은 이른바 인권정책을 구사했던 민주당 카터 정부 후임으로 레이건 정부를 출범시켰다. 극우보수주의자 레이건은 한편으로 세계의 헌병인 미국의 위상을 재차 확립하기 위해 이른바 '별들의 전쟁(SDI)'으로 상징되는 군비확대노선을 구사하고 다른 한편, 재정적자와 무역적자라는 쌍둥이 적자를 탈피하기 위해 공급우선의 경제정책을 취하였다. 이렇게 하여 미국은 이에 강력히 동조하는 영국의 대처 정부와 함께 신자유주의의 전초기지가 되었다.

이 신보수주의자는 냉전정책의 파탄을 상징하는 베트남전쟁을 '부끄러운 전쟁'이 아닌 '고귀한 전쟁'으로 규정하였다. 즉 미국은 식민지배로부터 갓 태어난 조그만 나라를 이웃의 '전체주의'로부터 보호하고 돕고자 참전하였다고 주장하였다. 이것은 소련을 대상으

---

11) 이에 대한 간단한 이론적 설명은 김성구(1998: 45) 참조.

로 하는 '별들의 전쟁'과 더불어 새로운 냉전－신냉전－의 시작을 알리는 신호탄이었다. 다른 한편 공급 우선의 정책은 자유로운 시장에서는 생산영역의 확대가 경제성장을 가져온다는 발상에 기반하여 통화주의를 구조적 경제위기의 극복방안으로 삼았다. 따라서 기존의 인플레이션 등 경제 문제는 해소되지 않은 채, 그대로 지속되었다.

이러한 정책은 오히려 실물생산으로부터 자립화하여 막강한 영향력을 가지게 된 초국적 금융자본의 영향력을 제고시켰다. 이들은 브레턴우즈 체제의 붕괴를 전후로 각국 정부에 의한 자금흐름의 통제를 자신들이 이윤을 확대시킬 수 있는 기회의 제한으로 인식하였고 그 장애의 제거를 계속 촉구하였다. 이렇게 하여 1970년 중반까지 대부분의 OECD 국가들은 자본의 국제적 흐름을 통제하는 법적 규제조치들을 거의 제거하였다. 이러한 규제철폐는 금융투기자본으로 하여금 아무런 제약 없이 자신들이 투자할 만한 가치가 있는 국가와 그외 국가와의 화폐가치를 쉽게 평가할 수 있게 하였을 뿐만 아니라 특정국가 화폐의 교환비율인 환율을 조작할 수 있는 기회를 갖게 하였다. 이렇게 하여 세계경제의 불안정성은 더욱 조장되었다.

이러한 정책변화는 대내적으로 지난 시기 관철되었던 복지국가의 성과에 대한 공세－노동운동에 대한 공세－로[12] 대외적으로 '악마의 제국' 소련과의 군비경쟁을 첨예화하는 것으로 나타났다. 새로운 군비경쟁은 소련으로 하여금 구조개혁을 위한 재원 축적의 가능성을 불가능하게 만들었다. 이 과정에서 소련의 내구력은 더욱 피폐해졌다. 이러한 점에서 소련의 위기와 붕괴는 이 체제가 지닌 비효율성, 경직성 때문이기도 하였지만 무엇보다 초강대국으로서의

---

12) 이광일(1998: 226-228) 참조.

지위가 요구하는 것들을 만족시켜줄 수 없었던 경제의 결함에 있었다.13)

이런 맥락에서 소련을 '악마의 국가'로 규정한 미국의 신냉전 전략은 '합리적'이었다. 미국은 자신들의 위상 변화와 관련, 지역 맹주들의 역할에 주목하고 그들과의 협조관계를 모색할 수 있었다는 점에서 이렇게 할 수 없었던 소련을 압도하였다.

1989년 구소련의 붕괴에 이은 동구 사회주의체제의 몰락은 약화되어가던 미국의 패권적 지위를 강화시키고, 신자유주의 정책의 정당성을 조장하였다. 미국은 이제 유일한 초강대국으로서 세계의 모든 문제들에 개입하고자 하였다. 소련 및 동구의 붕괴는 시장경제의 우월성이라는 면을 이데올로기적으로 증폭시키면서 만성적인 경제위기의 돌파 방안으로 시장만능주의에 기초한 신자유주의를 확산시키는 계기가 되었다. 그리고 이러한 흐름은 기존 사회주의국가들이 국가관료적 통제방식의 극복을 위해 시장경제를 도입함으로써 거부할 수 없는 대세로 인식되기에 이르렀다.

이러한 상황에서 이제 냉전시기에 누렸던 일부 후발 국가들의 혜택 또한 신자유주의 앞에서 축소되거나 제거되었다. 특히 유럽공동체는 경제활동의 무한자유를 통한 복지의 증대라는 믿음에 기반하여 1988년부터 유럽단일시장을 만드는 데 박차를 가하였다. 이를 위해 추진된 '탈규제화 프로그램'의 시행과정에서 프랑스와 이탈리아가 1990년에, 스페인과 포르투갈이 1992년에 각각 자본자유화를 단행하였다. 신자유(고전)주의 사고(neo-liberal thinking)에 기반한 선진 자본주의 국가들의 자본자유화는 1980년대 이후 이른바 발전도상국을 포함하는 여타 국가로 확산되었다. 이러한 사고와 추세는

---

13) 홉스봄(1997: 650-657) 참조.

선진 자본주의 국가들의 경제학자, 정치가, 정책결정자, 그리고 국제기구들에 의해 강제되었는데 IMF와 세계은행(IBRD)은 이 과정에서 핵심적인 역할을 담당하였다.[14] 이것은 이 기구가 외견상 다자간 국제기구의 성격을 지니고 있음에도 불구하고 실질적으로 서방 선진국들에 의해 주도되고 있다는 점에서, 특히 이 기구 내 최고감 사회에서의 정책방향이 이들 국가의 대표들에 의해 조정, 결정된다는 점에서 필연적인 것이라고 할 수 있다.

바로 이 과정은 전후 미국의 헤게모니가 새로이 재편되는 과정이었다. 그 재편은 과거 소련과의 대결이라는 냉전으로부터 비롯된 것이 아니라 냉전이 붕괴된 상황에서 시장물신주의를 전면에 내세운 공세라는 점에서, 더욱 강력한 것이다. 그렇지만 세계질서의 신자유주의적 재편 시도는 사회적 관계의 파편화에 주목하지 않는, 그 자체가 목적이라는 점에서 21세기 벽두 국제적인 반대 담론과 새로운 저항에 직면해 있다.

6. 새로운 세기에 서서

20세기는 제1차 세계대전을 계기로 성공한 러시아 10월혁명 이후 양 체제의 대결이라는 선을 따라 움직였고 결국 21세기의 문턱에서 동구권이 붕괴함으로써 '공산주의'의 대한 자본주의의 승리로 마감되었다고 평가된다.

그렇지만 이러한 평가는 20세기 전체 역사를 회고해볼 때, 양자가 다 실패한 체제였다는 것을 간과하는 냉전적이고 단견적인 발상

---

14) 초스도프스키(1997) 참조

이라고 할 수 있다. 냉전의 한 주체가 역사적으로 사라진 것이 다른 한 주체의 패권과 그것이 제시하는 미래에 대한 비전이 규범적으로, 또 현실적으로 실현가능하다는 것을 보장해주는 것은 아니기 때문이다.

이미 1968년 프랑스와 체코 등을 포함하여 서구와 동구에서 동시에 발생한 혁명적 상황은 근대 이후 산업화와 20세기가 만들어놓은 냉전체제에 근본적인 문제가 있음을 상징적으로 보여주었다. 물론 이 상황은 바람직한 미래의 사회상을 제시하는 것으로 이어지지는 못하였지만 기존의 질서와 작동원리에 대한 비판적 재구성을 전 세계에 요구하였던 것이다.

그렇지만 이러한 1968년 혁명의 문제제기는 진지하게 고민되지 못하였고 이 위기구조는 결국 신냉전, 신보수주의(신자유주의)가 득세하는 상황으로 재편되었다. 이것은 박물관에서 잠자고 있던, 자본의 무한경쟁운동에 지배되는 프랑켄슈타인을 구조적 위기의 방책으로 역사 위에 다시 불러내었다. 이 괴물은 평등하고 자유로운 사회관계의 조성에 기여하기보다 기존의 사회관계를 더욱 파편화시키고 단절시키는 촉매제로서 기능하고 있다. 이러한 의미에서 이 조류는 바로 '냉전의 적자'라고 할 수 있다.

20세기를 야만의 시기라고 한다면 그 핵심인 냉전시기, 즉 팍스 아메리카나의 시기 또한 야만의 시기로 평가될 수 있다. 이 시기는 국제적으로나, 국내적으로 적과 동지를 구분하는 단세포적 흑백논리에 의해 사회정치적 관계가 지배된 시기라는 점에서 근대 이후 인간의 이성이 가장 모욕받은 시기이기도 하다. 그리고 현재 이것은 신자유주의로 이어져 지속되고 있다. 이러한 의미에서 20세기의 유물이 21세기로 이어져 존재하고 있으며 이것의 극복 여부는 바로 인간의 존엄성 회복 여부를 평가할 수 있는 잣대가 되고 있다.

■ 참고문헌

김성구. 1998, 「자본의 세계화와 신자유주의적 공세」, 김성구 외, 『자본의 세계화와 신자유주의』, 문화과학사.

길핀. 1990, 『국제경제의 정치경제학』(강문구 옮김), 인간사랑.

레닌, 블라디미르. 1989, 『사회주의와 전쟁』, 두레.

노명식. 1985, 『프랑스혁명에서 빠리꼬뮨까지』, 까치.

앤더슨, 페리. 1993, 『절대주의 국가의 역사』, 소나무.

엠브로우즈, 스티븐. 1996, 『국제질서와 세계주의』, 을유문화사.

이광일. 1998, 「국제금융자본과 IMF '관리'」, 『동아시아 발전모델은 실패했는가』, 삼인.

전제성. 1999, 「19세기 유럽협조체제에 대한 국제제도론적 분석」, 경남대극동문제연구소, ≪한국과 국제정치≫ 제15권 2호.

초스도프스키, 미셀. 1997, 『빈곤의 세계화』, 당대.

최웅·김봉중. 1992, 『미국의 역사』, 소나무.

홉스봄, 에릭. 1997, 『극단의 시대: 20세기의 역사』(하), 까치.

______. 1999, 『제국의 시대』, 한길사.

Boyer, R. 1988, *The Search for Labour Market Flexibility: The European Economics in Transition*, Oxford: Clalendon Press.

Calleo, D. 1982, *The Imperious Economy*, Cambridge: Harvard University Press.

Gaddis, J. L. 1982, *Strategies of Containment*, New York: Oxford Univ. Press.

Gilpin, R. 1990, 『국제경제의 정치경제학』(강문구 옮김), 인간사랑.

Light, M. 1988, *The Soviet Theory of International Relation*, Sussex: Wheatsheaf Books.

Schor, Juliet B. 1992, "Introduction," Tariq Banuri and Juliet B. Schor(eds.), *Financial Openness and National Autonomy: Opportunities and Constraints*, Oxford: Clarendon Press.

Triffin, R. 1960, *Gold and the Dollar Crisis: The Future of Convertibility*, New Haven: Yale University Press.

Walter, A. 1993, *World Power and World Money*, London: Harvester Wheatsheaf.

평화공존과 분쟁해결

김창수

1. 들어가며

전쟁의 세기인 20세기도 역사의 물결에 밀려나고 인류는 '새로운 세기, 새로운 천년'을 맞이했다. 돌이켜보면 20세기는 인류의 역사 가운데 가장 피비린내 나는 시대였다. 1914년 발칸의 사라예보에 울린 총성은 제1차 세계대전, 제2차 세계대전, 한국전쟁, 베트남전쟁, 중동전쟁, 걸프전으로 이어지는 20세기 전쟁의 시대를 예고하는 것이었다. 인류는 지구를 파멸시킬 수 있는 핵무기의 위력을 목도하였음에도 불구하고, 핵무기 경쟁은 중단되지 않아서 인류는 절멸의 상태로 몰렸다. 제2차 세계대전 이후 지속된 냉전은 핵무기에 의해 저당 잡힌 인류가 자기 파멸의 길을 차갑게 선택해가는 지독하게도 어리석은 역사였다.

새로운 세기를 맞이하면서 인류는 평화를 갈망하고 있지만, 전쟁의 시대의 시작을 알린 바로 그 발칸반도에서 나토와 미국에 의한 유고슬라비아 공습이 이루어졌다. 발칸의 포연은 20세기가 전쟁의 시작과 끝임을 상징하였다.

미국과 일본이 동북아시아에서 구상하고 있는 전역미사일방어망 (TMD) 구축 계획과 신가이드라인은 중국과 러시아의 대응으로 이어져서 동북아시아에서 군비경쟁을 촉진시키는 요인으로 작용하고 있다. 전쟁의 세기를 종료하면서 새로운 첨단전쟁이 도래하고 있다는 징후가 곳곳에 나타나고 있다.

21세기 인류의 목표는 명확하다. 전쟁이 없는 평화의 21세기를 만드는 것, 21세기를 전쟁이 없는 최초의 세기로 만드는 것, 바로 이것이 전쟁으로 얼룩진 20세기를 보내고 새로운 세기를 맞이한 인류에게 주어진 역사적인 소명이다.

2. 강대국의 패권확립을 위한 침략전쟁

몇 발의 총성이…

'사라예보의 총성'은 역사 교과서나 참고서를 통해서 우리에게 잘 알려져 있다.

이는 1914년 6월 28일 보스니아의 수도 사라예보의 티없이 맑은 하늘 아래에서 열아홉 살 난 세르비아의 청년 가브릴로 프린시프가 오스트리아 제국의 황태자인 페르디난트 대공 부처를 총으로 쏘아 암살하여 제1차 세계대전의 도화선이 되었다는 유명한 사건이다. 당시 세르비아는 약 5백 년 동안 강대국의 식민지지배를 받아오다가 1878년의 독립운동으로써 간신히 독립을 쟁취하였다. 세르비아 땅이었던 보스니아 지역을 1908년 오스트리아가 합병하여 세르비아인들은 오스트리아에 대해 깊은 원한을 가지게 되었고, 오스트리아 황태자 부처가 보스니아에 보란 듯이 행차한다는 소식에 폐결핵 환자인 열혈애국청년 프린시프가 총을 쏜 것이다.

이 사건에 격분한 오스트리아 황실은 세르비아에 대해서 "세르비아 내의 오스트리아 반대 출판활동의 금지"와 "오스트리아 반대운동 단체의 해산" "오스트리아가 지목하는 세르비아 관리의 파면" "오스트리아 반대운동을 없애기 위한 암살관련자 재판에 오스트리아 대표의 참여" 등 세르비아로서는 도저히 받아들이기 어려운 요구를 하였다. 세르비아는 오스트리아의 요구 중 일부만을 받아들인다는 회신을 보냈고 협상은 결렬되었다. 마침내 오스트리아는 1914년 7월 28일, 세르비아에 선전포고를 한다.

그러자 러시아(1991년 말 소련의 해체 이후 탄생한 러시아가 아닌 제정 러시아)가 오스트리아를 전쟁 상대로 하여 군대동원령을 내렸다. 오스트리아의 세르비아 침공을 그냥 놓아둘 경우 러시아가 그토록 오랫동안 집요하게 추진해온 발칸반도로의 남진정책이 타격을 받게 되기 때문이었다. 이에 대해서 독일의 빌헬름 2세 황제는 동원령을 취소하지 않으면 독일 내의 모든 육군을 동원하겠다는 최후통첩을 러시아에 보냈고 또 이에 질세라 프랑스는 독일에 대항하는 총동원령과 발포령을 내렸다.

독일군은 기다렸다는 듯이 프랑스 국경을 넘었고 동시에 벨기에와 룩셈부르크를 침공했다. 그러자 중립국인 벨기에를 침략했다는 핑계로 영국이 전쟁에 끼어들었고 뒤이어 이탈리아가 오스트리아 영토의 일부에 눈독을 들이고 영국과 프랑스·러시아의 편에 붙었다. 그리고 미국이 1915년 5월, 독일 잠수함이 영국상선을 격침했을 때 미국인이 1백여 명 죽은 사건을 계기로 하여 역시 전쟁에 끼어들었다. 그리고 아시아에서도 일본이 영국과의 동맹관계를 구실로 중국대륙으로 진출하여 중국 내의 독일령 남양제도에 있던 독일

해군의 동양함대를 격파하여 이 지역의 이권을 차지하기에 이르렀
다.

바야흐로 인류역사상 최초로 전세계적인 규모의 전쟁, 즉 제1차
세계대전이 벌어지게 된 것이다. 전쟁은 꽤 복잡한 양상으로 전개
되었으나 당시 세계 최고의 공업생산력이 튼튼하게 뒷받침하고 있
었던 영국과 미국 등의 국력, 그리고 아시아에서의 일본의 협공, 광
활한 러시아 영토에서의 소모전의 피해를 독일이 이겨낼 수는 없었
다. 결국 1918년 11월에 군대의 반란으로 독일제국이 망함으로써
전쟁은 끝났다. 전쟁이 가져온 피해는 이루 말할 수 없이 컸다. 간
단하게 사망자의 수만 살펴보더라도 독일이 약 2백만 명, 러시아는
그 이상, 프랑스는 약 150만 명, 영국은 약 1백만 명, 이탈리아는
약 50만 명, 미국은 약 10만 명 정도의 사람들이 전투·굶주림·전염
병 등의 원인으로 죽어갔다.

독일의 소설가 레마르크가 쓴 제1차 세계대전을 주제로 한 소설
『서부전선 이상 없다』를 보면 전선의 참호 속에서 긴장 속에 시간
을 보내는 주인공 병사가 하는 독백이 나온다. 그 병사는 "전쟁터의
참호에서 전투를 기다리는 사람 치고 무신론자는 없을 것이다"고
말한다. 전쟁으로 인한 죽음의 공포가 얼마나 큰 것이고 사람에게
있어 평화로운 삶에의 욕구가 얼마나 강한 것인가를 문학적으로 잘
표현해주고 있다.

전쟁의 진짜 이유는?

이 전쟁의 진정한 원인과 성격은 무엇일까? 시작은 '사라예보의
총성'에서였다. 그리고 그 사건의 처리를 둘러싼 오스트리아와 세
르비아의 갈등, 그리고 이 두 나라와 동맹관계를 가졌던 주요국가

들의 의리, 거기에 몇몇 나라들의 영토확장 욕구가 곁들여져 전쟁이 일어난 것같이 보인다.

그러나 그토록 오랫동안 그 많은 사람들이 피 흘린 세계대전이 총성 몇 방으로 인한 위와 같은 내용의 요인에 의해 벌어질 수 있을까? 그럴 수는 없는 것이다. '사라예보의 총성'이 전쟁의 도화선이었고 위와 같은 내용들도 전쟁을 이끌어간 중요한 원인이 되기는 하겠지만 제1차 세계대전의 근본적인 원인은 다른 곳에 있다.

그것은 '돈'의 이해관계에 지배되는 제국주의 열강의 세력다툼인 것이다. 당시 영국은 16~17세기부터 시작된 자본주의체제의 발전으로 세계 제일의 강국으로 군림하고 있었다. 영국의 본토는 대서양의 북서쪽에 위치한 조그마한 섬에 지나지 않지만 영국의 발달한 자본주의적 생산력과 그 뒷받침을 받은 강력한 군사력은 세계최고의 위력을 가지고 세계를 지배하고 있었다. 그리하여 영국은 인도를 비롯하여 아시아·아프리카·아랍·대양주·아메리카의 각지에 식민지를 건설해놓고 "해가 지지 않는 나라"로 불리고 있었다. 해외 각처의 식민지에서 원료를 아주 싼 가격으로 들여와서 그것을 이용하여 공업생산품을 만들어 다시 식민지 등 해외에 비싸게 파는 것으로써 대단한 이익을 보고 있었다.

영국의 뒤를 이어 프랑스·독일·미국·일본·이탈리아·러시아 등의 나라가 자본주의를 발전시켜 영국과 세계 각처에서 경쟁을 벌이게 되었다. 그들은 영국이 미처 차지하지 못한 지역을 식민지로 병합하고 영국과 같은 방식으로 이익을 올리면서 세력의 확대를 꾀하고 있었다. 당시 영국의 대표적인 식민지는 인도·이집트·수단·홍콩·캐나다·오스트레일리아·뉴질랜드·남아프리카 등이었고 프랑스의 식민지는 베트남 등 인도차이나와 알제리 등 북아프리카 일대였다. 독일은 남서 및 동부아프리카 일대, 벨기에는 콩고, 네덜란드는 인도네시아, 일본은 조선, 미국은 필리핀과 하와이 및 남아메리카의 거의 전지역을 배타적으로 지배하고 있었다. 제정 러시아는 뒤늦게 이 대열에 뛰어들어 조선을 노리다가 유명한 러일전쟁에서 일본에 패하자 극동과 발칸반도의 부동항을 차지하기 위해 호시탐탐 남진 정책을 추구하고 있었다.

이와 같이 세계를 완전히 분할해서 차지한 제국주의 세력은 늘 인접 약소국가나 다른 나라의 식민지를 빼앗을 기회를 노리면서 군사력을 키워나가고 있었다. 그리고 각각의 이해관계에 따라 대립하거나 동맹관계를 체결하고 팽팽하게 맞서고 있었다. 이러한 대립의 밑바탕에는 자국의 식민지가 확대되고 그 세력이 커감에 의해 가장 큰 이익을 얻는 집단, 즉 식민지 무역으로 떼돈을 버는 집단인 각국의 거대한 독점재벌의 이해관계가 거미줄처럼 깔려 있었다.

그들 독점재벌들은 자기 나라의 정부를 뒤에서 조종하면서 고급 관리들에게 엄청난 돈을 대주고 자기의 배타적 이익을 유지·확보하기 위해 온 힘을 기울이고 있었다. 그들은 자기 나라의 식민지가 확대될수록 이익이 커지기 때문에 당연히 군대의 양성과 전투능력의 강화에도 큰 관심을 갖고 돈을 들이붓고 있었다.

이러한 상황 속에서 영국·프랑스·미국·일본·러시아 등은 자신의 이익을 극대화하기 위해 동맹관계를 맺고 있었고 독일·오스트리아·이탈리아 등도 역시 동맹관계를 갖고 있었다. 그리고 이러한 커다란 동맹세력들은 자신들의 자본주의적 생산능력이 확대되어가는 것에 따라 당연히 더 많은 식민지를 획득하기 위해 부딪힐 수밖에 없었고 그것이 1914년 8월 전쟁발발 직전의 유럽정세였던 것이다.

1914년 6월에 일어났던 '사라예보의 총성'은 사실상 이와 같은 뜨거운 대립관계에 조그마한 양의 휘발유를 뿌린 것에 지나지 않는다. 그 총성이 6월 28일이 아닌 다른 날에 울렸건 혹은 일국의 황태

자와 같이 정치적인 비중이 큰 사람에 대한 암살이 아니라 요즘도
유럽에서 가끔 일어나는 것과 같이 국제축구시합에서의 상대편 국
민들에 의한 작은 패싸움이었건 그것을 기화로 한 전쟁의 가능성은
부풀대로 부풀어 있었던 것이다.

3. 제2차 세계대전

우리가 가끔 텔레비전의 다큐멘터리 프로그램을 통해서도 그 생
생한 모습을 접할 수 있는 제2차 세계대전을 다시 상기해보자. 제2
차 세계대전은 1939년 9월 1일 독일군대에 의한 폴란드 침략으로
시작되어 전유럽적 규모로 번져나가다가 1941년 12월에 영화로도
우리에게 잘 알려져 있는 일본의 하와이 진주만 폭격으로 아시아·
태평양 지역에서까지, 말하자면 인류역사상 두번째로 전세계에서
전쟁이 벌어진 사건이다.

이 전쟁은 현재까지 인류가 경험한 그 어떤 전쟁보다도 막대한
피해를 남겼다. 소련은 군인과 민간인을 합쳐 무려 2천만 명 정도
의 귀중한 인명을 전투·굶주림·전염병 등으로 잃었다. 독일의 경우
약 7백만 명의 사람이 역시 같은 원인으로 죽어갔다. 중국·일본·미
국·영국·프랑스·이탈리아 등 모든 교전 당사국들과, 전쟁의 피해를
직·간접적으로 입을 수밖에 없었던 세계의 모든 민족이 입은 피해
를 합치면 자그마치 4천만 명에 달하는 사람들이 전쟁의 잿더미 속
에서 죽어갔다.

그 중에는 일제의 간악한 침략전쟁에 총알받이로 끌려가서 이역
만리 전쟁터에서 죽거나 피맺힌 군대위안부 생활로 죽거나 역사상
최초의 원자탄공격의 희생자로 히로시마와 나가사키에서 죽은 조선

인 원폭 피해자 등 약 1백만 명의 조선인이 포함되어 있다. 독일과 미국, 일본과 미국의 전쟁인 것처럼 알려져 있지만 우리 민족도 아우슈비츠의 강제수용소에서 독가스를 마시며 죽어간 유태인 못지않게 제2차 세계대전의 참화를 겪었다. 이렇듯 상상하기조차 어려운 수의 사람을 죽게 한 제2차 세계대전의 재산피해는 그 규모의 방대함과 측정의 어려움 때문에 정확한 통계조차 내기 힘들 정도이다.

이 참혹한 전쟁의 진정한 원인은 무엇이었던가? 당시 독일의 총통이었던 히틀러가 전쟁에 미친 사람이었기 때문에 전쟁이 일어났을까? 아니면 독일국민이 워낙 호전적이거나 그 당시 전부들 약간 돌아 있었기 때문에? 거기에다가 이탈리아의 무솔리니가 역시 전쟁광이라서? 그리고 아시아에서는 일본의 히로히토 천황과 일본군대의 총수였던 도조 히데키가 임진왜란의 도요토미 히데요시처럼 역시 전쟁을 좋아해서? 그리고 일본 국민들은 선천적으로 침략을 좋아하는 사람들이라서? 위와 같은 해석들은 이 전쟁의 원인을 설명하는 데 아주 약간의 참고는 될 수 있을지언정 그 본질을 설명할 수는 절대로 없다.

강대국들의 이해관계

제2차 세계대전도 제1차 세계대전과 같이 제국주의국가간의 식민지쟁탈전에서 비롯된 면이 가장 크다. 전쟁을 일으킨 독일·일본·이탈리아 등이 당시 워낙 파시즘적 성격을 가진 나라들이다. 파시즘은 이탈리아어의 파쇼(Fascio)라는 단어에 어원을 둔 것으로서 "창끝을 한군데로 모은다"는 뜻이다. 창끝은 군사력을 뜻하는 것이고 한군데로 모은다는 것은 강력한 독재체제를 수립한다는 의미이다. 즉 강력한 군사력으로써 민주주의를 말살하고 독재정책을 시행한다는 것이 파시즘의 내용이다.

이러한 파시즘 국가들과 소련 등 연합국 사이에서 일어난 전쟁이 제2차 세계대전이다. 제2차 세계대전의 결과로 그 이전의 식민지 국가들이 여럿 독립하게 되었으므로 전세계적인 민족해방전쟁의 성격이 있다고도 한다. 제2차 세계대전의 기본적인 원인은 발달한 자본주의 국가들끼리의 식민지쟁탈 싸움에서 찾아야 한다.

제1차 세계대전이 끝난 이후 영국은 전쟁에 워낙 국력을 소모해서 전쟁 이전의 세계 최강대국으로서의 위치를 방대한 영토와 자원·인력을 갖춘 미국에게 넘겨주었고 따라서 미국을 중심으로 세계 자본주의 체제가 확립되었다.

이 과정에서 제1차 세계대전에 패배한 독일과 이탈리아의 경제력이 다시 상승하였는데, 이 나라들은 결과적으로 식민지를 대부분 잃었으며 막대한 배상금으로 고통을 받고 있었다. 일본의 경우는 제1차 세계대전의 승전국이었으나 내부의 농업이 구식 봉건제의 성격을 강하게 띠고 있었다. 대부분의 농민이 소작농이었으므로 매우 가난했기 때문에 도시에서 자본가들이 생산한 공업생산품을 소비할 수가 없었다. 따라서 물건을 팔아서 이익을 크게 하는 것을 삶의 목적으로 하는 일본의 재벌들로서는 외국시장으로의 진출을 어느 나라보다도 강력히 꾀할 수밖에 없었다.

이와 같이 독일·이탈리아·일본은 해외의 식민지를 확보하거나 확장할 필요를 강하게 느꼈다. 이것은 당연히 미국 중심의 기존 강대국들과 부딪칠 수밖에 없었던 것이다. 따라서 독일 등의 나라에게 소련은 주된 적이 아니었으므로 독일은 제2차 세계대전 직전에 서유럽으로의 침략전쟁에 전념하기 위해서 소련과 평화조약을 체결하기도 하였다. 그러나 파시즘국가와 사회주의국가는 그 기본 성격상 대립할 수밖에 없다. 파시즘은 자본주의체제의 여러 모습 중에서도 가장 독재적이고 침략적인 형태이므로, 원래 자본주의와 모순되는 성격을 가진 사회주의국가와 파시즘국가는 가장 적대적인 관계일 수밖에 없는 것이다. 결국 제2차 세계대전 발발 후 얼마 되지 않아 독일과 소련은 국운을 걸고 일대접전을 벌이게 된다.

제2차 세계대전의 원인과 성격도 결국 제1차 세계대전과 비슷한 것이다. 즉 기존의 강력한 제국주의국가에 도전하여 식민지를 차지하고 그 결과로 자신의 이익을 극대화하고자 하는 독일·이탈리아·일본의 독점재벌과 그들의 이익을 대표하는 정부 및 군대, 그리고 기존의 이익을 잃지 않기 위해 사생결단으로 이에 대항하는 미국·영국·프랑스 등의 독점재벌과 그들의 정부 및 군대, 이들의 싸움이 제2차 세계대전의 진정한 원인이었던 것이다.

히틀러나 롬멜, 무솔리니, 혹은 히로히토나 도조 히데키, 그리고 이들에 대항하여 싸웠던 루스벨트 미국 대통령이나 아이젠하워 연합군사령관, 처칠 영국수상, 그리고 프랑스의 드골 장군 같은 사람은 이와 같은 역사의 흐름에서 가장 대표적으로 드러났던 개인에 불과하다. 결국 전쟁은 극소수의 경우를 제외하고는 한 개인의 광기나 뛰어난 몇몇 영웅의 능력 때문에 일어나거나 전개되는 것이 아니다.

4. 베트남전쟁

우리 민족뿐 아니라 다른 민족들도 외세의 부당한 침략에 맞서 해방전쟁을 힘차게 벌인 예가 많이 있다. 베트남의 경우를 예로 들어보자. 베트남은 예로부터 인접한 중국의 침략을 숱하게 받아오던 나라였으나 그 때마다 우리처럼 용감하게 그를 격퇴해왔다. 그러나

19세기에 들어 워낙 발달한 무기를 앞세운 서양의 침략에는 견뎌내지 못하고 결국 1883년 프랑스의 속국으로 되고 말았다.

프랑스는 주석·텅스텐·아연·납·구리 등 베트남의 풍부한 지하자원을 무제한으로 채굴하여 자기 나라의 공업발전을 위하여 갖다 썼다. 전 베트남 토지의 1/5을 온갖 교활한 방법으로 몰수했다. 그리고 중세기의 유물인 인두세를 부과하는 등 각종 세금으로 베트남 민중을 수탈했다.

프랑스의 비인간적인 식민지정책에 대항하여 베트남 민중들은 민족주의를 바탕에 깔고 줄기차게 투쟁하였다. '합법적인 민족운동'을 주장하는 일부 민족운동지도자들이 나중에는 프랑스 정부의 식민정책을 받아들이는 상황에서도 열혈애국청년들을 중심으로 굳게 뭉친 베트남 민중들은 굴하지 않고 끈질기게 싸워 나가 숱한 농민봉기와 노동자파업으로 침략자들의 간담을 서늘하게 하였다.

그러던 중 제2차 세계대전 당시 베트남의 지배권을 두고 일본과 프랑스가 격전을 치르다가 프랑스가 일본에게, 다시 일본이 미국에게 패망하게 되자 베트남의 진보적인 민족주의자들은 노동자, 농민 등 민중들과 함께 일제히 봉기하여 드디어 1945년 9월 2일 베트남 민주공화국을 수립했다. 그러나 곧 이어 상륙한 영국군의 뒤를 따라, 일본에게 쫓겨났던 프랑군이 재상륙하여 9월 22일에는 베트남의 남부 행정기관을 점령했다.

베트남의 민중들은 다시 총봉기하였고 프랑스군의 위력적인 비행기·장갑차·대포에 맞서 목숨을 건 독립투쟁을 벌였다. 결국 프랑스의 우세한 화력은 베트남 민중의 독립의지 앞에 무기력하게 패퇴하고(1945년 '디엔 비엔 푸' 전투의 참패), 베트남은 마침내 1954년 7월 프랑스의 항복이나 다름없는 휴전협정을 조인할 수 있었다.

그러나 베트남의 고통은 그치지 않고 계속되어 이제는 더 강력한적, 미국의 침략에 맞닥뜨려야 했다. 미국은 전국적인 자유총선거 약속을 프랑스와 공모하여 파기하고는 갖은 부정과 협잡으로 자기들의 충복 고 딘 디엠을 남베트남(월남)의 대통령으로 만들었다. 고 딘 디엠은 미국의 지원과 보호 아래 갖가지 방법으로 민중과 민주주의를 억압하고 베트남의 이권과 자존심을 미국에 갖다 바쳤다.

이에 맞서 남베트남의 민중들은 무장게릴라 투쟁을 벌였고 1960년 마침내 '남베트남 민족해방전선'을 결성해 압제자들에게 대항하였다. 그들은 반년 만에 남베트남의 2/3를 장악하고 세금을 걷을 수 있는 '실질적인 정부'가 되었다.

이 사이에 남베트남의 독재정권은 쿠데타로 계속 바뀌었고 미국은 자기들의 허약한 충복들을 위해 무력지원과 폭격 등을 계속했다. 미국은 세계 제1의 군사력을 베트남에 집중투입하여 그 유명한 융단폭격과 세균전 등으로 북베트남(월맹)과 '남베트남 민족해방전선'을 초토화시켰으나 참혹한 고통과 슬픔을 이겨내고 베트남 민중들은 마침내 1975년 봄, 베트남의 통일과 독립을 달성하였다.

베트남 민중의 민족해방전쟁의 승리는 성경의 '다윗과 골리앗'의 이야기처럼 기적과 같은 일이었고 전세계인을 놀라게 하였다. 미국은 침략자로서 세계여론의 빗발치는 비난을 받아야 했다. 그리고 이 당시 미국의 양심적인 대학생들과 국민들은 자기 나라 정부의 옳지 못한 침략전쟁에 맞서 대규모의 항의를 끈질기게 전개함으로써 미국에도 정부의 잘못된 정책에 반대하는 양심이 살아 있음을 전세계에 증명하였다.

5. 민족간의 오랜 갈등으로 인한 전쟁

아랍과 이스라엘

걸프전쟁은 여러 가지 복합적인 원인 가운데에서도 아랍 민족과 이스라엘 민족의 수천 년에 걸친 갈등을 그 역사적 배경으로 하고 있다. 이것은 제1·2차 세계대전이나 베트남전쟁 등에 비해 훨씬 역사적 유래가 깊고 독특한 것이다.

잘 알려져 있다시피 아랍 민족과 이스라엘 민족은 예수 탄생 훨씬 이전부터 '젖과 꿀이 흐르는' 가나안 땅(지금의 이스라엘 지역)을 놓고 서로의 생존을 확보하기 위해 끊임없이 전쟁을 벌여왔다. 그 전쟁의 역사가 구약성경 전체라고 해도 틀린 말이 아닐 정도이다. 때로는 이스라엘 민족이, 때로는 아랍 민족이 승리를 거두면서 엎치락뒤치락 하였는데 중세 이후에는 워낙 수가 많은 아랍 민족의 힘에 눌려 이스라엘 민족은 정착지를 빼앗기고 세계 각지에 오랫동안 흩어져 살아야 했다. 그러나 그들은 셰익스피어의 「베니스의 상인」에 나오는 샤일록이라는 고리대금업자처럼 장사수완이 뛰어나고 민족의 동질성을 잘 보존하는 뛰어난 결집력을 가졌다. 그리하여 그들은 자기들이 작은 집단을 이루어 살고 있는 타민족의 국가 내에서 배척받고 핍박당하면서도 정치·경제적으로 큰 힘을 길렀다.

그리하여 이스라엘 민족은 제2차 세계대전이 끝난 이후 세계의 정치질서가 급격히 재편되는 과정에서 2천 년 가까이 간직해온 가나안 복귀의 꿈을 실현하게 되었다. 그 과정에서는 당시 아랍 세계를 지배하고 있던 영국의 술수가 크게 작용하였다.

영국은 1915년 10월, 독일군을 상대로 한 제1차 세계대전이 아랍 지역에서도 힘겹게 전개되는 상황을 타개하기 위해 "아랍인이

전쟁에 협력하면 전쟁이 끝난 이후 팔레스타인(가나안의 아랍식 이름이며 구약성경에는 블레셋이라는 명칭으로도 나온다)을 아랍인에게 넘겨주겠다"는 「맥마흔 선언」을 발표했다. 이에 고무된 아랍인들은 독일과 동맹을 맺은 터키를 공격하여 물리쳤다. 다른 한편으로 영국 외상 발포어는 1917년 "팔레스타인에 유태인 국가를 수립하는 것을 지지한다"는 내용의 「발포어 선언」을 발표했다. 미국의 정치무대에서 큰 영향력을 갖고 있던 유태인의 협력을 얻어 미국을 보다 적극적으로 전쟁에 참가시키기 위해서이다.

자기들의 피를 덜 흘리고 전쟁에서 승리하기 위한 한 강대국의 외교정책 때문에 오랫동안 가능성으로만 존재했던 아랍 민족과 이스라엘 민족의 싸움이 현실화되는 국제정치적 조건이 마련되었던 것이다. 제2차 세계대전이 끝난 이후 매우 복잡한 변화를 거쳐 1948년 이스라엘 민족은 팔레스타인 땅에 독립국가수립을 선포했다. 여기서 2천 년 동안 살아오던 팔레스타인 사람들은 이스라엘의 잘 훈련된 군대와 산업기술, 정치체제 및 유태인들의 국제적 영향력에 밀려 주변의 아랍 지역으로 쫓겨나게 되었다.

이후 아랍 민족과 이스라엘 민족 간에는 끊임없는 갈등이 벌어졌고 큰 전쟁도 여러 차례 있었다. 1948년의 제1차 중동전, 1956년의 제2차 중동전, 1967년의 제3차 중동전(유명한 6일전쟁), 1973년의 제4차 중동전 등 네 차례나 큰 전쟁이 있었고 그때마다 이스라엘은 승리했다. 그리고 성격이 약간은 다르지만 1990년 8월부터 1991년 2월까지의 걸프전쟁 역시 아랍 민족과 이스라엘 민족의 오랜 갈등을 그 밑바탕에 깔고 있는 제5차 중동전이라고도 할 수 있다.

걸프전쟁은 이라크의 쿠웨이트 침공이 전쟁의 직접적 원인이고, 그 이후에는 미국 중심의 다국적군과 이라크군의 싸움으로만 보인다. 그러나 이라크와 쿠웨이트간에는 석유의 생산량과 그 가격을 둘러싸고 계속 마찰이 있었다. 쿠웨이트는 석유수출국기구(OPEC)의 합의를 어기고 미국에 유리한 석유정책을 펴왔다. 1980년대 내내 계속된 이란과의 전쟁 때문에 석유수출대금이 전쟁복구비용으로 절대적인 중요성을 갖는 이라크는 약속을 어기고 자꾸만 석유가격을 낮추는 쿠웨이트를 침공한 것이다. 여기에는 물론 국민들의 불만에 의한 내부의 정치적 위기를 다른 나라와의 전쟁으로 돌려서 정권의 어려움을 이겨내려는 후세인 대통령의 계산도 큰 이유가 된다.

민족간의 갈등의 측면에서 걸프전을 살펴보자. 쿠웨이트의 뒤에는 미국이 있고 미국의 한편에는 이스라엘이 있다. 이라크의 후세인 대통령은 미국을 중심으로 이스라엘·쿠웨이트·사우디아라비아 등이 한편이 된 동맹관계를 '반아랍적'이라고 주장하면서 쿠웨이트를 침공하였고, 침체된 아랍 민족주의를 불러일으키기 위해 이스라엘에 스커드미사일 공격을 가하여 이스라엘의 전쟁개입을 유도했다. 이스라엘이 직접적으로 이라크를 공격하면 미국의 위력에 숨을 죽이고 있는 아랍 민족주의가 드디어 폭발할 것이라고 계산했기 때문이다. 그러나 "이스라엘은 참기 힘들더라도 전쟁에 개입하지 말라"는 이스라엘에 대한 미국의 강한 외교적 압력 때문에 후세인의 의도는 좌절되었고, 이에 따라서 전쟁을 범아랍 민족주의와 이스라엘 민족주의(이를 '시온주의'라고도 한다)의 싸움으로 몰고 가려던 후세인의 계획이 실패로 돌아간 것이다. 물론 이번 걸프전쟁에는 보다 본질적이라고도 할 수 있는 다른 원인이 있지만 위와 같은 오랜 민족갈등이 중요한 배경으로 깔리는 것이다.

지금도 계속되는 민족간의 갈등

민족간의 역사적인 갈등으로 인한 전쟁은 그 외에도 쉽게 찾아볼 수 있다. 가령 1990년 전세계의 관심을 모았던 구소련 내 아제르바이잔 민족과 아르메니아 민족의 분쟁, 그리고 1991년 봄 이후 내내 유럽을 긴장시키고 있는 구유고슬라비아연방 내 크로아티아 민족과 슬로베니아 민족의 세르비아 민족에 대한 분리독립전쟁과 그 뒤를 이은 보스니아 공화국 내에서의 민족 분쟁, 그리고 20세기의 마지막을 장식한 나토의 코소보 공격 등이 대표적인 예이다.

구소련이나 구유고슬라비아는 우리나라와 같이 단일민족으로 만들어진 국가가 아니라 여러 가지 복잡한 역사적 과정을 거쳐 구성된 이른바 다민족국가이다. 따라서 그 나라에서 약간 불리한 대우를 받고 있다고 느끼는 민족이 있거나 민족들간의 문화적·종교적 차이가 클 때는 늘 갈등이 일어날 소지가 있다. 이들간에 벌어지는 분쟁은 나라와 나라 사이의 다른 큰 전쟁보다는 그 피해가 일반적으로 적다. 그러나 역시 인류역사의 중요한 해결과제의 하나로서 매우 불행한 현상임에 틀림없다.

6. 종교갈등으로 인한 전쟁

종교마저 때로는 전쟁의 원인이

인류역사의 변화과정에서는 종교의 역할이 의외로 컸다. 종교는 필연코 죽을 운명을 지닌 인간, 여러 가지로 부족한 점이 많은 인간, 사회생활을 하면서 갖가지 고통을 당하는 인간에게 죽음 이후의 천국(불교 용어로는 극락 또는 깨달음)을 약속함으로써 위안을 주고 희망을 주는 큰 힘을 가지고 있다. 그래서 학문적인 해석으로는 잘 풀리지 않는 일들이 종교 때문에 많이 일어난다.

세상에는 매우 많은 종교가 있다. 기독교·천주교·불교·회교·힌두교 등 많은 수의 사람이 신봉하는 종교를 비롯하여 유태교·라마교·도교·마니교 등 상대적으로 소수의 사람이나 특정한 민족만이 믿는 종교 등 그 수는 이루 헤아릴 수 없이 많다. 우리나라에만도 적게는 수십 명, 많게는 수만 명 정도가 신봉하는 신흥종교가 수백 개 정도 된다고 한다.

이렇게 많은 종교들 중 세력이 큰 것들 사이에 갈등이 일어나는 경우가 많이 있다. 중세유럽에서는 주로 천주교와 기독교 간에 그 뿌리가 같음에도 불구하고 많은 갈등이 있었고 이 갈등은 다른 원인과 합해져서 많은 종교전쟁을 불러일으켰다. 또 중세의 유명한 십자군전쟁도 예수교와 회교 간의 갈등을 그 중요한 원인 중의 하나로 하고 있다. 근대나 현대의 역사에서는 중동의 아랍 민족과 이스라엘 민족 사이의 전쟁이 회교와 유태교 사이의 대립에서 비롯된 대표적인 종교전쟁이다. 물론 중동전쟁은 민족간의 분쟁과도 그 뿌리를 같이하고 있다.

인도 같은 경우는 영국의 오랜 식민지배에서 독립한 이후 종교의 차이 때문에 힌두교를 믿는 인도, 회교를 믿는 파키스탄(파키스탄은 후에 지리적인 문제 때문에 파키스탄과 방글라데시로 다시 분리되었다), 불교를 믿는 스리랑카로 나라가 3분되었다. 그 과정에서 격심한 내전이 있었고 인도독립의 영웅 간디도 다른 종교를 믿는 청년의 손에 암살당했다.

지중해의 아름다운 소국 레바논은 기독교·회교·유태교를 믿는 각 종교집단으로 나뉘어 20년 가까이 치열한 내전을 벌인 바 있다.

마호메트 이후 아시아·아프리카·유럽에 걸친 대제국을 건설한 아랍 민족은 '한 손에는 코란, 한 손에는 칼'을 들고 점령지마다 회교를 전파하였다. 점령지의 백성들에게 회교의 경전인 코란을 내밀어서 그것을 받고 회교를 믿겠다고 약속하면 그들을 살려주고, 그것을 안 받으면 다른 손에 든 칼로 그들을 죽였다.

종교는 그 성격상 우두머리나 최고사제집단이 그 신자들에게 미치는 영향력이 매우 강하다. 대체로 종교전쟁은 민족간의 갈등과 함께 이루어졌다. 그리고 종교는 중세제국들의 정복전쟁이나 근대 제국주의국가들의 식민지정복전쟁 때 정복당하는 민족의 저항을 줄이기 위한 도구로도 많이 사용되었다. 앞서 말한 아랍정복자의 손에 들린 코란이나 영국·프랑스·미국 등 근대 제국주의국가들이 군대와 함께 파견한 선교사들의 경우가 대표적인 예이다. 특히 근대 제국주의국가가 자기들의 식민지에 파견하는 선교사들은 그들이 신봉하는 종교를 전파하는 순수한 역할도 했지만, 그 과정에서 의도했건 의도하지 않았건 서구식의 사고방식·문화·사회제도 등을 주입하여 식민지 주민들의 독립의식을 약화시키는 역할도 알게 모르게 많이 수행하였다.

사랑과 평화를 내세우는 종교 때문에 전쟁이 벌어지거나 불의한 정복전쟁을 정당화시키는 일에 종교가 한몫을 했다는 사실은 인류 역사의 아이러니로서, 많은 것을 생각하게 한다.

7. 걸프전쟁, 그 이후

1990년 8월 2일 일어난 이라크와 쿠웨이트의 전쟁에서, 무기가 고도로 발달한 현대의 전쟁의 무서운 파괴력을 알 수 있었다. 그 결과가 어느 정도로 비참한 것인가를 전쟁이 일어난 지역의 지구반대편 안방에 앉아 생생하게 느꼈다. 미국을 중심으로 한 다국적군의 폭격기가 1991년 1월 17일부터 이라크에 대한 대대적인 공습을 벌인 지 불과 43일, 지상에서의 전투가 시작된 지 불과 4일 만인 2월 28일에 전쟁은 이라크의 완전한 패배와 무조건 항복으로 끝났다. 남은 것은 그 짧은 기간의 전쟁이 가져온 결과라고는 믿어지지 않을 만큼 엄청난 인명피해와 재산손실, 그리고 가공할 지구환경의 파괴였다.

워낙 압도적으로 전력이 우위에 있었던 다국적군은 전사자가 142명, 부상자가 300명 정도에 불과했다. 이것은 제2차 세계대전 이후 최대규모인 약 80만 명에 가까운 군인이 다국적군의 전투부대로 배속되어 활동한 부대편성에 비하면 사실 놀라울 정도로 피해가 적은 것이다. 이라크의 스커드미사일 공격을 받았던 이스라엘이나 사우디아라비아의 피해자도 사망자가 각각 4명과 28명, 부상자가 각각 305명과 157명으로 역시 귀중한 인명의 손실이기는 했지만 그다지 대단한 피해는 아니라고도 말할 수 있다.

그러나 50일도 채 안되는 다국적군의 공습을 집중적으로 받은 이라크의 피해는 엄청났다. 군인 사망자만도 약 10만 명, 민간인 사망자만도 수만 명으로 추산되었다. 이라크 인구의 약 1%가 불과 50여 일도 안되는 기간 동안에 사망한 것이다. 재산피해 또한 엄청나서 다국적군의 전비가 약 6백억 달러(약 42조 원), 이라크의 전비와 전쟁피해복구 소요자금을 합친 금액이 무려 약 2천억 달러(약 140조 원)였고, 마지막 4일 동안의 지상전이 집중적으로 벌어졌던 쿠웨이트의 물자손실과 전후 복구비를 합한 금액이 약 450억 달러(약 32조 원)였다. 이 많은 돈이 불과 일곱 달 사이, 그것도 폭격을 비롯한 실제전투기간은 겨우 43일, 땅 위에서의 전투기간은 4일 밖에 안되는 '짧은' 기간에 날아가버린 것이다.

더욱 놀라운 것은 당시 전쟁으로 인해 이루어진 환경의 파괴였다. 페르시아만 해상에 떠내려간 원유의 양이 330만 배럴, 쿠웨이트의 유전에 일어난 화재가 517건, 유전화재에 의한 유황산화물 등 오염물질의 발생이 하루당 2만5천 톤 정도였다. 전쟁이 끝난 직후 쿠웨이트에서는 검은 비가 며칠 동안 계속해서 내렸고, 하늘로 올라가 태양빛을 가로막은 각종 오염물 때문에 대낮에도 지척을 분간할 수 없는 암흑천지가 지역에 따라 며칠간 계속되었다.

페르시아만에 흘러 들어간 원유 때문에 애꿎은 바다생물들이 몰살한 비참한 모습은 텔레비전을 통해 우리에게 큰 두려움과 놀라움을 가져다주었다. 이 무서운 환경 파괴는 여러 가지 경로를 거쳐 결국 자연생태계 전체의 혼란을 가져오고 이것은 환경문제의 성격상 국경이 없이 전인류에게 숱한 질병을 안겨주게 된다.

이러한 환경 파괴의 영향을 없애기 위해 필요한 돈의 규모는 더욱 놀랍다. 페르시아만에 방류된 원유를 제거하는 데에만 무려 6백억 달러(약 48조 원)가 필요하다. 태양광선량의 감소와 이로 인한 농작물수확의 감소, 산성비 피해로 인한 페르시아만 지역 삼림의 고사로 생기는 피해, 기타 등 환경 파괴로 인한 모든 피해와 이의 원상복구를 위해 필요한 돈의 총액수는 무려 7천5백30억 달러(약 550조 원)정도이다. 앞에서 계산한 전비 등을 합쳐 우리나라 전체예산의 무려 30배에 달하는 돈이 소요된 엄청난 전쟁이었던 것이다.

다른 나라의 예를 살펴 볼 필요도 없이 우리의 근현대 역사에서도 전쟁의 참화는 대단하였다. 1941년 일본 제국주의가 일으킨 태평양전쟁 당시 일제에 의해 정든 고향을 떠나 국내의 타 지역과 동남아시아의 각지로 끌려간 조선 사람의 수는 일본 대장성의 비공식 자료에 의하면 무려 7백50만 명 정도로 추산되고 있고 그 중 최소한 1백만 명 정도가 전투·과로·굶주림 등의 이유로 죽은 것으로 추산되고 있다. 당시에 물자의 강제징발 등으로 입은 우리 민족의 재산피해는 정확한 통계를 구하기 어려울 정도로 막대하다. 1950년에 일어난 저 동족상잔의 비극은 어떠한가? 폭격과 전투·굶주림으로 인한 사망자가 우리 민족만 해도 약 3백만 명으로 추산되고 있다. 전쟁복구 비용에 대한 정확한 계산이 없더라도 소요된 전비만 약 5백억 달러(약 40조 원)인데 이를 현재의 화폐가치로 계산한다면 수십 배가 될 것이다.

왜 사람들은 이렇듯 엄청난 피해를 가져오는 전쟁을 벌이는 것인가? 우리가 들어왔던 것처럼 제2차 세계대전은 독일의 히틀러가 흉악하기 이를 데 없는 전쟁광이었기 때문에 벌어졌던 것인가? 걸프전쟁은 이라크의 후세인 대통령이 현대판 히틀러였기 때문에 일어났는가? 이렇듯 참혹한 전쟁의 결과로 사람들에게는 도대체 어떠한 이익이 생기는가? 만약에 이익이 생긴다면 그 이익은 누가 차지하게 되는가?

8. 평화운동의 이념

생명을 지키는 것이 평화운동의 이념

어느 누구에게도 지구를 파괴하고 인류를 멸망의 길로 이끌 권리가 없다. 세계의 반핵평화운동가들은 자신들의 2세들이 어른이 되었을 때 세계가 없어져버릴 수도 있다는 두려움을 지니고 반핵평화운동에 나섰다. 어떤 세대 전원이 어른으로 성장할 수 있는가 없는가를 결정할 권리는 누구에게도 없는 것이다. 이 이상 더 단순한 것이 있겠는가? 어느 누구에게도 그럴 권리는 없다. 이 점을 분명히 하지 않으면 안된다. "지구는 부모가 당신에게 준 것이 아니다. 당신들의 어린이에게서 빌린 것이다"라는 케냐 속담처럼 이 세대를 온전히 후손에게 물려주는 것은 당연한 의무이다.

히로시마, 나가사키에 핵폭탄을 투하한 지 50년이 지난 지금의 시점에서도 핵폭탄으로부터 인류의 생명을 지키는 것은 여전한 과제가 되고 있다. 미국, 중국, 프랑스의 핵실험 강행은 핵을 보유한 초강대국의 핵군비 경쟁이 계속되고 있음을 보여준다. 핵시대는 지구의 파괴와 인류의 멸망을 공상과학 소설이 아닌 현실에서도 가능하게 만들고 있다. 지금 지구에는 히로시마와 나가사키와는 비교할 수 없는 많은 양의 핵무기가 있다.

반핵평화운동의 이념은 인류의 생명, 지구의 생명을 지키는 것이다. '상대성이론'으로 잘 알려진 아인슈타인은 핵에너지를 사용하는 기초를 세운 사람이나 열렬한 반핵운동가이기도 했다. 그는 루스벨트 대통령에게 핵무기를 만들 것을 건의한 사람이다.

한 척의 배에서 운반되어 항구에서 폭발되는 단 한 개의 폭탄이 주위를 둘러싼 지대와 함께 전 항구를 충분히 파괴시킬 수 있습니다 (1939년 아인슈타인이 루스벨트에게 보낸 편지).

이렇게 핵무기 개발을 주장한 아인슈타인도 히로시마와 나가사키의 참상을 보면서 일생을 반핵운동에 보냈다. 아인슈타인은 핵전쟁에 대하여 "제3차 세계대전 이후 인류가 생존하여 또 다른 전쟁 즉 제4차 세계대전을 일으킨다면 그 전쟁은 투석전이 될 것이다"고 경고하였다. 제3차 세계대전은 핵전쟁이 될 것이고 그 결과 인류의 문명은 완전히 파괴되므로 제4차 세계대전이 일어난다면 투석전이 되리라는 무서운 경고이다.

　1982년에 바티칸에서 교황 요한 바오로 2세는 "어떠한 전쟁도 필연적으로 세계적 규모의 죽음, 질병, 고난을 초래할 것이고 여기에 의학이 효과적으로 개입할 가능성은 거의 없다. 인류에게 남은 유일한 희망은 어떤 형태의 핵전쟁에 대해서도 그것을 사전에 저지하는 것이다"고 핵전쟁의 예방만이 인류의 살길임을 밝혔다.

　아인슈타인이나 교황 요한 바오로 2세의 경고는 핵시대에 인류의 생존을 위한 복음이다. 핵시대는 인류에게 죽음의 의미를 새롭게 제시했다. 지금까지는 개인의 죽음 나아가 개인의 집합으로써 집단의 죽음이 있었다. 개인과 집단의 죽음을 가져온 것은 질병이나 굶주림, 전쟁이다.

　하지만 핵무기는 과거에 있었던 개인이나 집단의 죽음과는 비교할 수 없는 죽음으로 인류를 내몰고 있다. 그것이 바로 핵전쟁이다. 지구상에는 약 2만 메가톤(Mt)의 핵폭탄이 있다. 제2차 세계대전, 6년 동안 사용되었던 폭약의 폭발력은 약 5Mt이므로 현재의 핵보유량은 실로 상상을 초월하는 놀라운 파괴력이다. 전세계에 비축되어 있는 핵폭탄을 남녀노소 구별 없이 50억 인구에게 골고루 나눠준다면 한 사람당 4톤씩 돌아가는 엄청난 양이다. 지구상에 있는 핵무기가 사용되는 것을 가정한다면 지구는 여덟 번 이상 파괴되고도 남는다고 한다.

　그리스 디오니소스 왕의 신하 가운데 디모클레스가 있었다. 디모클레스가 왕의 행복을 지나치게 찬양하자 왕은 그를 왕좌에 앉히고 그의 머리 위에 머리카락 한 오라기로 칼을 매달아놓았다. 행복의 절정에 있는 것 같은 왕도 항상 위협을 받고 있다는 것을 느끼게 하기 위해서이다. 핵무기 개발 경쟁이 계속되는 한 인류는 언제 끊어질 줄 모르는 가는 머리카락으로 매단 디모클레스의 칼 밑에 있는 것과 다름이 없다.

지구상에 있는 핵무기는 인류를 완전히 파괴시키고도 남는다. 핵
시대의 죽음은 이론적으로는 개인이나 집단의 죽음이 아닌 인류 전
체의 죽음을 가능하게 하는 것이다. 인류는 스스로 이러한 비극을
준비해온 셈이다. 핵무기에 의해서 공상소설에서나 가능한 일들이
실제로 가능할 수도 있게 되었다. 이러한 것을 E. P. 톰슨은 절멸주
의라고 했다.

절멸주의란 인류 대다수가 절멸이 되지 않을 수 없는 방향으로 향
해 나아가는 사회의 특징입니다. 절멸의 수단이 축적되고 또 완성되어
사회 전체가 절멸이라고 하는 최종목표로 향하는 구조의 결과가 절멸
입니다(『반핵』, 창작과비평사).

"빈대 잡으려다 초가삼간 태운다"는 속담이 있다. 빈대를 강대국
들의 국가이익이라고 한다면 초가삼간은 인류의 생존과 삶의 터전
을 뜻한다. 강대국들의 국가이익에 의해서 만들어진 핵무기가 인류
를 '집단자살'로 내몰고 있다. 미국 대통령이었던 아이젠하워도
1956년에 이미 인류의 집단자살에 대하여 우려하였다.

우리는 오늘날 핵무기의 파괴력에서 과거의 전쟁에서 느끼는 공포
와는 전혀 차원이 다르고 새로운, 치명적인 것을 보고 있다. 인류는
역사상 처음으로 그 역사를 끝내게 할 힘을 가지게 된 것이다.

그러나 아이젠하워 시대에도 핵무기 개발은 계속되었다. 그 결과
역사를 끝내게 할 힘은 강도가 훨씬 높아졌다. 반핵운동가들은 핵
무기를 "죽음으로 가는 급행열차"라고 비유하고 환경오염을 "죽음
으로 가는 완행열차"라고 하였다. 죽음으로 가는 급행열차는 조금
도 그 속도를 늦추지 않고 있고, 완행열차의 속도는 점점 빨라지고
있다. 급행열차와 완행열차의 방향을 거꾸로 돌려 인류와 지구의

생명을 지키는 힘, 그것이 바로 평화운동이다. 평화운동의 이념은 인류와 지구의 생명을 지키는 것이다.

핵전쟁은 엎질러진 물

20세기에만 해도 인류는 많은 전쟁을 경험하였다. 핵무기는 제2차 세계대전 때 단 한 번 사용되었지만 사용가능성은 언제나 존재하고 있다. 핵무기가 불러일으키는 끔찍한 재앙으로부터 인류가 벗어나는 길은 오직 '예방'밖에 없다. 핵전쟁은 인류에게서 모든 가능성을 앗아간다. "소 잃고 외양간 고친다" "도둑맞고 난 후 사립문 고친다"는 속담이 있다. 그러나 핵전쟁 이후에는 아무런 조치를 취할 수 없다. 그렇기 때문에 핵전쟁은 예방 말고는 아무런 대응책이 없는 것이다.

강대국 사이에 핵전쟁이 일어날 가능성은 얼마든지 있다. 핵전쟁으로부터 인류를 지켜야 한다는 주장은 결코 '핵무기 피해망상'에 걸려 있기 때문이 아니라 핵전쟁은 어떠한 방식으로든지 인류에게 가까이 있기 때문이다. 핵전쟁은 다음과 같은 방식으로 인류를 위협하고 있다.

▼ 정치·군사적 실패에 놓여진 최고지도자에 의한 의도적 전쟁.
▼ 적국의 최고지도자가 의도적으로 전쟁을 일으킬지도 모른다는 기대하에 먼저 전쟁을 시작하려는 지도자의 의도.
▼ 적국의 비상사태를 오해한 잘못된 경보
▼ 정보체계에서 인간 또는 컴퓨터의 실수.
▼ 잠수함 함장 또는 유럽의 야전관 지휘관 등 하급장교에 의한 인가되지 않은 핵무기 발사.
▼ 핵탄두 혹은 핵무기 운반수단의 물리적인 사고.

핵전쟁을 향한 노력들

북미방공사령부(NORDO)는 밤낮을 가리지 않고 레이더로 공중을 감시하고 정보를 분석하는 기관이다. 북미방공사령부의 통보에 따라 미국 대통령이 군사적 행동을 취할 것을 결정하는 시간은 15분이 안 걸린다. 왜냐하면 15분이라는 시간이 미사일 공격을 받을 때까지 겨우 허용된 시간이기 때문이다. 이제 다음과 같은 상황을 가정할 수 있다.

아침, 이른 새벽에 잠든 대통령 일행을 태운 전용요트가 포토맥 강을 거슬러 올라간다. 대통령은 그 전날 노포크 해군 기지에서 신형잠수함 제1호의 명령식에 참가하고, 워싱턴으로 돌아가는 길이다. 오전 3시, 특별신호가 나오더니 암호전보가 무선실에 들어왔다. 당번장교는 가슴이 덜컥 내려앉음을 느꼈다. 긴급신호이다. 곧 전문을 해독한다. 북미방공사령부의 발신이다.

"탄도미사일 조기 경보기구가 북극 상공에서 수백의 물체를 포착함. 전자계산기는 12분 안에 미국에 낙하하리라 예측, 대륙간탄도탄임이 거의 확실함. 전략공군 사령부 경계경보 발령, 민간방위경보 대기중."

장교는 대통령의 침실로 들어간다. 실내에서는 전략공군사령부의 신호와 전화가 아까부터 시끄럽게 울리고 있으나, 대통령은 그것도 모르고 잠들어 있다. 흥분한 나머지 허겁지겁 열쇠를 돌리고 있던 경호원들이 겨우 문을 열었을 때 대통령은 그제야 잠을 깼다.

북미방공사령부의 전문은 명확하지만 선잠에서 눈을 뜬 대통령은 아직 비몽사몽간이다. 가까스로 눈을 뜬 대통령은 전문을 다시 본다. 무슨 소리인지 알 수가 없다. 최근에 일어난 사건으로서는 공격해야 할 위기가 박두했다는 징후가 전혀 없었다.

그러는 동안에도 몇 분의 시간이 경과된다. '수백의 물체'가 만약 틀림없는 미사일이었다면 미국의 기지와 도시에 곧 도착할 것이다. 워싱턴 근처의 앤드루스 해군기지에 전략공군 제트기의 이륙준비 명령이 내려졌다.

대통령은 과연 전략공군사령부와 미사일 병기창의 모든 파괴력을 투입하여 방금 날아오는 것으로 추정되는 공격물체를 겨누어서 일격을 가하도록 지령을 내리게 될까?

"북미방공사령부 급보, 중지―, 중지―, 물체는 유성으로 판명―, 공격중지. 다시 보고함. 레이더에 투영된 물체는 유성, 미사일이 아님."

이는 다만 가정에 불과하다. 그러나 공상소설에 그치지는 않고, 실제로 북미방공사령부에 비상이 걸린 사실은 여러 차례 있었다.

1979년 11월 9일에는 고장을 모른다던 북미방공사령부의 컴퓨터가 미국의 조기경보체계를 울림으로써 전쟁상황 수신기가 작동을 했다. 내용은 소련잠수함에서 미사일 1기가 미국을 향해 발사되었다는 것이다. 미사일은 1기였지만 전미국에 경계선언이 발령되었다. 그러나 6분 후에 컴퓨터의 실수로 밝혀졌다.

1980년 6월 3일과 6일 조기경보체계의 고장으로 지구를 박살낼 수 있는 사건이 일어나기도 하였다. 북미방공사령부의 컴퓨터가 소련이 미사일 공격을 하고 있음을 알린 것이다. 세 차례에 걸친 컴퓨터의 오보 이후, 미국에서는 950명의 과학자와 시민으로 구성된 '우려하는 과학자 동맹'이 컴퓨터에 대한 과잉의존이 핵전쟁을 초래한다는 경고성명을 발표하였다.

위의 상황에서는 북미방공사령부가 공격하기 전에 레이더에 투영된 물체를 파악한 것으로 끝을 맺지만 경보 이후 반격을 해야 하는 시간은 매우 짧기 때문에 끔찍한 결과를 초래할 수도 있는 것이다. 일격을 가하는 지령을 내려야 하는 시간이 빨라지므로 물체를 정확하게 식별하기 전에 반격을 할 수 있는 가능성이 크다.

인간의 실수도 매우 위험하다. 실제 미국 ≪원자과학회보≫ 1980년 11월호에 따르면 인간의 실수가 주요무기와 우주비행체에

관한 사고원인의 50~70%를 차지하고 있다. 실수뿐만 아니다. 닉
슨 대통령이 중국을 방문중이던 1972년 2월 27일에 제8연안 경비
대 제22부대로 보낸 텔레타이프 가운데 다음과 같은 전문이 있었
다.

"대통령이 암살되고 애그뉴 부통령에 의해 제3차 세계대전이 선포
되었다."

핵무기가 사용되는 전쟁은 각 나라들의 이해관계에서뿐만 아니
라, 이처럼 어처구니없는 사실들에서 발생할 수도 있다. 지구상에
핵무기가 존재하고 있고, 핵무기를 군사적인 목적에서 사용하려는
군사전략이 있는 한 인류는 핵전쟁의 위협에서 자유로울 수 없다.

9. 맺음말
― 관용과 공존의 가치관을 정립해야

20세기를 마감하고 새로운 21세기를 맞이하면서 갖추고 준비하
고 연습하고 훈련해야 할 것은 무엇인가? 21세기 평화로운 지구촌
건설을 위하여 우리가 추구할 가치관은 무엇인가? 도덕적인 측면에
서 자기를 성찰하는 것뿐만 아니라 사회운동진영에서 사회의 변화
와 발전을 위하여 추구해야 할 가치관이 무엇인가?

그것은 관용과 공존이다. 왜 관용이 중요한가? 관용은 차이를 인
정하는 것, 다름을 인정하는 것이다. 한국에서 관용을 이야기하는
것은 홍세화의 『나는 빠리의 택시운전사』에서 대중적으로 소개되
었다. 명예혁명 시절부터 그 기원을 찾을 수도 있다. 아주 쉽게 접

근할 때 차이의 인정, 다름의 인정이 관용이다.

몇 년 전에 페스카마 호 사건이 발생했다. 한국의 원양어선 선장이 조선족을 학대하고 구박해서 조선족들이 선상 반란을 일으켜서 선장을 죽여서 수장했다. 이는 우리나라 사람들이 동포들에 대해서도 관용하지 못하는 상징적인 사건이다. 단일민족으로 살았다는 민족적인 자부심이 공존하는 것을 익히지 못하는 것이다.

외국인 노동자도 마찬가지이다. 그들은 우리 조상들이 사탕수수 농장에서 당했던 시련보다 큰 차별을 당하고 있다. 단지 피부색이 다르다는 이유만으로.

조선족은 우리 전통문화를 그대로 간직하고 있다. 우리는 1970년대 초까지도 연변조선족과 큰 차이가 없는 생활을 했는데 1970년대 이후 압축된 고도성장을 하면서 급속한 경제성장으로 우리가 산업화되었다. 연변조선족들은 1970년대 초반의 우리 모습과 비슷하다. <사랑방 손님과 어머니>라는 영화를 보면 그 시절 목소리가 연변의 조선족들의 소리와 비슷하다. 그러나 우리는 조선족을 관용해서 공존의 길을 택하기보다는 갈등의 길을 택했다.

이 모든 것이 다름을 다름으로 인정하지 못한 데에서 비롯된다. 차이를 인정하는 것의 필요는 언어습관에서 찾을 수 있다. 다름과 틀림은 틀린 게 아니라 다른 것이다. 다르다는 것과 틀리다는 것을 동일하게 생각하고, 다름과 틀림을 정확하게 구분해서 사용하지 못한다. 우리의 언어습관에서 관용적이지 못하다는 것을 알 수 있다.

다름을 인정할 때 더불어 살 수 있다. 고등학교 시절부터 도덕적으로 더불어 함께 사는 것을 말한다. 더불어 살기 위해서는 차이를 인정하는 것이 필요하다. 차이를 인정하는 것은 관용이고 더불어 사는 것이 공존이다. 관용과 공존은 21세기의 가치관이다.

민간평화운동은 이러한 가치관에 입각해서 21세기를 평화의 세기로 만들 수 있도록 준비해야 한다. 최근에 국제관계에서 민간의 역할이 높아지고 있다. 전통적으로 평화운동은 민간이 주체가 되는 운동이기 때문에 민간운동의 역할을 높이기 위한 투쟁의 역사였다. 하지만 국제사회에서 행위의 주체는 국가이기 때문에 국제사회에서 평화운동의 역할은 크지 않았다. 특히 탈냉전 이후 동서대립구도가 완화되고 세계화의 물결이 몰아치면서, 민간운동이 지니는 이념성이 약화되고 민간운동의 역할이 둔화되는 추세였다. 21세기를 맞이하면서 민간평화운동 진영에서는 "모든 국가는 정부와 국제기구 및 시민사회의 공동협력을 보장하는 신외교(New Diplomacy)를 수용, 촉진해야 한다"고 주장하고 있다. 국제관계에서 행위의 주체는 국가이기 때문에 안보는 국가의 고유한 영역이었다는 점을 고려한다면 민간이 스스로 국제관계에서 적극적인 역할을 수행하려는 시도는 21세기 신질서 수립과정의 중요한 특징이라고 할 수 있다.

신외교의 배경에는 "전쟁의 재앙에서 다음 세대를 구하는 것"을 실천하기 위해서는 정부에게만 맡길 수 없다는 인식이 자리잡고 있다. 탈냉전 이후에도 진행된 분쟁을 겪으면서 전쟁을 억제하고 평화를 정착시키는 정부의 역할이 실패했다는 결론을 내리게 된다. 반면에 민간운동은 혁혁한 성과를 거둔다. 대인지뢰금지운동의 성과에서 알 수 있듯이 민간운동이 안보문제에 관한 국제조약을 체결하는 데 주도적인 역할을 하였고, 세계적인 민간운동 네트워크를 형성하여 정부의 행위를 감시하고 평화를 정착시키기 위한 개입을 강화해왔다.

물론 이러한 노력들이 이상주의자들의 낭만으로 여겨질 수도 있으나, 정부의 실패와 대인지뢰금지운동의 성과에 비추어 볼 때 국제관계에서 행위의 주체로서 민간의 역할은 나날이 증대할 것이고, 이것이 21세기 국제질서의 한 특징이 될 것이다. 이상을 현실화한 대인지뢰금지운동이나, "한 사람이 꾸면 그것은 꿈이지만 여러 사람이 꾸면 현실이 된다"고 한 말을 돌이켜본다면 이러한 민간의 노력을 일장춘몽으로만 치부해버릴 수 없을 것이다. 평화를 원하면 전쟁을 준비할 것이 아니라 평화를 준비해야 한다. 인류가 21세기를 전쟁이 없는 최초의 세기로 만들고자 꿈을 꿀 때 21세기는 평화의 세기가 될 것이다.

포디즘적 발전모델의 성쇠
자본주의 황금시대와 그 종언

김형기

1. 머리말

20세기 자본주의를 특징짓는 대표적 키워드 중의 하나를 말하라고 한다면 포디즘(Fordism)을 들 수 있을 것이다. 포디즘이란 용어는 자동차 왕 헨리 포드(Henry Ford)의 이름과 그의 새로운 경영방식에서 비롯된 것이다. 과학적 관리의 원조인 테일러(F. Taylor)에 이어 포드는 자동차 산업에 새로운 생산방식과 경영방식을 도입하여 자본주의의 모습을 크게 바꾸어놓았다.

포디즘은 미시적인 생산체제 수준에서 정의되기도 하고 거시적인 축적체제 수준에서 정의되기도 한다. 미시적 수준에서 사용할 때 포디즘은 과학적 관리인 테일러리즘(Taylorism)에 컨베이어 시스템(conveyor system)을 결합시킨 대량생산체제이고, 거시적 수준에서 사용할 때 포디즘은 19세기 자본축적 방식과는 구분되는 대량생산과 대량소비의 결합에 기초한 축적체제(accumulation regime)이다. 나아가 포디즘은 경제, 정치, 문화를 포괄하는 사회구성체 차원에서 19

세기 자본주의와 구별되는 20세기 자본주의 발전모델을 의미하기도 한다.

여기서 우리는 포디즘을 미시적 생산체제와 거시적 축적체제를 포함하는 발전모델로서 사용한다. 그리고 20세기 자본주의의 특성을 포디즘적 발전모델로 파악한다. 포디즘적 발전모델은 포드가 T형 자동차의 대량생산을 위해 컨베이어 시스템을 도입한 1913년에서 그 뿌리를 찾을 수 있지만, 그것이 확립되는 것은 제2차 세계대전 이후 미국을 비롯한 선진 자본주의 국가에서이다.

자본주의는 이 포디즘적 발전모델을 통해 제2차 세계대전 이후 30년 동안 이른바 '황금시대(Golden Age)'를 누린다. 그리고 1970년대 중반 이후 현재까지 지속되고 있는 자본주의의 위기는 다름 아닌 이 포디즘적 발전모델의 위기라 할 수 있다. 1970년대의 위기와 함께 자본주의의 황금시대는 종언을 고한다. 포디즘적 발전모델의 성쇠는 바로 자본주의의 성장과 위기로 연결되었다.

따라서 제2차 세계대전 이후 지금까지의 현대 자본주의의 성장과 위기를 이해하기 위해서는 20세기 포디즘적 발전모델의 성립과 위기 그리고 해체의 과정을 고찰할 필요가 있다. 이 고찰 과정에서 우리는 포디즘적 발전모델이 인간의 삶의 질에 미친 영향에 주목하고자 한다. 그리고 포디즘적 발전모델의 위기를 극복하려는 서로 다른 길을 검토하고, 포디즘의 성공과 실패가 주는 교훈을 알아보고자 한다.

2. 발전모델 분석을 위한 개념들

포디즘적 발전모델의 특징을 논의하기 전에 먼저 발전모델을 분석하기 위한 주요 개념들을 알아보기로 하자. 발전모델이란 개념은 주로 프랑스의 조절이론(regulation theory)에서 자본주의 유형 분석을 위해 사용되고 있는 것으로 발전양식이라고도 한다. 조절이론은 자본주의의 성장과 위기, 그리고 자본주의의 가변성과 다양성을 해명하기 위한 몇 가지 개념들을 개발하였다. 자본주의를 분석하기 위한 조절이론의 기본개념들을 보면 다음과 같다.

우선 발전모델(development model)은 축적체제와 조절양식이 결합된 것을 지칭한다. 축적체제란 사회적 생산물이 소비와 투자로 배분되는 체제, 생산과 수요가 연계되고 잉여가치의 생산과 실현이 연계되어 거시경제적 순환이 지속되는 체제를 말한다. 따라서 축적체제란 일정기간 동안 안정된 거시경제적 규칙성을 말한다. 거시적 수준의 축적체제 속에는 미시적 수준의 생산체제(production system)가 포함되어 있다. 생산체제에는 노동과정과 노사관계가 주요 요소로 포함되어 있다. 그런데 자본에 의한 임노동의 착취에 기초한 축적체제는 적대성을 가지기 때문에 부단한 대립과 갈등을 야기한다. 또한 무정부적인 시장경쟁을 통한 자본축적이 이루어지는 축적체제는 근본적으로 불안정하다.

조절양식(mode of regulation)은 이러한 축적체제에 규칙성을 부여하는 메커니즘의 총체를 말한다. 축적체제의 규칙성은 다양한 형태의 제도가 존재하기 때문에 실현된다. 조절이론에서는 제도를 기본적으로 경제주체들간의 투쟁과 경쟁을 통해 형성된다고 본다. 다시 말해서 제도는 자본가와 노동자 간의 계급투쟁과 자본가간의 경쟁의 산물이다. 동시에 제도는 경제주체들의 행동 즉 투쟁과 경쟁에 제약을 가한다. 제도가 부과하는 강제적 질서는 개인의 행동에 체현된다. 이렇게 되면 개인들은 제도가 부과하는 질서에 따라 행동하게 되므로 축적체제는 규칙성을 가지고 유지된다. 한 사회의 관습과 규범도 제도형태에 영향을 미친다.

자본주의의 기본적 제도형태에는 임노동 관계, 화폐형태, 경쟁형태, 국가형태, 국제체제에의 편입형태 등을 들 수 있다. 임노동 관계는 노동력의 사용과 재생산을 규정하는 조건들을 말한다. 화폐형태는 본위제도를 포함한 화폐신용관계를 말한다. 경쟁형태는 자본 간 경쟁의 존재형태와 시장구조를 말한다. 국가형태는 국가개입의 형태와 사회경제정책의 성격을 말한다. 국제체제에의 편입형태는 세계시장과의 관계 혹은 국제분업에서의 위치를 말한다. 이 제도형태들 중 임노동 관계가 결정적인 중요성을 가진다. 이러한 제도형태를 통한 조절에 의해 축적체제가 유지되고 자본주의가 재생산되는 것이다.

그런데 조절양식이 정착하기 위해서는 발전모델을 주도하는 사회계급이 자신의 이익을 추구하는 과정에서 다른 계급 혹은 계층의 이익을 접합시키는 정치적 타협을 해야 한다. 여기서 주도계급을 중심으로 한 계급동맹 혹은 계층연합이 형성된다. 이와 같이 하나의 발전모델을 주도하는 사회계급을 중심으로 형성되는 계급동맹 혹은 계층연합을 헤게모니 블록(hegemonic bloc)이라 한다. 헤게모니 블록은 지배계급의 이해와 피지배계급의 이해의 일부를 접합시킴으로서 발전모델에 정치적 정당성을 부여하여 그것을 안정화시키는 역할을 한다. 이때 축적체제는 헤게모니 블록에 참가하는 계급 혹은 계층의 이해를 보장해야 한다.

어떤 특정한 발전모델을 가진 사회를 살아가고 있는 사람들의 지배적인 가치관 및 세계관을 사회 패러다임(societal paradigm)이라 한다. 사회 패러다임은 헤게모니 블록을 향해서 무엇이 정당한 이익인가를 가려주는 판단기준이 된다. 하나의 발전모델에는 그것에 적합한 사회 패러다임이 존재한다. 사람들은 이러한 사회 패러다임의 틀에 따라 생각하고 행동한다. 따라서 사회 패러다임은 사람들의 관습과 규범에 영향을 미친다. 사회 패러다임은 제도형태와 함께 조절양식의 내용을 결정하는 주요 요소가 된다.

이와 같이 축적체제, 조절양식, 제도형태, 헤게모니 블록, 사회 패러다임 등의 요소들의 총체를 발전모델이라 한다. 따라서 발전모델이란 광의로 보면 경제, 정치, 문화 등을 포괄하는 사회구성체 수준의 개념이다. 협의로 보면 발전모델은 축적체제와 조절양식을 결합한 것을 의미한다.

이제 발전모델을 구성하는 각 요소들간의 관계를 보면 <그림 1>과 같다. 발전모델을 구성하는 기본 요소는 축적체제와 조절양식이다. 축적체제에는 경제주체들간의 투쟁과 경쟁이 직접적으로 작용하고 제도형태는 축적체제의 구성요소임과 동시에 제약요소이다. 제도형태와 관습 및 규범은 조절양식의 내용을 구성한다. 제도형태는 경제주체들간의 투쟁 및 경쟁 그리고 사회의 관습 및 규범

<그림 1> 발전모델의 구성 요소들

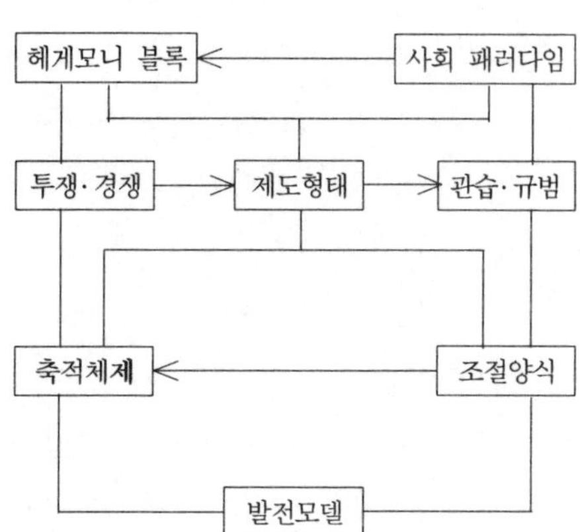

의 산물이다. 역으로 경제주체들의 투쟁 및 경쟁 그리고 사회의 관습 및 규범은 제도형태에 의해 제약을 받는다. 경제주체들간의 투쟁과 경쟁 속에서 특정한 헤게모니 블록이 형성된다. 헤게모니 블록은 제도형태의 형성과 경제주체들의 투쟁과 경쟁에 영향을 미친다. 사회 패러다임은 관습 및 규범과 제도형태의 형성에 작용한다.

이러한 발전모델에서 잉여가치의 생산과 자본축적이 전개됨에 따라 자본주의 경제는 성장하기도 하고 위기에 빠지기도 한다. 발전모델을 구성하는 요소들이 정합성을 가지고 상호작용하고 있을 때 자본주의는 성장이 지속된다. 그러나 각 구성요소들의 내부모순이 격화되고 요소들간에 불일치가 생길 때, 자본주의는 위기에 빠지게 된다.

조절이론에서는 자본주의의 위기를 순환성 위기와 구조적 위기 그리고 최종적 위기로 구분한다. 순환성 위기는 경기순환 과정의 경기후퇴와 침체 상황을 말하며, 호황 국면에서 발생한 불균형이 해소되는 과정이다. 따라서 순환성 위기는 조절양식이 건전하게 작용하고 있다는 증거이다. 순환성 위기의 경우에는 현행의 제도형태나 조절양식에 변화가 나타나지 않는다. 이런 의미에서 그것은 소(小)위기라 불린다. 순환성 위기는 경기변동 과정에서 발생과 소멸을 반복한다. 구조적 위기는 발전모델 그 자체의 위기로서 대(大)위기라고도 한다. 최종적 위기는 자본주의의 체제 위기를 말한다. 조절이론이 관심을 집중하는 위기는 바로 구조적 위기이다. 구조적 위기는 축적체제 및 조절양식 그 자체의 위기, 축적체제와 조절양식 간의 불일치, 헤게모니 블록과 사회 패러다임의 위기 등으로부터 발생할 수 있다. 즉 경제위기와 정치위기 그리고 가치관의 위기는 발전모델의 위기를 초래할 수 있다. 구조적 위기는 기존의 발전모델이 생명력을 다하고 있음에도 불구하고 아직 새로운 발전모델이 등장하고 있지 않을 때 지속된다. 새로운 발전모델이 구축되면 구조적 위기는 해소되고 새로운 성장이 나타난다.

3. 포디즘적 발전모델의 특성

위에서 제시한 개념들에 따라 제2차 세계대전 이후 선진 자본주의 국가의 발전모델인 포디즘적 발전모델의 특성을 알아보자.

우선 포디즘적 축적체제는 대량생산과 대량소비의 결합으로 특징짓게 된다. 대량생산은 생산조건을, 대량소비는 수요조건을 나타낸다. 여기서 대량생산이 대량소비를 가능하게 하고 대량소비가 대량생산을 가능하게 한다. 대량생산과 대량소비가 결합됨으로써 거시경제적 순환이 지속 가능하게 된다. 대량생산은 대규모 생산설비에 의한 고생산성을 통해 가능하게 되고 대량소비는 노동계급의 고임금을 통해 가능하게 된다. 고생산성은 고임금을 가능하게 한다.

<그림 2> 포디즘적 축적체제의 거시경제적 회로

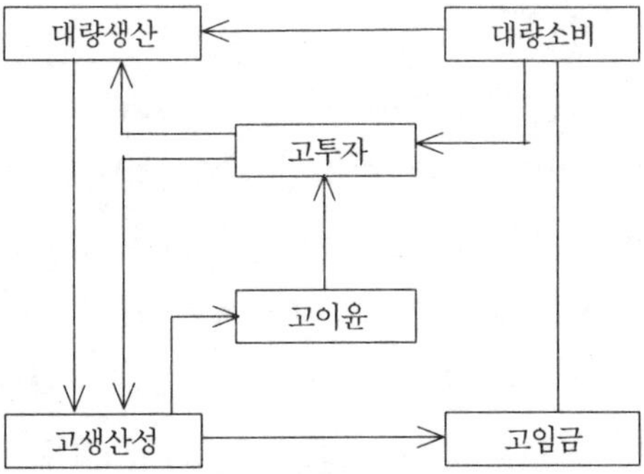

대량생산   대량소비

고투자

고이윤

고생산성   고임금

이렇게 해서 대량생산과 대량소비의 결합, 고생산성과 고임금의 결합에 기초한 축적체제가 성립한다.

포디즘적 축적체제의 거시경제적 회로는 <그림 2>와 같이 나타낼 수 있다. 한편 고생산성이 고임금 지급으로 연결되고, 고임금이 대량소비를 가능하게 하고, 대량소비가 대량생산을 가능하게 한다. 또한 고생산성은 고이윤을 가져오고 고이윤은 고투자를 유발하여 대량생산을 지속시킨다. 다른 한편 대량소비는 고투자를 유발하고 고투자는 고생산성을 실현하여 대량생산을 가능하게 한다. 고투자는 대량소비와 함께 직접적으로 대량생산을 뒷받침하는 총수요를 형성한다. 이와 같이 '고투자-고생산성-고이윤-고임금'을 통해 대량생산과 대량소비가 결합되는 호순환이 이루어져서 지속적 성장이 가능하게 된다. 이러한 포디즘적 축적체제를 '내포적 축적체제'라 한다.

포디즘적 축적체제의 바탕에는 포디즘적 생산체제가 있다. 포디즘적 생산체제의 특징은 대량생산체제다. 전용기계 중심의 기계화를 통해 노동생산성을 높이고 단일 품종 혹은 소품종의 대량생산을 통해 '규모의 경제'를 실현함으로써 저비용을 추구하려는 것이 대량생산체제의 생산전략이다.

포디즘적 대량생산체제에는 포디즘적 노동과정이 존재한다. 포디즘적 노동과정은 간단히 '테일러리즘+기계화'로 요약될 수 있다. 테일러리즘은 테일러가 주창한 과학적 관리를 지칭하는 것으로서, 구상과 실행의 분리, 육체노동의 단순화, 위계적 노동통제 등으로 특징짓게 되는 노동과정 혹은 작업조직을 말한다. 테일러리즘의 요체는 생산을 구상하는 사람과 생산을 실행하는 사람간의 분리에 기초하여 육체노동을 단순화하고 직무를 세분화하여 상명하달의 위계적 통제를 통해 노동강도를 높임으로써 잉여가치 생산을 증대시키려는 것이다.

테일러리즘에서는 생산현장 노동자들은 노동과정에서 구상 기능을 수행하지 못하고 엔지니어나 경영자의 업무지시에 따라 오직 세분화된 단순반복노동을 수행할 뿐이다. 생산현장 노동자들에게 요구되는 것은 지적 숙련이나 지식 혹은 창의성이 아니라 주어진 세분화된 직무를 최대한 빠른 시간에 수행할 수 있는 능력이다. 포디즘적 대량생산체제에서는 이러한 테일러리즘에 컨베이어 시스템으로 상징되는 기계화가 결합되어 테일러리즘의 원리가 철저하게 관철된다. 중간생산물의 이전이 자동화되는 컨베이어 시스템이 도입됨에 따라 작업속도가 크게 증대하여 노동강도는 더욱 높아지게 된다.

다음으로 포디즘적 조절양식을 보자. <그림 2>의 거시경제적 회로에서 고생산성과 고임금의 연계, 대량소비와 고투자를 통한 총수요의 유지 등이 축적체제의 규칙성과 안정성에 결정적인 중요성을 가진다. 이러한 포디즘적 축적체제에 규칙성을 부여하고 그것을 안정화시키는 제도형태는 무엇인가?

포디즘의 주요 제도형태는 임노동 관계 측면에서는 단체교섭제도, 최저임금제도, 사회보장제도, 화폐형태 측면에서는 관리통화제도와 소비자신용제도, 경쟁형태 측면에서는 과점적 대기업제도와 대기업의 독점적 가격설정, 국가형태 측면에서는 케인스주의적 재정금융정책과 복지국가, 국제체제 측면에서는 IMF-GATT 체제를 중심으로 하는 팍스 아메리카나 등을 들 수 있다.

단체교섭제도는 고생산성을 고임금으로 전환시켜주는 제도형태이다. 노동3권의 법적 인정과 노동조합의 교섭력에 기초한 단체교섭제도는 생산성 향상이 임금인상으로 연결될 수 있게 해주었다. 최저임금제도는 노동시장 상황과 무관하게 임금소득을 지지해준다.

사회보장제도는 노동자가 실업 상태에서도 소비를 가능하게 해주어 대량소비를 지속시켜주는 역할을 하였다. 단체교섭제도와 최저임금 제도, 사회보장제도는 경기변동과 노동시장 상황이 임금과 고용에 미치는 영향력을 제한하여 노동시장을 경직화시키는(혹은 안정화시키는) 요인이 되었다.

관리통화제도는 정부가 통화량을 조절하여 고투자와 유효수요를 유지해주는 역할을 하였다. 소비자신용제도는 대량소비를 촉발하는 작용을 하였다. 과점적 대기업에서의 대량생산과 안정적인 시장수요 및 높은 수익성이 고투자를 지속하게 하였다. 케인스주의적·팽창적 재정금융정책과 복지국가는 지속적 성장을 위한 유효수요를 뒷받침해주었다. 팍스 아메리카나 아래의 IMF-GATT 체제가 안정적이었기 때문에 각국은 환율을 쉽게 조정하여 성장을 지속할 수 있었다.

이러한 포디즘적 발전모델에서 정치적·사회적 안정성을 담보한 것은 자본가와 노동자 간의 계급타협이었다. 우선 기업수준에서는 단체교섭을 통해 노동자측이 테일러리즘을 수용한 대신에 자본측이 생산성 연동 임금을 제공하는 노사타협이 이루어졌다. 노동편성에서의 노동자측의 양보와 임금형성에서의 자본측의 양보를 통해 노사타협이 이루어졌다. 이를 포디즘적 노사타협이라 한다. 국가수준에서는 최저임금제도와 사회보장제도 등 복지국가의 친노동적 제도가 실시됨으로써 노동자의 생활이 안정됨에 따라 노동자들이 자본가의 헤게모니를 인정하고 자본주의체제에 동의하게 되었다.

이러한 계급타협이 이루어짐으로써 포디즘의 헤게모니 블록이 형성되었다. 이 헤게모니 블록에는 발전모델을 주도하는 대자본가를 중심으로 중소 자본가와 신중간층 그리고 대기업의 정규직 노동자가 포함되었다. 생산성 연동 임금제, 최저임금제도, 누진세제도,

실업보험제도 등이 존재하여 포디즘적 발전모델이 구축된 사회에서는 국민의 2/3 정도가 경제성장의 과실을 누릴 수 있었다. 이런 의미에서 포디즘의 사회는 '2/3 사회'라 불린다.

포디즘적 발전모델의 사회 패러다임은 어떠한가? 우선 노동과정에서 정신노동과 육체노동의 분리, 구상과 실행의 분리를 당연시하는 사고를 들 수 있다. 생산현장 노동자는 작업지시에 따라 단순반복노동을 숙달되게 실행하는 것만이 요구되고, 지식을 가지거나 자율성을 가져서는 안되고 가질 필요도 없다는 사고 방식이다. 이는 현장노동자에 대해 노동과정에서의 어떠한 지적 참가(intellectual involvement)도 부정하는 테일러리즘적 패러다임의 연장이라 할 수 있다.

다음으로 '소비가 미덕'이라는 소비주의 사고이다. 포디즘의 거시경제적 순환에서 필수적인 대량소비를 위한 사회적 요구가 소비가 미덕이라는 관념을 형성시킨다. '저축이 미덕'이라는 사고는 부적합한 낡은 사고로 치부된다. 이에 따라 절약 정신은 사라지고 향락과 사치 그리고 낭비를 부추기는 소비문화가 형성된다. 소비주의는 '소비자가 왕'이 되는 소비자 주권으로 연결될 수도 있지만, 그 반대로 기업의 조직적인 광고를 통해 소비가 조장되어 '소비자가 봉'이 되는 타율적 소비사회를 만들 수도 있다.

국가는 경제성장과 완전고용을 위해 적극적으로 경제에 개입하는 것이 바람직하다는 케인스주의 관점, 국가가 국민의 기초생활을 보장해야 한다는 복지국가의 사상을 제시한 비버리지(Beveridge)의 관점이 포디즘의 사회 패러다임을 구성하고 있다. 이런 점에서 포디즘적 패러다임에는 포드와 케인스와 비버리지의 사상이 혼합되어 있다고 할 수 있다.

성장지상주의는 또 다른 포디즘적 패러다임이다. 성장과 개발이

지상의 목표이고 생태계 유지와 환경보전은 부차적인 것으로 치부된다. 사회진보의 기준은 경제성장, 구매력 증대, 소비수준의 향상으로 간주된다. '더 많은 생산, 소득, 소비'를 통한 행복 추구가 사람들의 사고와 행동을 지배하는 '쾌락주의적 생산력주의' 모델이 포디즘적 패러다임이다. 포디즘적 패러다임이 가장 전형적으로 구현된 것이 바로 '미국적 생활양식(American way of life)'이라 할 수 있다.

4. '포디즘'의 위기와 그 원인

포디즘은 미국에서 먼저 구축되었지만 제2차 세계대전 이후 다른 선진 자본주의 국가들로 확산되어간다. 미국이 서유럽과 일본에 기술과 자본을 이전하여 산업을 재건한 마샬 플랜(Marshall Plan)이 포디즘을 확산시킨 계기였다. 포디즘적 발전모델이 구축됨에 따라 자본주의 경제는 높은 성장률을 달성한다. 포디즘적 발전모델의 거시경제적 성과는 어떠한가?

<표 1>에서 1870년 이후 OECD 국가들의 경제성장 관련 지표를 보면, 국내총생산(GDP), 1인당 국내총생산, 1인 1노동시간당 국내총생산, 고정자본 스톡 모두 1950~1973년 사이에 그 전후의 다른 시기에 비해 훨씬 높은 성장률을 나타냈음을 알 수 있다. 이와 같이 포디즘적 발전모델이 구축된 이후 약 30년 간(1945~1974) 선진 자본주의는 고도성장을 달성한다. 이에 따라 '고성장-완전고용-고복지', '고생산성-고임금'을 특징으로 하는 자본주의의 황금시대가 도래한다.

그러나 포디즘적 발전모델은 1973년 석유파동이라는 외적 충격

<표 1> 선진 자본주의 국가의 경제성장 관련 지표

(연평균 성장률: %)

시기	GDP	1인당 GDP	1인 1노동시간당 GDP	고정자본 스톡
1870~1913	2.5	1.4	1.6	2.9
1913~1950	1.9	1.2	1.8	1.7
1950~1973	4.9	3.8	4.5	5.5
1973~1979	2.5	2.0	2.7	4.4

주: OECD 16개국 산술평균임.
자료: A. Maddison, *Phases of Capitalist Development*, 1982; 山田鋭夫, 『레규라시옹 이론』, 1993, 講談社, 104-105쪽에서 재인용.

<표 2> 선진 자본주의 국가의 생산, 생산성, 고용 추이

(연평균 증가율: %)

구분	시기	OECD	유럽	미국	일본
GDP	1960~1973	4.8	4.7	4.0	9.6
	1973~1989	2.7	2.2	2.6	3.9
생산성	1960~1973	3.7	4.3	2.1	8.2
	1973~1989	1.6	1.8	0.6	3.0
고용	1963~1973	1.1	0.4	1.9	1.3
	1973~1989	1.1	0.4	2.0	0.9

자료: OECD, *Historical Statistics*, Economic Outlook; 필립 암스트롱 외, 『1945년 이후의 자본주의』(김수행 옮김), 동아출판사, 1993, 350쪽에서 재인용.

을 계기로 위기에 빠진다. 1974년 이후 이윤율의 하락과 생산성 둔화 현상이 뚜렷이 나타난다. 그 결과 기업의 투자활동이 위축되고 경제성장이 둔화되며 실업률이 크게 증대한다. <표 2>에서 OECD 국가의 GDP, 생산성, 고용 동향을 보면 1960~1973년 시기에 비해 1973~1989년 시기가 경제성장률과 생산성 증가율이 현저하게 둔화되고 있음을 알 수 있다.

실업률은 <표 3>에서 보는 것처럼, 유럽의 경우 1960년대

<표 3> 선진 자본주의 국가의 실업률

(단위: %)

시기	유럽	미국	일본
1961~1970	2.2	4.7	1.2
1971~1980	4.0	6.4	1.8
1981~1990	9.0	7.1	2.5

자료: European Commission, *European Economy*, No.63, 1997, pp.68-69.

<표 4> 선진 자본주의 국가의 이윤율 및 이윤몫 추이

(기간 평균: %)

시기	OECD	유럽	미국	일본
이윤율				
1952~1959	26.8	22.6	29.3	26.7
1960~1969	26.2	17.4	29.4	48.1
1970~1979	17.8	13.3	18.4	28.5
1980~1987	13.1	13.3	12.4	14.6
이윤몫				
1952~1959	23.5	27.6	20.3	29.1
1960~1969	23.9	23.4	21.2	40.6
1970~1979	19.6	18.2	17.6	28.7
1980~1987	17.1	17.7	14.8	20.1

주: 제조업의 순이윤율과 순이윤몫임.
자료: 필립 암스트롱 외, 『1945년 이후의 자본주의』(김수행 옮김), 동아출판사, 1993 <부표 1> 및 <부표 3>에서 정리.

2.2%에서 1970년대 4.0%, 1980년대 9.0%로 증가하고, 미국의 경우 1960년대 4.7%에서 1970년대 6.4%, 1980년대 7.1%로 증가한다. 이윤율과 이윤몫(이윤/부가가치)은 <표 4>에서 보는 것처럼 자본주의의 황금시대인 1950~60년대 동안 높은 수준에 있다가 포디즘이 위기에 빠진 1970년대 이후 크게 하락한다.

이와 같이 1970년대 이후 성장률, 생산성, 이윤율 등의 대폭적인 하락은 포디즘이 위기에 빠졌음을 말해준다. 포디즘의 위기는 1980년대까지 지속된다. 이 위기 과정에서 포디즘은 해체되어간다.

그러면 포디즘의 위기의 원인은 무엇이었던가? 자본주의에서 경제위기는 무엇보다 이윤율 하락으로 표출된다. 그렇다면 포디즘적 발전모델에서 이윤율 하락의 원인은 무엇이었던가?

이윤율은 다음과 같은 식으로 나타낼 수 있다.

$$P/K = (P/Y) \cdot (Y/L) \cdot (L/K)$$

여기서 P는 이윤, K는 자본투입량, Y는 산출량, L은 노동투입량을 나타낸다. 이윤율(P/K)은 이윤몫(P/Y), 노동생산성(Y/L), 자본-노동비율(K/L)이라는 세 가지 요인에 의해 결정된다. 따라서 이윤율의 하락은 ① 이윤몫(P/Y)의 하락, ② 노동생산성(Y/L)의 하락, ③ 자본-노동비율(K/L)의 상승 등의 요인으로 설명할 수 있다. 1970년대 이후 포디즘의 위기 속에서 나타난 이윤율 하락도 이러한 세 가지 요인으로 설명할 수 있다.

우선 이윤몫은 실질임금 상승과 노동생산성 둔화로 인한 이윤압박(profits squeeze)으로 하락하였다. 유럽에서 실질임금은 1960년대 말에 큰 폭으로 상승한다. 예컨대 프랑스의 경우 실질임금 상승률은 1965~1967년에 2.9%이었으나 1968~1969년에 5.4%이었고, 독일의 경우 1966~1968년에 연평균 3.3% 증가했으나 1969~1970년에 9.2% 증가하였다. 노동생산성 상승을 초과하는 이러한 '임금폭발'은 이윤을 압박하여 이윤몫을 감소시키는 요인이 되었다.

다음으로 노동생산성은 포디즘적 노동과정 즉 테일러리즘의 효율성 하락으로 인해 그 상승이 둔화하였다. 이는 구상과 실행을 엄격히 분리하고 육체노동을 탈숙련시키며 위계적 노동통제를 하는 테일러리즘에 대한 노동자들의 불만과 반항이 증대함에 따라 생산성 상승의 원천이 고갈되었기 때문이다. 테일러리즘은 처음에는 생산성을 크게 향상시켰지만, 노동자들의 교육수준 향상, 자의식 증대, 직무만족과 노동의 존엄성에 대한 욕구 증대에 따라 점차 **효율**성이 떨어졌다. 그래서 테일러리즘에 기초한 포디즘적 대량생산체제가 위기에 빠지게 된다.

한편 기업간 경쟁 격화에 따른 과잉투자로 인해 자본-노동비율이 상승하였는데, 이는 이윤율을 하락시킨 요인의 하나였다. 과잉투자 혹은 과잉축적은 한편에서는 노동력 수요 증대로 임금을 상승시키고 다른 한편에서는 과잉설비를 초래하여 이윤율을 하락시켰다.

이와 같이 생산성 둔화로 나타난 '생산성 획득의 위기'에 이윤몫 감소로 나타난 '생산성 분배의 위기'가 중첩되어 이윤율이 하락하고 있는 상태에서 유효수요를 증대시키기 위한 케인스주의적 재정금융정책은 인플레이션을 유발할 뿐이었다. 그래서 생산은 침체하는데 물가가 상승하는 스태그플레이션(stagflation) 현상이 출현한다.

이러한 공급측 요인과 함께 수요측 요인도 무시할 수 없다. 소비자 욕구의 다양화와 가변성 증대에 따라 다품종 소량소비가 출현하였는데, 이는 소품종 대량생산체제와 모순되었다. 이와 같이 다품종 소량소비로의 소비패턴 변화에 따라 전용기계에 의해 소품종을 대량생산하는 경직적인 포디즘의 기술이 부적합하게 되어 대량생산체제에 위기가 발생한다. 아울러 글로벌화의 진전에 따른 국제경쟁의 격화로 국내수요가 정체되고 국민국가가 유효수요를 통제하여 성장을 관리하는 것이 거의 불가능하게 됨에 따라 축적체제의 불안정성이 크게 증대하였다.

한편, 생산성의 둔화와 임금의 경직성으로 인해 고생산성과 고임금의 호순환 구조가 깨진다. 이에 대응하여 자본가들은 임금을 삭감하기 위해 노동시장 유연화를 추구한다. 경기변동과 노동시장 상황에 따라 임금과 고용을 신축적으로 조정하려는 노동시장 유연화 시도로 포디즘적 노사타협이 해체되고 임노동 관계가 위기에 처한다. 이러한 경향은 1980년대에 신자유주의의 길로 나아간 미국과 영국에서 더욱 현저하게 나타났다.

아울러 사회보장제도의 위기가 나타난다. 사회보장지출 증대로 인한 재정적자 누적, 기업의 조세 부담 증대는 자본축적의 위기를 가중시켰다. 아울러 사회보장 확대에 따른 실업의 규율효과가 감소하여 자본의 노동통제가 그만큼 어렵게 되었다. 이에 대응하여 자본과 국가가 사회보장지출을 삭감하려는 시도를 한다. 여기서 포디즘 발전모델의 중요한 축을 형성하고 있었던 복지국가가 해체되어간다.

그리고 자본의 세계화가 진전함에 따라 환율, 주가, 금리가 세계경제 상황에 직접적으로 영향을 받게 되어 성장, 고용, 물가 등에 대한 국민국가의 거시경제정책의 효력이 약화되었다. 종래의 케인스주의적 개입정책의 유효성이 떨어진 것이다. 아울러 세계화의 진전에도 불구하고 국가간의 성장에 균형을 맞추고 세계경제를 조절하기 위한 새로운 국제협약과 같은 국제적 조절양식이 결여되어 세계경제의 불안정성이 크게 증대한다. 세계무대에서 유럽과 일본이 등장하여 미국 헤게모니가 약화되고 팍스 아메리카나가 해체됨에 따라 세계경제의 불안정성이 증대된다.

대량생산과 대량소비의 결합에 기초한 포디즘은 하나뿐인 지구의 생존을 위협하는 심각한 생태위기(ecological crisis)를 초래하였다. 원재료와 에너지와 같은 자연자원의 대량사용에 기초한 대량생산은 인류의 공유재산인 자연자원을 파괴하고 고갈시켰으며 대량의 이산화탄소(CO_2)와 산업폐기물을 배출하였다. 대량소비는 에너지의 대량사용과 생활 쓰레기 대량배출을 가져와 환경을 파괴하였다. 대량생산과 대량소비가 필요로 하는 대량의 에너지를 화석에너지에 의존하는 것이 한계에 부딪히자 개발한 원자력에너지는 지구의 생존과 인류의 생명을 위협하는 가공할 흉기로 등장하였다. '자본주의의 황금시대'를 도래시킨 포디즘은 '지구의 종말'을 초래할지 모를 생태위기를 야기했다.

이상에서 논의한 것과 같이 테일러리즘의 모순으로 인한 생산성 획득의 위기, 노동생산성 둔화와 실질임금 상승으로 인한 생산성 분배의 위기, 세계화로 인한 수요의 정체와 불안정 등의 요인이 중첩되어 축적체제의 위기가 발생하고, 포디즘적 노사타협의 해체, 복지국가의 해체, 케인스주의적 거시경제정책의 효력 약화, 팍스 아메리카나의 해체로 인한 세계경제의 불안정성 증대 등과 같은 요인들이 중첩되어 조절양식의 위기가 발생하였다. 이에 따라 포디즘적 발전모델은 총체적 위기에 빠져 해체되기 시작한다.

5. 포디즘 이후의 발전모델

포디즘의 위기는 1970년대 중반 이후 점차 심화되어 1980년대에는 해체 현상이 뚜렷이 나타난다. 이 과정에서 포디즘이 초래한 경제위기를 극복하려는 두 가지 길이 나타난다. 포디즘 위기 탈출의 두 가지 길은 포디즘 이후의 서로 다른 발전모델의 등장으로 연결된다. 하나는 네오포디즘(Neo-Fordism)의 길이고 다른 하나는 포스트포디즘(Post-Fordism)의 길이다.

우선, 네오포디즘은 포디즘 위기의 주요 원인을 임금 및 고용의 경직성과 사회보장지출 증대에 따른 고비용 구조에서 찾는다. 그리고 이윤율 하락의 원인을 임금상승으로 인한 이윤몫(P/Y)의 하락 즉 생산성 분배의 위기에서 찾는다. 임금 상승은 포디즘적 노사타협에 의한 임금 및 고용의 경직성 때문이라고 본다.

따라서 임금 및 고용의 경직성을 폐지하는 것, 다시 말해서 노동시장의 유연화를 추구하는 것이 네오포디즘의 위기탈출 전략이다. 즉 생산성 연동 임금제를 해체하고 노동자를 자유롭게 고용하고 해고하며, 임금을 경기변동과 노동시장 상황에 따라 신축적으로 조정하는 자본의 권능을 회복하려는 것이다. 이를 위해 자본은 노동조합을 약화시키거나 무노조 전략을 구사하여 단체교섭을 약화시키거나 폐지하려는 경영방식을 추구하였다.

이와는 대조적으로 구상과 실행을 분리하는 테일러리즘적 노동과정은 그대로 두었다. 극소전자(ME) 기술과 정보기술을 이용할 경우 종래의 테일러리즘적 노동과정을 해체하는 것이 아니라 강화하려는 방향으로 이루어졌다. 이런 점에서 네오포디즘을 '컴퓨터 지원 테일러리즘(computer-aided Taylorism)'이라 부른다. 그리고 테일러리즘의 노동과정을 그대로 답습하고 있다는 점에서 네오테일러리즘(Neo-Taylorism)이라 부르기도 한다.

정부는 노동시장에 대한 친노동자적 규제를 완화하거나 폐지하여 노동시장의 유연화를 촉진하였다. 그리고 국영기업 혹은 공기업을 민영화하여 공공부문의 노사관계가 시장원리에 지배받도록 하였다. 사회보장지출을 대폭 삭감하여 복지국가가 후퇴하거나 해체되었다. 경제에 대한 국가의 개입을 증대시키는 케인스주의 거시경제 정책은 후퇴하고 자유시장의 완전성을 믿고 국가 개입에 반대하는 통화주의 정책이 전면에 등장하였다. 이러한 현상은 1980년대에 미국의 레이건 정부와 영국의 대처 정부 같은 보수정권이 집권하면서 나타났다. 이 정권들이 추구한 정책 노선이 바로 신자유주의였다.

미국이 주도하는 신자유주의는 1980년대 말 1990년대 초의 소련 및 동구 사회주의의 붕괴에 이은 1990년대 중반 이후의 글로벌화의 급속한 진전에 따라 다른 선진국, 신흥공업국, 이행도상국(구 사회주의권) 등에로 범세계적으로 확산된다. 이들 국가들이 경제위기를 극복하기 위한 구조조정 프로그램은 정도의 차이는 있어도 대체로 네오포디즘적 발전모델을 따르고 있다. 외환위기를 당한 채무국에 강제되고 있는 IMF의 구조조정 프로그램도 그러하다.

네오포디즘과는 달리 포스트포디즘의 길은 포디즘 위기의 주요 원인을 대량생산체제와 테일러리즘적 노동과정의 비효율성에서 찾는다. 이윤율 하락의 원인도 임금인상으로 인한 이윤몫 감소에서 찾는 것이 아니라 노동생산성(Y/L) 둔화와 과잉 설비(K/L의 증대)에서 찾는다. 즉 생산성 분배의 위기가 아니라 생산성 획득의 위기에서, 고비용 구조가 아니라 저효율 구조에서 위기의 원인을 찾는다. 그리고 생산성 위기는 기본적으로 구상과 실행을 분리하는 테일러리즘에서 비롯된다고 본다.

따라서 생산체제 및 노동과정 혁신을 통해 생산성 향상을 추구하는 것, 고효율 생산조직을 창출하는 것이 위기탈출의 전략이다. 즉 임금과 고용의 경직성(안정성)을 유지하면서 노동과정을 테일러리즘으로부터 반테일러리즘(Anti-Taylorism)으로 전환하려는 전략이다. 구상과 실행의 분리, 매뉴얼화된 단순작업, 하이에라키적 명령조직이란 테일러리즘 원리를 완화하거나 폐기하고 참가의식을 가진 다기능 숙련노동으로 작업조직을 재편성하는 것, 노동자들의 지식과 창의성을 동원해서 생산성과 품질을 향상시키려는 것이 이 전략의 핵심 내용이다.

그런데 노동자의 지식과 창의성을 노동과정의 개선에 사용하기 위해서는 노동자에게 상당한 자율성을 부여할 필요가 있다. 물론 이때의 자율성은 생산체제가 부과하는 책임을 다하는 자율성 즉 '책임 있는 자율성(responsible autonomy)'이다. 노동자가 자율성을 가지기 위해서는 '교섭에 기초한 참가(negotiated involvement)'가 필요하다. 여기서 교섭에 기초한 참가란 노동자가 생산성 분배에 대해서 교섭하고 생산성 획득에 적극 참가하는 것이다. 요컨대 '교섭에 기초한 참가'를 통해 노동자에게 책임 있는 자율성을 부여함으로써 그들의 지적 능력과 창의성을 동원하여 생산성과 품질을 높이려는 전략이 포스트포디즘의 길이다.

그리고, 경제위기에 대응하여 기업이 임금을 동결하거나 삭감하고 고용을 줄이는 방어적 전략을 취하는 네오포디즘과는 달리, 포스트포디즘은 노동조직을 유연하게 하여 노동자를 배치전환하거나 교육훈련을 통해 노동자의 능력을 향상시키는 공격적 전략을 취한다. 즉 네오포디즘은 수량적 유연성(numerical flexibility) 혹은 외적 유연성을 추구하지만 포스트포디즘은 기능적 유연성(functional flexibility) 혹은 내적 유연성을 추구한다.

한편 포스트포디즘에서는 복지국가의 위기를 복지의 축소가 아니라 복지공동체의 건설을 통해 극복하려 한다. 신자유주의적 네오포디즘은 복지지출의 삭감과 사회보장제도의 폐지, 복지를 시장기능에 맡기는 사보험 실시 등을 통해 복지국가의 위기를 극복하려고 하였다. 이와는 달리 포스트포디즘에서는 시장부문도 정부부문도 아닌 '제3부문(third sector)'을 건설하여 사회복지를 지역공동체가 주도하고 정부가 지원하는 방식을 선호한다. '공동체 지향 제3부문'은 새로운 복지모델일 뿐만이 아니라 경제관계를 인간화하는 새로운 발전모델의 핵심 요소로서 의미를 가진다. 아울러 포스트포디즘은 노동시간 단축을 통해 실업을 줄이고 고용을 창출하는 대안을 지향하며 생태위기를 극복하기 위한 대안적 생활양식을 지향하는 생태주의(ecology)를 지지한다.

포스트포디즘적 발전모델은 1980년대에 스웨덴이나 독일과 같이 사회민주당의 영향력이 강한 나라가 걸으려고 했던 길이다. 1990년대에 들어와 자본의 세계화가 급속히 진전함에 따라 이 발전모델은 위기에 빠진다. 현재의 시점에서 보았을 때 과연 글로벌화 속에서 이 발전모델이 생존할 수 있을지가 의문시되고 있다. 그러나 아직 이 발전모델의 생명력이 다했다고 할 수 없다. 21세기가 희망의 세기가 되기 위해서는 포스트포디즘의 합리적 핵심을 계승·발전시킬 필요가 있다.

6. 맺음말
 - 포디즘 성쇠의 교훈

포디즘은 삶의 질에 어떤 영향을 미쳤는가? 포디즘의 흥망성쇠의 교훈은 무엇인가?

포디즘은 자본주의 역사에서 유례없는 고성장과 완전고용 그리고 고복지를 달성하였다. 그래서 자본주의는 한 세대 동안 그야말로 '황금시대'라고 할 정도로 번영을 구가하였다. 포디즘의 시대는 인간의 삶의 질을 향상시킨 측면이 있는가 하면 하락시킨 측면도 있다.

우선, 포디즘은 삶의 질을 크게 향상시켰다. 임금 상승 및 소득 증대로 국민의 물질적 생활수준이 향상되었다. 자동차, 가전제품 등 내구소비재의 대량소비를 통해 더 높은 생활수준을 누리려는 사람들의 욕구가 상당정도 충족되었다. 포디즘적 노사타협에 의한 고용 안정, 실업보험제도, 최저임금제도 등을 통해 노동계급의 생활이 안정되었다. 복지국가를 통해 전체 국민의 생활도 안정되었다.

포디즘의 여러 제도들은 소득분배를 상대적으로 균등화시켜 저소득층의 상대적 박탈감(relative deprivation)은 약화되었다. 신중간층과 노동자들의 소득과 부가 지속적으로 증대하여 중산층이 두껍게 형성되었다. 따라서 포디즘의 시대 동안 선진 자본주의에서는 '부익부 빈익빈'이라는 자본주의적 축적의 일반법칙은 수정되었던 것이다.

그러나 포디즘은 삶의 질을 하락시키기도 했다. 포디즘의 대량생산체제에서의 테일러주의적 노동과정은 현장 노동자들에게 구상기능을 없애고 세분화된 직무에서 단순반복노동을 행하게 하며 위계적 노동통제에 따르게 함으로써 현장 노동자들의 노동소외를 크게 심화시켰다. 아울러 컨베이어 시스템은 노동강도를 크게 증대시켜 노동력의 소모를 가속화하였다. 따라서 다수 노동자들의 노동생활의 질은 오히려 하락하였다.

뿐만 아니라 대량생산은 에너지 및 자연자원 사용 증대와 산업폐기물 배출증대로 인해 생태계 파괴를 가속화시켰다. 대량소비는 생활쓰레기를 대량배출하여 환경오염을 심화시켰다. 지구촌의 생태위기는 상당정도 포디즘적 발전모델의 산물이다. 그래서 소득은 증대했지만 마시는 물과 숨쉬는 공기는 오염되어 생명이 파괴되는 현상이 나타났다. 그리고 소비주의의 만연으로 인해 상품관계를 매개로 하지 않는 인간적 삶은 오히려 궁핍화되었다. 물질만능주의의 지배로 인해 사회는 더욱 비인간화되었다.

이와 같이 포디즘은 인간의 삶의 질을 증대시킨 빛과, 삶의 질을 떨어뜨린 그림자를 함께 가지고 있었다. 따라서 포디즘이 인간의 삶의 질에 미친 순효과가 플러스인지 마이너스인지는 확실하게 말할 수 없다. 성장지상주의자들은 당연히 플러스라고 말할 테지만 생태주의자는 마이너스라고 주장할 것이다.

그렇다면 포디즘의 성쇠가 21세기의 우리에게 어떤 교훈을 주고 있는가? 포디즘은 생산성 연동임금제, 단체교섭제도, 최저임금제도, 사회보장제도와 같은 공평성이 높은 제도들을 통해 고도성장을 달성하였다. 따라서 포디즘 성공의 교훈은 "공평성 없이 효율성 없다"는 것이라 할 수 있다. 그러나 포디즘은 직무가 세분화되고 고정되어 있는 경직적인 노동조직, 관료화된 경직적인 대량생산체제, 관료화되고 인센티브 없는 사회보장 시스템 등의 요인 때문에 위기에 빠져 해체되었다. 따라서 포디즘 실패의 교훈은 "유연성 없이는 효율성 없다"는 것이라 하겠다.

포디즘이 이룬 공평성을 이어받고 시스템과 조직에 역동성을 부여하는 유연성을 통해 새로운 효율성을 실현하는 대안적 발전모델을 21세기에 구축하기 위해서는 포디즘이 남긴 이러한 교훈을 음미할 가치가 있다.

■ 참고문헌

부아예. 1991, 『조절이론』(정신동 옮김), 학민사.
리피에츠, 아랑. 1991, 『기적과 환상』(김종한 외 옮김).
암스트롱, 필립, 앤드류 글린, 존 해리슨. 1993, 『1945년 이후의 자본주의』(김수행 옮김), 동아출판사.
山田銳夫. 1994, 『20世紀の資本主義』, 有斐閣.
Lipietz, Alain. 1992, *Towards a New Economic Order: Postfordism, Ecology and Democracy*, Polity Press.
Boyer, Robert. "The Capital Labor Relations in OECD Countries: From the Fordist 'Golden Age' to Contrasted National Trajectories," J. Schor and J. I. You(ed.), *Capital, the State and Labor: A Global Perspective*, Edward Elgar.

사회주의혁명과 20세기의 노동계급

윤용선

1. 머리말

'노동자 국가'들은 20세기에 생성되었고 몰락했다. 노동운동에 적대적이었던 사람들은 이러한 변화를 통해 자신의 사회적 가치관에 더욱 자부심을 갖고 보다 자신 있게 이를 실천에 옮기며, 노동운동에 우호적이었던 사람들 중 일부는 자본주의의 위력에 대한 자신의 무지를 질책하고 가치관을 수정하는 모습이 도처에서 발견된다. 분위기가 매우 일면적이다. 그러나 오류로 점철된 일방적인 가치관이 지배하는 것은 바람직하지 않을 뿐더러 정당하지도 않다. 더욱이 지배적인 가치관이 문제를 전혀 해결하지 못하고 있는 상황에서는 특히 그렇다. 이러한 마당에 20세기의 노동운동을 돌아보는 것은 의미 있는 작업이라 할 수 있다.

'사회주의혁명과 20세기의 노동계급'이라는 화두는 학문에 따라, 접근 방법에 따라, 시공에 따라 다양하게 다루어질 수 있는 커다란 주제이다. '사회주의혁명'만 하더라도 유럽의 1848년 혁명에서부터

1917년의 볼세비키혁명을 거쳐 1970년대에 남미와 아프리카에서
일어난 여러 성격이 혼합된 혁명에 이르기까지 다양한 형태가 있다.
'20세기의 노동계급' 역시 여러 의미를 내포하며 다양하게 분석·서
술될 수 있는 개념이다. 이처럼 포괄적인 두 개념이 연관되는 모든
경우를 살펴보는 것은 당연히 불가능하다.

　따라서 이 글은 먼저 주제를 '러시아 혁명과 유럽 노동운동'으로
제한하고자 한다. 여기에서는 무엇보다도 10월혁명과 소비에트 사
회주의가 유럽 노동운동에 과연 어떠한 의미를 갖고 있었는가 라는
문제가 우리의 관심을 끈다. 이와 관련해 일련의 보다 구체적인 문
제들이 계속해서 제기된다. 즉 양자의 관계는 어떠한 형태로 형성
되고 발전되었으며, 어떠한 한계와 가능성을 갖고 있었는가? 이를
규정했던 요소는 무엇이었는가? 이 글에서는 이러한 문제제기를 통
해 소비에트 사회주의가 유럽 노동운동의 발전에 끼친 영향에 관한
개괄적인 대차대조표를 만들어보고자 한다. 주제는 이러한 제한에
도 불구하고 여전히 광범위하다. 따라서 위에서 제기된 문제들을 시
기적으로 조망해보는 것에 만족하고자 한다. 구체적인 분석은 별도
의 여러 작업을 통해 이루어져야 할 것이다.

2. 10월혁명 시기의 유럽 노동운동

　러시아 10월혁명은 유럽에서 일련의 혁명운동을 촉발시켰다.
1918년 1월에 독일과 오스트리아에서 발생한 노동자의 파업은 어
느 모로 보나 러시아 혁명과 관련이 있었다. 그러나 독일에서는 파
업이 베를린의 소수 전문노동자 집단에 국한됨으로써 곧 진정되고
말았다. 게다가 베를린 사민당은 파업을 중단시키기 위해서 파업지

도부에 참여했다. 스파르타쿠스단과 같은 급진 좌익은 대중에게 영향을 미치기에는 너무 약했다. 오스트리아의 노동자 역시 대규모 노동자조직의 지지를 전혀 받지 못했다. 이들은 이미 오래 전에 사민당 및 노조와 정치적으로 결별했음에도 불구하고 이 조직들을 자기편으로 여기고 있었다. 1918년 초에 중유럽에서 일어난 노동운동은 규모가 작지는 않았으나 혁명으로 발전하지는 못했다.

프랑스에서는 1918년 1월에 일련의 반전집회가 있은 후, 새로운 반전운동이 전개되었다. 운동은 리옹에서 시작되어 파리로 확산되었으나, 여기에서도 독일과 마찬가지로 이렇다 할 성과가 나타나지는 않았다. 파업은 온건주의자들이 프랑스 사회당 지도부를 장악하는 결과를 가져왔다. 반대로 사회당과 노조의 급진세력은 파업이 실패로 돌아가자 영향력을 상실했다. 영국에서는 개별 작업장을 중심으로 파업운동이 전개되었으나 역시 대규모 조직과 연결되어 있지 않았다.

제1차 세계대전에서 주축국의 패배가 가시화되자, 유럽의 혁명운동은 2단계로 접어들었다. 합스부르크 왕조의 붕괴는 제국 내의 슬라브계 소수민족의 봉기를 야기했다. 헝가리에서는 쿤(Bela Kun)을 중심으로 민주 지식인과 사회주의자들이 동맹해 권력을 장악하고 공화국을 선포했다. 레너(Karl Renner)를 중심으로 한 독일·오스트리아의 우익 사민주의자들은 오스트리아가 변형된 다민족국가로 남아 있기를 원했지만 민족의 자결권을 주장한 바우어(Otto Bauer)를 중심으로 한 좌파에게 굴복해야 했다. 사민당은 이러한 내부의 견해 차이에도 불구하고 국가권력을 장악했다.

1918년 11월에 독일 북부 도시 킬에서 수병반란이 일어나자, 혁명운동은 베를린으로 확산되었다. 사민당 지도부와 노조는 사태가 자신들의 노선과 다르게 전개되었음에도 불구하고 이번에는 현실을 인정해야 했다. 노동자들과 좌파들은 사회주의 공화국을 선포했다. 반면에 보수세력과 노조 지도부는 관료계층, 패전한 제국의 군부, 대재벌과 동맹하여 사회주의혁명을 막고자 했다. 이들은 사회주의가 야기할 혼란을 우려했을 뿐만 아니라 소비에트 러시아와 관계를 단절함으로써 평화조약의 내용을 결정할 연합국의 호감을 사려고 했다. 노동자들은 이러한 의도를 이해하지 못했으며, 그 결과 이들은 1918~19년에 공산당으로 연합한 급진좌파 그룹이 이러한 정책을 반대하자 이를 단결을 저해하는 것으로 오해했다. 따라서 1919년 1월 1일에 창당한 공산당과 좌파들은 독일 전역에서 조직된 평의회가 러시아처럼 국가권력을 장악할 것을 요구했지만, 노동자들은 이러한 요구의 의미를 인식하지 못했다.

독일의 구지배계급은 노동운동의 온건세력과 동맹하여 군대와 행정에서 과거의 권력을 되찾았으며 경제적인 권력 또한 유지할 수 있었다. 이들은 이에 대한 반대급부로 노동자복지에서 양보했다. 그 결과 8시간 노동이 도입되었고, 실업자지원과 임금협상이 이루어졌다. 이들은 또한 평화협정이 조속히 체결되어 국제정세가 안정됨으로써 러시아와 같은 상황이 발생하지 않기를 원했다. 결국 독일혁명은 군국주의적 왕정이 부르주아 공화국으로 대체되면서 종결되었다. 동시에 노동자의 물질적 삶은 어느 정도 개선되었고, 여성의 정치적 평등 역시 관철되었다.

그러나 지배계급은 중산층을 동원해 전략적 동맹세력이었던 사민주의자들을 다시 제거했다. 그 결과 노동자·병사평의회의 위상은 약화되었고 사회화위원회(Sozialisierungskommission)는 사회화를 막기 위한 도구로 변질되었다. 무소속 사민주의자들은 의회 선거 직전에 정부에서 쫓겨났고, 베를린의 급진 노동자들은 구제국군대의 장교가 장악한 지원자동맹(Freiwilligenverbände)에 의해 탄압받았다.

이러한 일련의 사태는 노동자를 정치적으로 각성하게 했다. 1919년 1월 투쟁은 독일 혁명의 미래를 결정했다. 지배계급은 1919년 1월에 립크네히트(Karl Liebknecht)와 룩셈부르크(Rosa Luxemburg)를 살해함으로써 좌익 노동운동의 훌륭한 지도자를 빼앗았다. 독일 전역에서 대규모 파업이 발생하자, 군대가 투입되었다. 노동자들은 정부의 의도를 오판한 나머지 너무 늦게 반응했고, 뒤늦은 저항은 단결이 이루어지지 않은 상태에서 차례차례 진압되었다.

유럽 혁명운동의 2단계는 이제 막 태어난 소비에트정권이 내전에 휘말린 직후에 시작되었다. 러시아는 유럽의 혁명운동 덕분에 군사적인 부담을 덜었다. 혁명운동이 프랑스, 이탈리아, 영국을 휩쓸자 연합국은 소비에트 러시아에 대한 군사개입을 중단했다. 덕분에 러시아는 내전을 종식시키고 혁명을 공고히 할 수 있었다. 그러나 레닌이 기대했던 유럽의 사회주의혁명은 실패로 돌아갔다.

프랑스의 대파업과 수병반란은 1919년에 8시간 노동을 법적으로 규정하는 데 성공했지만, 정치권력은 우파의 손에 있었다. 영국 노동당은 1918년 12월 선거에서 기존의 양당제를 깨뜨릴 수 있었으나, 파업운동은 노동자의 복지를 개선하는 데 그치고 말았다. 또한 영국의 승전은 보수주의자의 지배를 공고히 했다. 스칸디나비아에서는 선거권이 완전하게 민주화된 이후 노동자정당이 집권했다. 하지만 사회를 사회주의적으로 개조한 것은 아니었다. 이탈리아 노동자들은 1920년 여름에 북부 이탈리아의 공장들을 점거했다. 그러나 이탈리아 사회주의자들은 선거에서 커다란 승리를 거두었음에도 불구하고 세 당으로 분열했고 1922년에 결국 권력을 파시스트에게 넘겨주고 말았다.

3. 코민테른과 세계공산주의운동

유럽의 노동운동은 제1차 세계대전의 결과를 받아들일 수 없었다. 이러한 상황에서 볼셰비키는 사회주의 세력을 결집하고자 했으며, 이러한 노력은 1919년 3월초에 모스크바에서 코민테른의 창립으로 나타났다. 유럽의 많은 소수 급진그룹이 창립총회에 참여하였으나, 규모가 큰 노동자 정당들은 불참했다. 총회에 참석한 노르웨이 노동당 좌파, 불가리아와 핀란드의 사민당 정도가 자국에서 규모 큰 노동자 정당이었다. 독일 공산당의 경우에는 생디칼리스트 소그룹 하나가 참여했으나, 이들은 다른 나라의 공산당이 참여하지 않는 한 코민테른의 창립을 지지하지 않겠다는 입장을 취했다. 게다가 중앙위는 조직이론을 둘러싸고 레닌과 대립했던 룩셈부르크의 입장을 대변했다. 볼셰비키의 코민테른 지배가 순탄하게 진행되지 않을 조짐이 보였으나, 독일측 대표였던 에버라인(Hugo Eberlein)은 창립을 둘러싼 투표에서 기권했으며, 그 결과 코민테른은 볼셰비키가 의도한 바대로 창립되었다. 본부는 모스크바였고, 초대 의장은 지노비에프가 맡았다.

바야흐로 유럽의 노동운동은 제2인터내셔널과 제3인터내셔널(코민테른)로 양분되는 듯했으나, 전자는 곧이어 분열위기를 맞았다. 1919년 8월에 열린 제2인터내셔널 회의는 소비에트 러시아와 헝가리의 사회주의 정권을 무너뜨리고자 하는 영국 및 프랑스의 정책과 파리평화조약을 비난했다. 그러나 양국의 사회당 지도부는 이러한 비난을 행동으로 옮기지는 않았다. 이에 반발한 몇몇 대규모 정당들은- 독일 독립사민당(USPD),[1] 오스트리아, 스위스, 이탈리아, 프랑

---

[1] 독립사민당은 1914년에 사민당의 전쟁비용 인준에 반대해 탈당한 인물들을 중심으로 고타(Gotha)에서 1917년 4월에 결성되었다. 독립사민당은 1918

스, 노르웨이, 스페인 사회당―1920년 8월에 제네바에서 개최된 11차 제2인터내셔널 대회가 열리기 전에 탈퇴를 선언했다.

코민테른은 제2인터내셔널의 이러한 위기를 이용하고자 했다. 이즈음에 독일 공산당은 지도부와 당내 급진파 간의 내부적인 갈등으로 인해 분열하고, 독일 공산노동당(KAPD)이 조직되었다. 이들 급진좌익 공산주의자들은 의회선거에 불참하고 노조의 수정주의 노선을 비판했다. 레닌은 1920년 「좌익 급진주의, 공산주의의 소아병」이라는 글을 통해 독일 공산노동당을 비난했다. 레닌이 의도했던 바는 급진주의자들과 결별하고 유럽의 주요 사민주의 정당들을 코민테른에 끌어들이는 것이었다. 그 결과 독일 독립사민당, 스위스, 프랑스, 이탈리아 사회주의자들은 코민테른 가입을 논의하기로 결정했다.

이러한 변화는 유럽에서 새로운 혁명운동이 시작될지도 모른다는 기대를 낳았다. 따라서 볼셰비키는 당조직을 통해 권력을 장악했던 자신들의 경험을 각국의 특수한 상황을 무시한 채 유럽 공산당들에게 강요했다. 볼셰비키는 유럽 혁명운동의 패배원인을 이론작업의 부족에서 찾고 코민테른 2차대회에서 공산당 조직의 무조건적인 중앙집중화와 규율화를 주장했고, 이러한 주장은 정관과 21개 가입조건에 포함되었다.

코민테른의 정책은 유럽 공산당의 구조를 변화시켰다. 유럽 공산당들은 코민테른 집행위의 결의사항을 따라야 했으며 온건, 급진노선으로부터 거리를 두어야만 했다. 그런데 코민테른이 제시한 조건은 당 지도부로서는 받아들일 수 없는 것이었으며 유럽 노동운동의

년 11월 혁명 이후 사민당과 함께 인민위원부 평의회에 참여하기도 했다. 그러나 당은 1920년 10월에 할레(Halle/Saale)에서 개최된 당대회에서 분열했으며, 다수파인 좌파는 공산당에 입당하고, 나머지는 1922년 9월에 뉘른베르크 당대회에서 사민당에 다시 합류했다.

전통에도 어긋나는 것이었기 때문에, 조건의 수락은 사실상 당의 분열을 의미했다.

그럼에도 불구하고 러시아 혁명에 대한 열광이 엄청났기 때문에, 독일 독립사민당은 1920년 10월 할레 당대회에서 당의 주요 인사인 힐퍼딩(Hilferding), 레데부아(Ledebour), 디트만(Dittmann)의 반대에도 불구하고 코민테른 가입을 선언했다. 프랑스 사회당 역시 1920년 12월 당대회에서 당내 지도급 인사의 반대를 무릅쓰고 가입을 결정했다. 두 나라에서는 소수가 결국 당에서 탈퇴하였다. 1921년 1월에 리보르노(Livorno)에서 개최된 이탈리아 사회주의당 대회에서는 당의 단합을 강조한 세라티(Serrati)의 주장이 관철되었으나, 그람시(Antonio Gramci)와 보르디가(Amadeo Bordiga)를 중심으로 한 소수파는 독자적인 공산당을 조직하였다. 스위스에서는 코민테른 추종자의 세력이 매우 약했으며, 영국 독립노동당에서는 코민테른 세력이 사실상 전무했다.

그러나 1921년 초에 코민테른은 막강한 세력을 형성한 듯했다. 즉 독일, 프랑스, 이탈리아, 노르웨이, 불가리아, 체코슬로바키아의 합법적인 정당들이 코민테른에 가입했다. 또한 코민테른을 지지했던 핀란드와 폴란드의 불법적이거나 반(半)합법적인 정당들은 노동자들 사이에서 커다란 지지를 받고 있었다. 그밖의 다른 유럽 국가의 코민테른 가입정당들은 소규모 그룹이었다.

그러나 1921년 3월에 독일 공산당이 대중혁명을 시도하자, 예상과 달리 코민테른의 무기력이 드러났다. 러시아 혁명에 대한 열광이 투쟁의지로 전환하는 데는 한계가 있었으며, 공산당의 결연한 의지가 노동자의 자발적인 참여를 대신할 수 없었다.

독일 공산당은 레닌마저도 반대한 이 봉기로 인해 당의 주요 인물인 레비(Paul Levi)를 잃게 되었다. 그는 독립사민당에 잔류하다가 결국 사민당으로 돌아가 좌파를 형성했다. 독일 공산당은 브란들러 (Heinrich Brandler)와 탈하이머(August Thalheimer)의 지도 아래 1921년의 패배로부터 회복했고, 그 후 공산당은 바이마르 공화국의 인플레이션 시대에 다시 영향력을 증대시켰다. 공산당은 또한 사민주의 진영에 연합전선을 제안하기도 했다. 그러나 공산당은 경제위기를 권력 장악의 기회로 발전시키지는 못했다. 1924년 초에 자본주의가 다시 안정기에 접어들자, 모든 나라에서 공산당의 영향력은 크게 감소했다. 위기가 곧 다시 도래할 것이라는 환상에 근거한 공산당의 정책 때문이었다.

유럽에서 공산당의 영향력이 감소하자, 노동운동에서 민주주의가 점차 사라졌다. 1923년까지 코민테른의 모든 분과에서는 민주주의가 유지되었다. 개별 정당의 다양한 노선이 당 기관지와 당대회에서 논의되었지만, 이로 인해 코민테른의 권위와 단결이 위협받지는 않았다. 노동자들 역시 이러한 당내 논쟁을 당의 붕괴 조짐으로 보지 않았다. 그러나 독일의 인플레이션이 진정되고 1924년에 미국의 차관을 통해 유럽경제가 안정되자, 대부분의 유럽 공산당에서는 '좌파'가 당내 다수파로 부상했다.

이들은 제5차 코민테른 대회를 주도했으며 새로운 위기가 곧 도래할 것이라는 환상에 빠졌다. 이러한 기대와 노동자의 실제적인 이해 사이에 존재하는 모순을 감추기 위해, 유럽 공산당 내부에서는 과거와 같은 자유로운 의견개진이 제한되었다. 그 결과 공산당은 조직상으로 분자화되었다. 즉 공산당은 사민주의자들과 동맹하여 경제적인 문제의 해결을 위해 투쟁하는 대신 작업장이나 거리의 작은 세포 같은 소규모 그룹을 양성화했다. 이는 언젠가 새로운 혁명이 도래할 것이라는 기대에서 비롯되었다.

유럽 공산당과 1921년부터 공산당이 주도했던 적색 노조 인터내

셔널 산하 조직의 회원 수는 급격히 감소했다. 사민주의 노조 내에
서도 공산당 세포의 영향력이 감소했다. 유럽 공산당은 자신감과
활동의 역동성을 점차 상실했고, 이들은 그럴수록 소련 공산당 지
도부가 요구하고 희망하는 사항에 종속되어갔다.

러시아 혁명에 대한 믿음은 소련 공산당의 무오류 신화로 발전해
갔다. 유럽 공산당은 이제 독자적으로 충분히 논의된 전략을 수립하
는 대신에 혁명을 수동적으로 기다리며 위로부터의 명령을 이의 없
이 받아들였다. 게다가 지도급 인사들은 처음에 '우파'에서 나중에
는 '좌파 기회주의자'로 낙인찍혀 숙청의 희생자가 되었다. 브란들
러, 탈하이머, 피셔(Ruth Fischer), 마슬로(Maslow), 로젠베르크(Arthur
Rosenberg), 코르쉬(Karl Korsch) 등이 숙청되었다. 체트킨(Klara
Zetkin)은 권한을 크게 상실했다. 스웨덴, 네덜란드, 프랑스, 이탈리
아, 체코슬로바키아에서도 숙청이 이루어졌다.

볼셰비키는 1920년대 중반까지도 서구 산업국가에서 사회주의혁
명이 발발할 것이라는 희망을 버리지 않았다. 따라서 이들은 혁명
을 기다리고 있는 유럽 공산주의자들과 생각을 같이했다. 한편 유
럽의 공산주의자들은 러시아를 유일한 사회주의 국가로 이상화했
다. 그 결과 유럽 공산당은 당시 러시아에서 생성된 지배체제가 정
치적인 고립이라는 특수한 상황과 어느 정도 관련이 있는지, 이러
한 체제가 산업국가에서 어느 정도 적용될 수 있는지를 분석을 하
는 대신에 신화 만들기에 여념이 없었다. 볼셰비키는 1925년에 자
본주의가 안정을 되찾자 소련의 고립이 굳어질 것이라는 점을 인식
하기 시작했다.

스탈린은 『레닌주의의 제문제』 2판에서 '일국사회주의'론을 제
시했다. 러시아가 사회주의 사회의 정치적 토대와 경제적 조건을
마련하지만, 사회주의의 실현은 여러 산업국가의 협력하에서 이루

어진다는 기존의 입장이 이렇게 포기되었다. 이러한 입장의 변화는 코민테른의 정책에도 커다란 영향을 미쳤다. 소련에 대한 유럽 공산당의 비판적 연대는 포기되었고, 유일한 사회주의 국가의 방어와 무조건적인 충성이 요구되었다. 이로써 소련은 대외정책에 있어 유럽 공산당을 전략적인 도구로 이용할 수 있게 되었다.

여기서 코민테른의 정책을 좀더 구체적으로 살펴보기로 하자. 코민테른은 크게 보아 세 개의 기본노선을 추구했다.

코민테른과 소련 대외정책간의 분업이 첫번째 기본노선이었다. 코민테른은 처음에 독일을, 1923년 말부터는 영국을 세계혁명의 핵심 고리로 보았다. 이에 따라 코민테른은 당시 소련의 주요 외교적 파트너였던 이들과 대립했다. 그러나 소련은 이들 두 국가와 최초로 무역협정을 체결했다. 제1차 세계대전 이후 유럽에서 함께 고립된 소비에트 러시아와 독일이 1922년 4월에 체결한 라팔로(Rapallo) 조약은 전자에게 최초의 성공적인 외교였다. 이어서 제1차 세계대전의 최대승전국인 영국은 1924년 2월에 소련을 외교적으로 승인했다.

소련 정부와 코민테른의 서로 모순되는 대외정책은 당연히 소련과 이들 두 나라간의 관계에 부정적인 영향을 미쳤다. 독일과 영국은 모스크바가 코민테른의 활동을 제한하도록 강력히 요구했다. 한편 코민테른 지도부가 독일과 영국에서 혁명의 조짐이 보인다고 판단하자, 소련 정부는 자국의 외교적 이익을 포기하는 모험을 했다. 이와 정반대되는 현상도 나타났다. 소련은 유럽 공산당들의 급진적인 활동이 자국의 외교적 이익에 반할 경우 코민테른을 통해 이들을 통제하기도 했다. 이처럼 코민테른의 활동에서는 소련의 국익을 초월한 세계혁명운동 지원과 소련의 국익 우선 정책간의 구분이 모호했다. 소련외교와 코민테른 정책은 분명 기만과 이중성이라 비판

받아 마땅하다.

그러나 문제는 그렇게 단순하지 않았다. 문제는 1920년대 소련의 국내상황과 관련이 있었다. 1921년부터 추진된 신경제정책은 국내적으로는 자본주의적 시장에, 국제적으로는 러시아 시장에 대한 외국의 관심을 이용하는 것에 근거하고 있었다. 따라서 소련으로서는 자본주의 국가들과 우호적인 관계를 유지하는 것이 매우 중요했다. 하지만 볼셰비키는 국제정세가 변화해서 자본주의를 인정해야만 하는 '후퇴'가 불필요하게 될 수도 있다는 점을 염두에 두었다. 소련의 대외정책이 세계혁명운동에 동참하기도 했다가 반대로 코민테른을 자국의 이익을 추구하는 도구로 이용하기도 했던 사실이 이렇게 설명될 수 있을 것이다.

코민테른의 두번째 기본노선은 아시아에 대한 관심의 증대와 관련이 있었다. 아시아에 대한 관심은 몇 가지 요인에서 비롯되었다. ㉮ 먼저 러시아 영토에 살고 있는 비러시아 민족들에 대한 소련의 정책이다. ㉯ 다음은 러시아 혁명이 세계 자본주의의 중심부에서 일어나지 않았던 것처럼, 혁명이 자본주의 중심부보다 식민지나 반(半)식민지에서 먼저 일어날 것으로 보는 이론이다. ㉰ 마지막으로 당시 전세계에 팽배해 있던 반제국주의 투쟁이다.

볼셰비키는 혁명의 불씨가 러시아에서 동방으로 번질 수 있다고 보았다. 1920년에 코카서스 바쿠에서 동방인민의 해방을 위한 대회가 개최된 것은 이러한 맥락에서 이해될 수 있다. 볼셰비키는 그때까지도 혁명이 전세계에서 연속적으로 일어날 수 있을 것으로 보았다. 이들은 피억압 국가에서 일어나는 모든 해방운동이 내부적으로 갈등이 심화되고 있던 자본주의 중심부에 영향을 끼칠 것으로 생각했다.

따라서 1920년에 개최된 2차 코민테른 대회는 1차 대회와 달리 프롤레타리아 혁명뿐만 아니라 식민지와 반(半)식민지의 부르주아·민족혁명을 강조했다. 이러한 입장은 처음에 코민테른 내부에서 커다란 논란을 일으켰으나 나중에는 다수의 견해로 굳어졌다. 유럽에서 혁명의 가능성이 희박해지자, 식민지 문제는 더욱 중요성을 얻게 되었다. 이러한 상황에서 중국의 혁명운동은 분수령의 의미를 갖고 있었다. 코민테른은 중국공산당과 국민당간의 동맹을 프롤레타리아, 농민, 반제국주의적인 부르주아의 통일전선으로 간주했다. 이러한 코민테른의 정책은 중국공산당의 반대에도 불구하고 처음에는 성공적으로 보였다. 국민당은 소련의 정치·군사 고문관을 받아들였으며, 공산당은 국민당과의 동맹을 통해 영향력을 증대시켰다. 장개석을 중심으로 한 국민당 지도부가 공산당의 영향력을 제한하고자 했을 때에도, 동맹정책은 고수되었다.

그러나 장개석이 코민테른 집행위 명예위원으로 위촉되기 직전인 1927년 4월에 공산주의자들을 체포해 처형하고 노동자의 저항을 진압하자, 비로소 코민테른은 방향을 전환해 국민당에 대한 봉기를 결정했다. 하지만 방향전환은 너무 늦게 이루어졌다. 1927년 12월에 조직된 '광동 코뮨'은 불과 며칠 동안 버티다가 대학살이 있은 후 붕괴되었다. 동방이 세계혁명의 도화선이 될 것이라는 희망은 이후 한동안 자취를 감추었다.

코민테른의 세번째 기본노선은 '통일전선'이라는 구호 아래 추구된 분열된 노동운동의 결합이었다. 그렇다고 사민주의에 대한 투쟁이 포기된 것은 아니었다. 독일에서는 1923년에 작센과 튀링엔에서 사민당과 공산당의 연정이 사민주의자인 제국대통령의 명령에 의해 무력으로 해체되었다.

그 결과 코민테른은 강경 노선으로 선회했다. 이제 사민당 지도자들과의 동맹은 배제되었고, '밑으로부터의 통일전선'만이 인정되었다. 코민테른 의장이었던 지노비에프와 스탈린은 처음으로 사민주의를 '사회파시즘(Sozialfaschismus)'으로 규정했으며, 코민테른 역시 1924년부터 이러한 용어를 사용하기 시작했다. 이들에 따르면, 사민주의는 부르주아의 하수인으로 전락함으로써 파시즘의 등장을 도왔다는 것이다. 또한 이들은 사민주의가 노동자에 대해 영향력을 갖고 있기 때문에 특히 위험하다고 보았다.

그 후 영국 노조가 코민테른의 연대제의를 거절하고 중국에서 동맹정책이 실패로 끝나자, 코민테른의 반사민주의 노선은 도그마로 굳어졌다. 1928년에 개최된 6차 코민테른 대회는 이러한 전환을 확인했다. 6차 대회는 당시의 국제정세와 파시즘운동을 완전히 오판한 가운데 '사회파시즘'을 주적으로 간주하고 이에 대한 투쟁을 공산당의 최대 당면과제로 선언했다. 통일전선을 위한 대안을 모색하던 반대그룹들은 더 이상 목소리를 낼 수 없었다. 모든 공산당은 무조건 소련을 지지해야 했으며, 이는 소련에 대한 자본주의의 십자군전쟁의 위협이라는 명분으로 정당화되었다.

사민주의와의 결별은 경기순환에 대한 예측과도 관련이 있었다. 당대의 탁월한 마르크스주의 경제학자였던 바르가(Eugen Varga)는 심각한 경제위기의 도래를 예측했고, 이는 적중했다. 부르주아 경제학자들과 사민주의 경제이론은 모두 호경기가 지속될 것이라고 믿었다. 정황을 살펴보건대 사회주의혁명을 위한 단결이 무엇보다도 필요한 시기였다. 그러나 공산당 지도부는 사민당의 '배신'을 시기적절하게 공격하기만 하면 노동자가 자신들에게 올 것이라고 기대했다. 따라서 공산당은 사민당과 노조에게 통일전선을 형성하자는 제안을 하지 않았다.

그밖에 코민테른이 좌로 선회한 것은 신경제정책 말기에 소련이 직면한 사회적·경제적 위기와 관련이 있었다. 먼저 신경제정책은 농업 소생산자의 사회적 분화를 심화시켰다. 산업생산의 발전은 완만하게 이루어져 농업 집단화를 위해 필요한 만큼 농업을 기계화하기에는 역부족이었다. 농촌에서 허용된 시장은 결국 이윤과 부농의 등장만을 낳았다. 사태가 이렇게 발전하자, 경제정책을 둘러싸고 당내에서는 견해 차이가 노출되었다. 권력투쟁을 동반한 논의 끝에 스탈린은 자신이 처음에 반대했던 좌파의 입장을 수용했으며, 농업은 이제 강제적인 집단화를 통해 산업화를 위한 자본의 원시축적원이 되어야 했다.

중국 노동운동의 실패 역시 코민테른의 노선변화에 일조했다. 중국혁명의 실패는 스탈린이 장개석과 지나치게 오래 협력했기 때문인 것으로 평가되었다. 따라서 모스크바는 신뢰할 수 없는 계급과의 동맹은 실패로 끝날 수 있다고 생각하기 시작했고, 이는 사민주의와의 관계에 영향을 미쳤다.

파시즘이 대두하던 시기에 취해진 코민테른과 유럽 공산당의 대사민주의 정책은 적절하지 못한 것으로 평가될 수 있다. 부르주아 민주주의가 파시즘으로 변질될 것이라는 사실을 예측한 것은 적중했다. 그러나 부르주아 국가가 실시한 모든 반(反)노동자정책 뒤에 파시즘이 있다고 보고 사민주의 전체를 '사회파시즘'이라든지 '파시즘의 좌익 근거지'로 매도한 것은 오류였다. 이로 인해 초기 반파시즘 투쟁에서 사민주의와 공산주의의 동맹은 불가능해졌고, 이는 더 나아가 양자 사이의 분열의 골을 더욱 깊게 만들었다.

4. 파시즘의 대두와 국제공산주의운동

소련에서 농업이 집단화되고 급속한 산업화가 추진되자, 코민테

른의 극좌 노선은 소련의 입장에서 볼 때 적절하고 유용한 것이었
다. 소련에서 노동자 조직의 힘이 극도로 상실되고 있는 상황에서
유럽 사민주의 노조와의 연대는 불가능했다. 소련 공산당의 영향
아래 있는 코민테른을 중심으로 통일전선이 구축되자, 소련의 국내
정치에 비판적이었던 유럽 사민당은 노동자에게 보다 많은 영향력
을 행사하기 시작했다. 한편 코민테른은 유럽 공산당들에게 주관적
인 견해를 받아들이도록 강요했다. 당 독재의 즉각적인 수립이 가
능하다는 것이었다. 이는 소련 공산당이 자국에서 실시했던 정책이
었다. 이러한 정책이 훗날 유럽 공산당을 완전히 수동적으로 만들
고 미래를 잘못 예측하도록 하리라는 것을 당시에는 누구도 몰랐다.

1930년대에 접어들면서 코민테른의 정책은 다시 변화를 맞았다.
1934년 초부터 소련에서 상황이 변화했다. 스탈린의 정책은 엄청난
희생자를 낳았고 장기적으로 소비에트 사회의 발전에 매우 부정적
인 영향을 미쳤다. 그러나 경제에서는 성과가 있었다. 일부 집단농
장은 잉여생산물을 생산하기 시작했고, 산업생산은 독일제국과 비
슷해졌다. 전쟁이 발발하지 않는다면, 일국사회주의가 가능할 것도
같았다. 따라서 소련은 전쟁을 피하고자 했다. 소련은 어떠한 대가
를 치르더라도 서구의 자본주의 국가들과 반파시즘 동맹을 체결할
준비가 되어 있었다. 따라서 소련은 모든 노동자 정당의 단결을 희
망하는 유럽 노동자들의 뜻을 받아들였다.

그 결과 코민테른은 다시 통일전선 노선으로 선회했고, 곧 이어
서 인민전선 정책이 시작되었다. 통일전선을 거부하던 프랑스 공산
당은 사회당에게 협력을 제안했다. 공산당은 상호비방을 중단하자
는 사회당의 제안을 처음에는 거부했으나 1934년 6월 23일에 이를
수락했다. 사회당은 7월 중순에 공산당과의 협정을 선언했고, 협정
은 7월 27일에 체결되었다.

소련은 1934년 9월 18일에 국가연맹(League of Nations)에 가입했으며, 소련과 프랑스는 1935년 5월 2일에 대 히틀러 방어동맹을 체결했다. 이제 프랑스 공산당은 부르주아 공화국 프랑스가 파시스트 국가 독일과 투쟁하는 것을 도와야 했다. 프랑스 공산당은 이를 소비에트 사회주의를 방어하는 것으로 간주했다. 공산당과 사회당의 협력이 시작되자, 급진 사민주의를 표방하는 민주 부르주아 정당이 이에 동참했으며, 그 결과 공산당은 1935년 5월과 6월에 실시된 지방선거에서 괄목할 만한 성과를 거두었다. 노조 역시 다시 단결했다. 1936년 4~5월에 실시된 총선은 인민전선에 속한 세 당의 승리로 끝났다. 우익 정당은 패배했고, 사회당은 과거의 표를 유지했으며, 공산당은 과거에 비해 거의 두 배 정도 많이 득표했다.

선거 후 사회당의 블룸(Leon Blum)을 중심으로 1차 내각이 구성되자, 노동자는 자신의 정치적 승리를 복지정책에 반영하기 위해 파업을 일으켰다. 기업가들은 1936년 6월 7일에 마티뇽(Matignon) 합의에 서명했다. 합의에 따라 노조는 임금협상 파트너로 인정되었으며, 주 40시간 노동, 2주 휴가, 일방해고의 금지, 상당한 임금인상 등이 실현되었다. 의회는 이러한 합의사항을 입법화해야 했다. 그러나 공산당은 은행을 국유화하고 금과 외환을 통제하여 복지정책을 확고히 하고자 했던 블룸의 제안을 거부했다. 공산당은 프랑스와 소련의 동맹관계를 지나치게 의식한 나머지 프랑스의 부르주아를 자극하고 싶지 않았던 것이다.

스페인에서도 좌파는 1936년 2월 16일에 개최된 선거에서 인민전선으로 연합했다. 이에 맞서 극우 및 보수세력은 민족전선을 결성했다. 인민전선에는 아나키스트를 제외한 모든 노동운동 세력이 참여했다. 좌익 부르주아 공화주의자들 역시 선거동맹에 참여했으며, 그 결과 민족전선은 참담한 패배를 맛보아야 했다. 부르주아 공화주의자들은 처음에 단독으로 정부를 구성했으며, 99명의 사회당 의원과 16명의 공산당 의원들은 신 정부를 지지했다. 1934년 10월 봉기로 인해 체포된 정치범들은 사면되었고, 농업개혁이 다시 시작되었다.

프랑스와 마찬가지로 스페인에서도 인민전선이 선거에서 승리한 후, 노동자 파업이 발생했다. 그런데 여기에서는 투쟁이 프랑스보다 훨씬 과격한 양상을 띠었다. 농업개혁을 가속화시키려는 농민소요, 산업 노동자와 농업 임노동자의 파업은 농촌에서 반교회운동으로 발전했다. 그러나 운동은 파시스트와 가톨릭 단체들의 저항을 받고 중단되었다. 자본이 대규모로 유출되었고, 군장성, 파시스트 조직, 1830년대에 왕위 계승을 둘러싼 전쟁(카를로스파 전쟁) 이후 분열되었던 왕당파, 귀족출신 대지주, 고위 성직자와 부르주아 일부가 군사독재를 준비하기 시작했다. 결국 1936년 7월 17일에 경찰과 사법부의 지원을 받은 군부는 쿠데타를 일으켰다.

스페인에서 일어난 노동자와 군부독재간의 투쟁의 성패는 유럽 노동운동의 연대에 달려 있었다. 프랑스 노동자들은 자국의 인민전선 정부에게 스페인에 무기를 공급할 것을 요구했다. 그러나 프랑스의 급진 사회주의자들은 이를 거부했다. 이들은 스페인 군부를 지원하고 있던 이탈리아 및 독일과의 개전을 우려했기 때문이었다. 소련은 무기공급으로 인해 전쟁이 발발할 경우 어떠한 입장을 취할지에 대해 분명한 태도를 보이지 않았다. 결국 스페인에 대한 프랑스의 무기공급은 중단되었고, 프랑스와 영국은 불개입 정책을 표방했다. 이로서 스페인의 합법 정부는 유럽 노동운동의 지원을 받지 못했고, 반대로 독일과 이탈리아는 쿠데타를 일으킨 군부를 공공연하게 지원했다. 유럽의 인민전선 정부들은 이러한 식으로 점차 파시즘의 압력에 굴복했다.

영국의 보수정권은 파시즘 세력이 지나치게 약화되는 것을 원치 않았다. 영국 정부는 유럽에서 좌파가 승리할 경우 상황이 더 악화될 것으로 판단했기 때문이었다. 이들은 인민전선운동이 사회주의 혁명으로 발전할 수 있다는 점을 우려했다. 프랑스의 인민전선 정부는 영국의 이러한 우려를 존중했다. 그래서 정부는 영국과 협력을 해야만 히틀러의 보복전쟁을 피할 수 있다는 궁색한 구실을 만들었다.

보수적인 영국 정부와 동맹한 것은 프랑스만이 아니었다. 소련 역시 히틀러의 공격위협에 직면해 영국에 의존하고자 했다. 소련은 전쟁을 피하거나 가능한 한 지연시키기 위해서 스페인에 대한 불개입정책을 표방했으며, 소련은 프랑스와 스페인 공산당에게 인민전선운동을 부르주아 민주주의의 수호와 소규모 개혁에 국한시키도록 지시했다. 소련은 영국의 태도를 변화시키지 않는 한 유럽의 인민전선이 마비될 것이라는 점을 알지 못했다. 영국이 1938년 9월 30일에 뮌헨에서 소련과 어떠한 협의도 없이 체코슬로바키아를 히틀러에게 넘겨주자, 비로소 스탈린은 환상에서 깨어났다.

1930년대의 소련의 국내정치 역시 인민전선운동에 재앙을 가져왔다. 소련 공산당의 혁명 1세대는 노선을 둘러싼 투쟁으로 분열하고 결국 당 지도부에서 밀려났다. 일부는 이미 법적으로 처벌을 받거나 유형에 처해졌다. 그러나 상당수는 아직 당과 국가에서 활동하고 있었다. 당내 우파를 형성했던 부하린, 라덱, 좌파에 속했던 소콜니코프는 1935년에 개헌을 위해 구성된 위원회에 아직 참여하고 있었다. 그러나 이미 당과 국가를 장악하고 있던 스탈린은 이러한 관용을 더 이상 허용하지 않았다.

스탈린은 당의 구엘리트들이 유럽 노동자들의 사고를 통제하는 것을 용납하지 않을 것이라는 점을 우려했다. 게다가 스탈린은 점차 가시화되던 전쟁이 발발할 경우 인민전선과 관련한 자신의 정책이 오류로 드러날 수 있다는 점을 또한 우려했다. 이 점은 이미 1927년에 트로츠키에 의해 지적되었는데, 그는 노동자의 봉기를 촉구하고 유럽 강대국간의 전쟁이 아닌 혁명투쟁으로서의 전쟁을 계속할 것을 주장한 바 있었다.

스탈린은 반대파에 대한 숙청을 시작했다. 1934년 12월 1일에 레닌그라드 당 서기였던 키로프가 암살되었다. 그가 스탈린에 반대하는 구엘리트를 끌어안으려 하자, 비밀경찰은 암살을 의도적으로 방치했다. 그러나 키로프의 암살은 대숙청의 빌미가 되었다. 먼저 지노비에프와 카메네프가 수감되었고, 이들은 1936년에 실시된 1차 숙청에서 처형되었다. 피의 숙청은 1938년까지 계속되었다. 부하린, 릐코프, 퍄타코프, 크레스틴스키, 소콜니코프, 투하체프스키 등 지도급 볼셰비키, 수천 명의 중간 관료와 장교, 혁명적인 노동자와 지식인들이 총살되거나 강제노동수용소에서 사라졌다. 모스크바로 망명했던 독일, 헝가리, 폴란드 출신 공산당 지도자들 중 일부도 희생자가 되었다. 이러한 테러의 광기 속에서 국제노동운동의 상호 신뢰는 사라졌다. 유럽의 공산당들은 테러를 방어하고 이를 정당화해야 한다는 의무감에 사로잡혔다. 민주국가로 망명했던 공산주의 관료와 지식인들은 고립된 채 절망적으로 소련에 대한 자신들의 신뢰에 집착했다.

코민테른은 숙청의 시기에도 사민당과 부르주아 정부의 신뢰를 얻기 위해 노력했다. 그러나 코민테른이 부르주아 민주주의를 지지하는 것은 이해하기 힘든 현상이었다. 모스크바에서 자행되고 있던 테러는 민주주의의 싹을 잘라버리는 것이었기 때문이다. 스탈린의 독재가 종교적으로 추앙되자 유럽 노동운동의 코민테른에 불신이 점차 증대하는 것은 당연했다.

현실주의적인 입장에서 본다면, 산업화가 절대적으로 필요했던 소련이 전쟁을 피하기 위해 서유럽 자본주의와 화해하고 타협하는 정책은 불가피했다. 또한 이러한 타협정책을 관철시키기 위해 이에 반대하는 구엘리트들을 제거한 것은 불가피하지는 않았지만, 스탈린의 입장에서는 나름대로 명분이 있었다. 그러나 유럽의 노동자들은 이러한 맥락을 이해하지 않았다. 노동운동은 다시 분열했고 크게 약화되었다. 인민전선운동의 에너지는 1938년 중반에 소진되어 버렸고, 노동운동은 유럽의 주요 산업국가에서 쇠퇴했다.

제2차 세계대전 초기에 파시즘의 지배하에 들어가지 않은 나라에서는 정치권력이 다시 부르주아의 손에 넘어갔다. 이들 부르주아 국가들은 1935년에 이탈리아의 에티오피아 침공을 인정했으며, 1938년에는 나치독일과 오스트리아의 합병을 묵인했다. 독일은 1938년 9월에 체코슬로바키아의 주데텐란트를, 이탈리아는 1939년 4월에 알바니아를 점령했다. 영국과 프랑스는 이를 수수방관했다. 히틀러가 체코슬로바키아의 나머지를 점령하고 폴란드 침공을 준비하자, 비로소 이들은 소련에게 협력을 제안했다.

그러나 소련은 영·독의 뮌헨협정 이후 두 진영－영국·프랑스와 독일·이탈리아－을 다르게 보아야 할 이유가 없었다. 따라서 소련은 이제 기정사실이 된 독일과의 전쟁을 가능한 한 지연시키고자 했다. 서구 열강이 체코슬로바키아의 부르주아 민주주의를 파시즘에게 넘겨준 상황에서 소련이 폴란드의 군부독재를 자국의 평화보다 중시해야 할 이유가 없었다. 게다가 폴란드에서는 이미 오래 전부터 공산당이 금지되었으며, 심지어 사민당마저도 경찰의 탄압을 받고 있었다. 이러한 상황에서 1939년 8월 23일에 독소불가침조약이 체결되었다. 소련은 추가 비밀협정에서 1920년 전쟁에서 폴란드가 점령한 지역을 되찾았다. 9월 28일에 체결된 2차 협정에서는 추가로 발트 3국과 핀란드, 1918년에 루마니아에 합병된 베싸라비아를 손에 넣었다.

독소불가침조약은 개전을 연기시켰으며 소련에게 유리하게 작용했다. 하지만 조약은 유럽 노동운동과 특히 공산당에게 커다란 해를 끼쳤다. 유럽의 사회당과 공산당은 배신감을 느꼈다. 그럼에도 불구하고 프랑스·영국·독일 공산당은 독소불가침조약 이후에도 여전히 히틀러를 주적으로 간주하는 정책을 고수했다. 프랑스 공산당은 심지어 1939년 9월 17일에 소련이 폴란드를 침공하자 이를 정당화했다. 이에 대해 부르주아 정부는 9월 26일에 공산당의 활동을 법적으로 금지시켰다.

공산당과 달리 사회당은 소련에 대해 적대적인 입장을 취했다. 소련으로 인해 공산당과 사회당 간에 발생한 대립은 1939년 11월 19일에 소련이 핀란드를 침공하자 더욱 심화되었다. 사회주의자들이 보기에 이는 명백한 주권 침해이자 자결권에 대한 공격이었다. 대부분의 유럽 사회당들은 핀란드를 옹호했다. 소련에 의해 침략당한 핀란드 사민당은 1941년에 히틀러의 소련침공을 지지하고 사민당 지도부는 히틀러의 적극적인 동맹세력이 되었다. 그러나 모든 사회당이 소련에 적대적이었던 것은 아니었으며, 그 결과 코민테른은 제2인터내셔널과 마찬가지로 전쟁문제를 둘러싸고 분열했다.

5. 냉전시대의 노동운동

1941년 6월 22일에 독일이 소련을 침공하자, 대부분의 유럽국가들에서는 사회당과 공산당이 다시 연합했다. 이들은 이제 서로를 저항운동의 동지로 간주했다. 1941년에 모스크바 근교에서 동계전투가 있은 후, 피점령 국가는 물론이고 독일과 이탈리아에서도 저항운동이 강화되었다. 독일이 최초로 패배하자, 노동운동은 다시 활기를 찾기 시작했다. 이탈리아 사회당과 공산당의 해외지도부는 9월에 민주 지식인들과 함께 툴루즈에서 상설 공동위원회를, 1942년 가을에는 투린에서 민족전선 위원회를 각각 구성했다. 1943년 3월 5일에는 투린에서 최초의 대규모 파업이 발생해 다른 대도시로 확산되었다.

소련과 영·미의 관계는 전쟁기간 중 더할 나위 없이 우호적이었다. 소련은 관계유지를 위해 상당한 노력을 경주했고, 그 결과 코민테른은 1943년 5월 15일에 반히틀러 연합전선에 장애가 된다는 이유로 스탈린의 명령에 의해 해체되었다. 연합국의 우호적인 관계는 종전까지도 변함이 없었다. 붉은 군대가 점령한 지역에 대한 소련의 정책은 과거와 다르지 않았다. 해당 지역의 공산당들은 개혁의 차원을 넘지 말고 부르주아 민주주의를 재건하도록 지시받았다. 일체의 혁명적 변혁은 금지되었다.

바로 이러한 이유에서 파시즘의 지배로부터 벗어난 유럽의 여러 나라에서는 노동자의 혁명적 움직임이 없었다. 처칠은 1945년 2월 27일에 하원에서 행한 얄타회담에 대한 보고에서 스탈린의 노력에 화답했다. 그는 "소련처럼 자신의 이익을 손해보면서까지 자기 의무에 충실한 나라를 지금까지 본 적이 없다"고 소련을 추켜세웠다. 처칠은 스탈린에게 보내는 4월 29일자 편지에서 "전체 영어권 세계는 강력한 러시아 소비에트공화국과의 우정을 진심으로 원하고 있다"고 썼다. 미국 역시 소련의 유화적인 제스처에 찬사를 보냈다.

그러나 동유럽 지역을 둘러싸고 연합국 내부에서 견해 차이가 나타났다. 소련은 서유럽과 달리 동유럽을 자신의 영향권 아래 두고자 했다. 게다가 소련을 전후 국제질서를 논의하는 파트너로 존중했던 루스벨트가 1945년 4월에 사망하고 후임으로 반볼셰비키 성향의 트루만이 집권하자, 연합국 내의 분위기는 점차 경색되기 시작했다. 전후에 미국이 서유럽에 대한 경제원조와 군사적 압력을 통해 소련을 고립시키고 영향력을 축소시키려 하자, 소련은 1946년부터 동유럽에서 관료주의적인 방법을 통해 사회개혁을 가속화했다. 소련은 노동자 정당을 재조직하고 기능을 변화시킴으로써 이러한 정책의 토대를 구축하고자 했다. 1948년에 루마니아, 헝가리, 불가리아, 체코슬로바키아, 폴란드에서 우익 정당들이 재건되자, 사회당과 공산당의 합당이 이루어졌다. 이어서 공산당은 신당들을 장악했다. 정권을 장악한 공산당은 대개 스탈린주의적 방식으로 노동자와 인민을 통치하고자 했다. 폴란드의 고무카(Vladyslav Gomulka)처럼 이에 반대하는 공산주의자들은 스탈린주의자들에 의해 교체되었다. 반파시즘 저항운동에 적극 참여했던 그룹들은 점차 당의 도구로 변질되어갔다.

코민테른이 해체된 지 4년 후인 1947년 9월에 바르샤바에서 코민포름이 결성되었다. 창설 목적은 동구권에서 소련의 헤게모니를 유지하고 서구 노동운동에 소련 공산당의 이데올로기적 영향력을 행사하려는 것이었다. 코민포름에는 동구권 국가들 외에 유고슬라비아, 프랑스, 이탈리아 공산당이 참여했다. 폴란드와 체코슬로바키아에서 정부와 당이 미국의 마샬 플랜에 관심을 보이자, 소련은 이들에 대한 통제를 강화하기로 결정했다.

동구 위성국가의 당과 정부를 스탈린주의화하는 작업이 시작되었으며, 그 결과 1949년에 코메콘(Comecon), 1955년에 바르샤바 조약기구가 탄생했다. 스탈린 노선과 견해를 달리하는 공산당 지도자들은 1930년대 소련의 '대숙청'과 유사하게 제거되었다. 물론 이들은 소련의 동지들처럼 목숨을 잃지는 않았지만 수년 간 감옥에 갇혀 있어야 했다. 동구의 숙청은 1956년에 개최된 제20차 소련 공산당대회에서 비로소 오류로 평가되었고 희생자들은 복권되었다.

소련의 동구정책이 서구의 고립화 정책으로 인해 스탈린주의화하자 서구의 노동운동은 반대로 우경화하기 시작했다. 독일의 경우, 동독의 스탈린주의화는 서독의 노동운동에 커다란 영향을 미쳤다. 독일 공산당(KPD)은 사실상 해체되었고, 사민당(SPD)은 우경화했다. 서독 노동자들은 건국 초기에는 1948년 11월의 대규모 파업처럼 자본주의적 사회구조를 변화시키고자 했다.

독일노조연맹(DGB)은 1949년 창립대회에서 경제계획, 기간산업의 사회화, 피고용자의 완전한 경영참여를 요구했다. 광산 및 철강노조는 1951년에 파업위협을 통해 경영참여권을 쟁취했다. 그러나 1952년에 기업입법을 둘러싼 투쟁이 실패로 돌아가자, 사회구조의 변화를 추구할 만한 노조의 에너지가 소진되었다. 그럼에도 불구하고 노조는 임금인상, 노동시간 단축, 복지개선 등에서는 여전히 괄목할 만한 성과를 거두었다. 동시에 노조운동은 점차 자본주의체제로 통합되었다. 노조는 이제 자신을 자본의 적대계급이 아니라 '사회적 동반자'로 이해하기 시작했다.

언론과 교육을 지배하던 반공이데올로기는 스탈린주의적 계획경제가 동독에서 어떻게 실시되고 있는가를 집중적으로 부각시켰다. 생산수단의 사회화가 가져오는 생산의 비효율성, 사회주의 사회에서 나타나는 자유의 억압과 경찰국가 등이 동독과 관련해 언급되는 단골 주제였다. 사민당은 1953년 총선에서 패배하자 이러한 선전에 저항하는 대신에 동참하기 시작했다. 사민당은 서유럽경제의 지속적인 성장을 바탕으로 복지사회 이념을 추구함으로써 노동자들이 생산수단의 소유자에게 종속되어 있는 계급이라는 사실을 망각하게 했다. 사민당은 경제인구의 거의 80%가 피고용자인 시기에 노동자

정당이 아니라 국민정당이 되고자 했다. 물론 이러한 희망에도 불구하고 사민당은 노동자 정당이라는 딱지를 뗄 수가 없었다.

서유럽의 다른 노동자 정당들도 냉전시대에 크게 약화되었다. 프랑스 공산당은 반파시즘 저항운동을 통해 강화되었고 1945년 10월 선거 이후 사회당의 동등한 파트너가 되었다. 선거에서 공산당은 26.1%, 사회당은 23.4%의 득표율을 기록했다. 그러나 공산당은 연정에서 밀려난 후 영향력을 크게 상실했다. 사회당은 4공화국 시기에 냉전 이데올로기를 수용하고 베트남전쟁과 알제리 탄압을 지지함으로써 비판에 직면했다. 따라서 소규모 지식인 그룹과 노동운동가들은 사회당과 결별하고 사회주의 동맹당(PSU)을 결성했다.

스탈린 사후 소련에서는 탈스탈린주의화 작업이 이루진 결과, 사고의 자유가 과거에 비해 많이 허용되었고, 학문 역시 과거 스탈린주의의 도그마로부터 해방되었다. 소비에트 노동자의 사회적 상황 역시 개선되었으며 군비지출과 군 병력도 감축되었다. 순수한 사회주의 이념으로 회귀하고자 하는 사회의 분위기로 인해 비밀경찰의 테러도 자취를 감추었다. 또한 소련이 1957년에 스푸트니크 호 발사를 통해 우주경쟁에서 일시적으로 미국에 앞서자, 소련뿐만 아니라 자본주의 진영에서도 계획경제의 역동성을 다시 평가하기 시작했다.

이러한 긍정적인 발전에 근거해 1961년에 개최된 제22차 당대회는 소비에트 사회가 공산주의 단계로 진입했다고 선언했다. 채택된 강령은 공산주의 사회에서는 관료주의적 강제가 존재하지 않는다고 봄으로써 자유화를 인정한 것처럼 보였다. 물론 계획경제가 포기된 것은 아니었다. 다만 개별 부문에서 국가의 통제가 다소 완화되었고 생산자와 소비자 간의 연결이 시장과 유사한 형태로 이루어졌다.

이처럼 소련에서 관료주의가 완화됨에 따라, 동구와 서구 공산당의 대소 관계도 변화했다. 1956년 4월에 코민포름이 해체되자 이들 동·서구 공산당들은 보다 큰 자율을 갖게 되었다. 그러나 이러한 변화는 폴란드와 헝가리에서 노동자와 젊은 지식인들의 저항을 야기했다. 1956년 6월에 폴란드 포즈난에서 대규모 시위가 발생하자, 당 중앙위는 8월에 고무카와 그의 측근들을 복권시켰으나 스탈린주의자들의 잔류도 인정했다. 이에 대해 노동자와 지식인은 격렬하게 저항했다. 이들은 사회주의 경제체제는 비판하지 않았고 단지 국가와 당의 스탈린주의적 잔재의 제거만을 요구했다. 따라서 당 중앙위는 10월 19~21일에 열린 회의에서 정부와 당 지도부의 교체를 결정했다. 흐루시초프, 카가노비치, 몰로토프, 미코얀 등이 포함된 소련 공산당 중앙위 대표단과 협의 끝에 고무카에게 권력이 이양되었다. 동시에 다른 정파에게도 중앙위와 정치국 참여가 보장되었다. 농업집단화는 중단되었고 사회의 전분야에서 자유화가 이루어졌다.

헝가리에서는 1956년 7월에 스탈린주의 희생자들에 대한 복권이 이루어진 후, 스탈린주의자였던 라코시(Matyas Rakosi)가 퇴진했다. 공산주의 작가와 지식인 동맹은 반스탈린주의의 본부가 되었다. 10월부터 긴장이 고조되기 시작했다. 대학생들은 21일부터 정부 및 당 지도부에 반대하는 시위를 시작했고, 23일에는 부다페스트에서 노동자들도 참여한 대규모 시위가 발생했다.

복권된 나지(Imre Nagy), 카다르(Kadar), 루카치(Georg Lukac)가 당 지도부에 발탁되었으나, 이는 시기적으로 너무 늦은 조치였다. 시위가 봉기로 발전하자 당 총서기 게뢰(Gerö)는 소련군에 출동을 요청했고, 나지는 수상에, 카다르는 게뢰를 대신 당 서기에 임명되었다. 소련군이 부다페스트에서 철수하자, 당과 국가기구는 다시 마비되었다. 이어서 스탈린주의자에 대한 검거가 시작되었으며, 이들 중 일부는 테러를 당하기도 했다. 사회주의와 민주주의의 적이었던 망명한 대주교 민드센티(Mindszenty)의 귀환 소식이 전해지자, 혼란은 극에 달했다. 나지가 흥분한 군중을 진정시키기 위해 헝가리의 바르샤바 조약기구 탈퇴와 중립화를 선언하자, 카다르는 소련군과 협의하여 새로운 정부를 구성했다. 신정부는 1956년 11월 4일에 소련군이 개입한 이후 정권을 장악했다. 그러나 카다르 정권은 과거의 스탈린주의로 되돌아가지는 않았다.

변화는 계속해서 나타났다. 모스크바 유럽 공산당회의는 1957년 11월 14일에 의회민주주의 국가에서 사회주의적 개혁은 의회를 통해 평화적으로 실현될 수 있다고 보았다. 이러한 선언이 있게 되자 사회당은 이제 공산당과의 협력을 거부할 명분을 상실했다. 프랑스와 이탈리아에서는 공산주의, 사민주의, 기독교 계열의 노조가 공동으로 투쟁을 전개했다.

그럼에도 불구하고 서구 사민주의는 동구권의 발전양상에 대해 크게 실망했다. 냉전이 극에 달했던 1960년대에 소련이 안고 있던 가장 커다란 문제는 미국 및 나토와의 군비경쟁에 투입되는 막대한 국방예산이었다. 막대한 노동력이－전체 노동인구의 1/4－군수산업에 투입되었다. 냉전의 폐해는 단순히 경제에만 국한되지 않았다.

서구의 반공 이데올로기와 마찬가지로 소련에서도 서구 자본주의의 공격과 위협이 끊임없이 선전되었다. 이러한 분위기에서 소비에트 사회가 안고 있는 제반문제에 대한 자유로운 토론은 1960년대에 접어들어 다시 불가능해졌다. 1969년에 무력충돌로 발전한 중·소 분쟁은 논의 대신에 도그마가 지배했던 당시 분위기의 산물이었다. 두 사회주의 국가는 서로 다른 사회적·경제적·역사적 배경을 망각한 채 각자의 발전노선을 고집했다. 이러한 대립은 세계혁명운동의 관점에서 볼 때 너무 근거가 없었기 때문에 단순한 국가간의 갈등으로 간주되기도 했다. 우수리 강에서 벌어진 중·소의 군사적 갈등은 이러한 추측을 뒷받침했다. 국제 사회주의운동 역시 분파간의 갈등과 중상모략으로 점철되었다. 분파는 1948년 소련과 유고슬라비아의 분열 시 형성되었던 그룹의 형태로 이루어졌다. 국제 마르크스주의의 단결을 호소한 호치민의 유언도 상황을 변화시키지는 못했다.

6. 프롤레타리아 국제주의

소련과 동구공산당이 서유럽 노동운동에서 갖고 있던 이미지를 결정적으로 손상시킨 것은 1968년의 체코슬로바키아 사태였다. 체코슬로바키아의 탈스탈린주의운동은 노보트니(Novotny) 체제하에서 사회에서뿐만 아니라 당에서도 '자유화'를 가져왔다. 그 결과 당에서는 동독이나 폴란드처럼 비사회주의적인 정치그룹에게 주변적인 기능을 부여했지만 이로 인해 근본적인 변화는 거의 일어나지 않았다.

그러나 1967년 6월에 작가동맹의 비판이 제기되고 10월에 학생 소요가 발생하자 당에서는 변화에 대한 요구가 제기되었다. 이듬해 1월에 두브체크(Dubcek)가 당 서기장으로 취임했다. 이후 많은 재야 정파들은 지식인이 주도하는 정치논의에 참여하기 시작했다. 논의는 자유롭게 진행되었고, 그 결과 공산당 역시 단순히 사회의 다양한 목소리 중 하나에 불과했다. 대부분의 지식인들은 「2천 명의 선언」에서 민주주의와 인간적인 사회주의만을 요구했다. 대학생 시위에서는 반공주의와 반소 구호가 공공연하게 등장했지만 정부와 당은 이를 막지 않았다. 이들 대학생들은 다른 동구권 국가의 경우와 달리 대부분이 과거의 소부르주아와 상류계층 출신들이었다. 소련은 체코슬로바키아 구당관료들의 주장대로 이들 대학생들이 자본주의를 부활시키려는 반혁명세력으로 발전할 수 있다고 보았다.

따라서 루마니아를 제외한 바르샤바 조약기구 회원국들은 소련의 주도하에 협상과 회담을 통해 체코슬로바키아 문제에 개입하기 시작했다. 체코슬로바키아의 당 지도부와 정부대표도 처음에는 이에 참여했다. 그러나 양측 모두가 신뢰할 만한 타협은 이루어지지 않았다. 결국 몇 주 후 소련의 집단지도체제의— 당 서기장 브레주네프, 수상 코시긴, 최고소비에트 의장 포드고르니— 결정에 따라 루마니아를 제외한 바르샤바 조약기구의 회원국들은 1968년 8월 20~21일에 무력개입을 하기로 결정했다. 체코슬로바키아 군은 저항하지 않았다.

점령군은 체코슬로바키아 당내의 구스탈린주의자들의 요청을 개입 근거로 제시했다. 소련은 모스크바에서 열린 체코슬로바키아 정부 및 당 지도부와의 회담에서 합의점을 찾았다. 프라하 측은 브레주네프 독트린을 수락해야만 했다. 이에 따르면 사회주의 국가들은 사회주의로 발전을 자신의 결정에 따라 중단할 수 없다는 점에서 제한된 주권을 갖는다는 것이다. 그런데 이러한 발전이 언제 위협에 처했는가를 판단하는 것은 소련이었다.

프랑스와 독일에서 1968년에 불붙은 사회주의운동의 열기는 프라하 사태에 대한 격렬한 논쟁으로 인해 식어버렸다. 서유럽 공산주의자들 사이에서는 단지 소규모의 정당만이— 예를 들어 불법이던 독일 공산당— 소련의 개입을 무조건 찬성했다. 그러나 개입을 원칙적으로 거부한 것은 이탈리아 공산당뿐이었다.

그럼에도 불구하고 '프라하의 봄'은 스탈린에 의해 제기된 '프롤레타리아 국제주의'에 대한 논의를 불러일으키는 계기가 되었다.

소련과 동·서구의 추종자들은 프롤레타리아 국제주의를 모스크바가 공산주의운동을 정치적·이데올로기적으로 지도한다는 의미로 이해했다. 이들은 이러한 해석을 두 가지로 정당화했다.

① 이들은 소련이 사회주의 건설에 있어서 가장 앞서 있으며 "성숙한 사회주의의 살아 있는 모습과 본질을 압축적이고 일반화된 형태로" 나타낸다고 보았다. ② 이들은 또한 소련이 사회주의 국가들 중 가장 강력한 경제력과 군사력을 갖고 있으며 이를 통해 국제관계를 사회주의에 유리하게 변화시키는 데 가장 커다란 기여를 한다는 점을 지적했다. 따라서 브레주네프는 1976년 2월에 개최된 제25차 당대회에서 "프롤레타리아 국제주의를 방어하는 것은 모든 마르크스-레닌주의자의 신성한 의무"이며 반대로 "이를 거부하는 것은 공산당과 전체 노동운동으로부터 강력한 무기를 빼앗는 것"이라고 주장했다.

서구 공산당은 국제공산주의운동사에서 소련이 갖고 있는 위상을 부정하지는 않았다. 소련은 이들의 활동에 있어서 항상 중심적인 접점이었다. 10월혁명은 세계혁명운동의 전제를 마련했으며 반파시즘 투쟁에서 결정적인 역할을 했기 때문이다. 스페인 공산당 당수 카리요는 "10월혁명은 이 시대와 인류의 사회주의적 미래와 관련해 부르주아 사회에 있어 프랑스혁명과 같다. 다시 말해서 전세계적인 사회적 변화와 새로운 과정의 시작을 의미한다"고 보았다. 서구 공산당은 또한 소련의 주장대로 현실적으로 평화공존을 관철시킬 수 있는 소련의 독창적인 역할을 인정했다.

그럼에도 불구하고 서구 공산당은 국제주의가 공산당간의 관계를 설정하는 원칙으로는 유효하지 않다고 보았다. 이들은 국제주의 이념이 신뢰를 상실한 이유를 다음과 같이 들고 있다. 이 이념은 공산주의운동에서 소련 공산당의 지도이념을 표현하는 데 이용되었고 그 결과 개별 공산당의 독립성을 소련이 규정한 혁명의 '보다 커다란 이해'와 '일반적인 법칙성'에 종속시키는 결과를 가져왔다는 것이다. 서구 공산당이 이를 받아들일 수 없는 이유는 두 가지였다.

첫째, 소련이 유일한 사회주의 국가였던 시대에는 제국주의에 의해 포위되어 있는 소련을 방어하는 것이 전세계 공산당의 의무이자 이해였다. 그러나 동구권의 형성을 통해 사회주의 진영이 체제를 갖추고 소련이 대약진을 통해 미국과 전략적으로 대등한 위치에 도달함으로써 상황은 크게 변했다. 게다가 소련 공산당은 사회주의 사회의 본질적 특징들을 제거하기 시작했고 결정론과 도그마에 빠졌다.

냉전이 계급투쟁의 민족적 성격을 약화시키고 각국의 공산당들을 사회주의진영의 보조세력으로 만들었다면, 평화공존과 다양한 사회주의 모델의 등장으로 인해 민족적 요소가 다시 부각되고 있는 상황에서 공산당은 이제 먼저 자국의 노동자계급을 고려해야 했다. 서구 공산당은 동구의 역사에서 커다란 교훈을 얻었다. 즉 소련은 전후에 동구 공산당이 집권하는 데 제공한 도움의 반대 급부로 이 지역에 대한 지배권을 주장했다. 유고슬라비아에서 해방 당시 붉은 군대의 역할을 둘러싸고 정기적으로 논쟁이 벌어졌던 것은 이러한 맥락에서 이해될 수 있었다.

게다가 서구 공산당은 소련이 세계공산주의운동보다 자국의 이해를 우선하는 것을 목격했다. 스페인 공산당은 1970년대 초부터 활발하게 이루어진 소련과 프랑코의 접촉을 알고 있었다. 이들은 이러한 접촉을 프랑코 정권에 대한 인정이자 소련의 국익만을 고려한 비연대적인 처사로 보았다. 프랑스 공산당 역시 모스크바가 자국을 위한 정치적인 계산에서 1965년과 1974년 선거에서 공산당이 지지했던 사회당의 미테랑보다 드골주의자 후보를 지지한 사실을 목격했다. 프랑스 공산당 당수 마르셰는 이를 "프롤레타리아 국제주의에 도저히 합치될 수 없는 기회주의적 태도"라고 비난했다.

둘째, 서구 공산당은 소련의 실존사회주의를 더 이상 모델로 간주하지 않았다. 이들은 1957년 11월에 개최된 모스크바 세계 공산주의자 회의에서 선언된 '사회주의혁명의 일반원칙'을 거부했다. 소비에트 사회주의가 특수한 역사적 조건과 정치전통의 산물이기 때문이었다. 프랑스 공산당의 역사학자인 엘랭스탱(Elleinstein)에 따르면, 제정 러시아는 서유럽의 민주주의와 거리가 멀었으며 그 결과 폭력으로 붕괴될 수밖에 없었다는 것이다. 공산당은 10월혁명 이후 권력집중과 중앙집권이라는 러시아적 전통을 오히려 강화했는데, 그 이유는 봉건적인 농업국가를 가능한 한 빨리 근대 산업국가로 전환시켜야 했기 때문이라는 것이다.

이처럼 서구 공산당은 세계공산주의운동에서 소련의 역할 변화를 추구했다. 또한 국제 노동운동에서 소련이 갖고 있던 과거의 위상은 점차 사라졌다. 그러나 서구 공산당의 입장변화는 무엇보다도 소비에트 사회와 공산권 전체에서 체제의 위기 징후가 나타나고 있었던 것과 관련이 있었다. 이들의 예측은 적중했다. 이러한 징후는 결국 1985년 페레스트로이카로 구체화되었기 때문이다.

7. 맺음말

러시아혁명은 유럽에서 노동자 문제에 관한 지배계급의 입장을 신중하고 유연하게 만들었다. 20세기의 유럽 노동자들은 이전 세기와 달리 경제 투쟁에서 성과를 얻었다. 10월혁명 직후에 8시간 노동은 유럽의 거의 모든 나라에서 실시되었고, 노조는 임금협상의 파트너로 인정되었다. 또한 소비에트 러시아는 이미 1919년부터 코민테른을 조직해 국제노동운동에 새로운 바람을 불어넣었다. 이어서 반파시즘 투쟁을 통해 유일한 사회주의 국가 소련은 자본주의 진영의 명실상부한 파트너로 부상했으며, 전후 연합국 내부의 논공행상을 통해 동구권에 일련의 사회주의 국가군을 생성시키는 개가를 올렸다. 소련과 바르샤바 조약기구는 서유럽 노동자의 생활수준과 정치적 권리를 고양시키는 데 커다란 기여를 했다.

한편 생산력에 있어 서구에 크게 뒤졌던 소비에트 러시아는 시작부터 끊임없이 자본주의 진영에 의해 고립되었다. 혁명직후에 발발한 내전, 파시즘의 위협과 공격, 냉전시대의 미국과 서방의 대소 고립정책 등은 소비에트 체제를 경직시키는 데 일조했다. 1930년대에 추진된 산업화는 서구를 의식한 가운데 엄청난 추진력을 갖고 진행되었지만, 산업화 자체가 목적이 됨으로써 야만적인 수단과 방법이 동원되었다.

모든 문제들이 자본주의의 공격으로부터 사회주의를 방어하고 자본주의를 따라잡아야 한다는 명분으로 정당화되었다. 유럽 노동운동 역시 피해자였다. 소련은 영국과의 우호를 지나치게 의식한 나머지 스페인 내전에서 유럽 인민전선의 단결을 저해했고 전쟁을 피하기 위해 히틀러와 일시적이나마 타협함으로써 유럽 노동운동을 실망시켰다. 이처럼 소련은 유럽 노동운동을 단순히 자국의 이익을 위해 적당히 이용했다. 여기서도 명분은 사회주의의 수호와 건설이었다.

물론 현실에서는 소련의 국익과 사회주의 수호의 구분이 모호할 때도 있었다. 그럼에도 불구하고 유럽 노동운동을 실망시킨 또 다른 이유는 소련 공산당의 도그마였다. 냉전시기에는 체제경쟁이 소련을 조급하게 만들었다. 동구에서 발생한 일련의 위기는―1953년

6월 동독 노동자 봉기, 1956년 폴란드와 헝가리의 노동자 봉기, 1968년 프라하사태 — 체제경쟁과 밀접한 관련이 있었다.

소련은 어렵게 구축한 위성국가 내부에서 나타나는 변화에 민감했고, 반혁명의 조짐이 있기도 했지만 그렇지 않은 경우에도 집안 단속의 고삐를 죄었다. 서구와 직접적으로 관련이 없는 문제가 나타나기도 했다. 1930년대에 모스크바에서 벌어진 대숙청, 유고슬라비아와 소련의 갈등, 무력충돌로 발전한 중·소 분쟁 등이 그 경우였다. 이 사건들은 모두 자기 정당화가 만들어낸 도그마에서 비롯되었다.

변질된 소비에트 사회주의는 항상 유럽 노동운동의 양대 세력인 사민/사회당과 공산당의 분열을 촉발하는 원인제공자였다. 노동운동의 분열은 대부분 소비에트와 동구 공산당에 대한 입장의 차이에서 비롯되었다. 사회민주주의자들은 소련의 대외정책에서 사회주의 이념보다는 국익 우선을 더 많이 발견한 반면, 공산주의자들은 이를 국제공산주의운동의 일환으로 보고 소련의 역할을 존중했다.

이러한 갈등을 통해 커다란 이익을 본 것은 사회민주주의였다. 사민당은 실존사회주의에 대해 실망할수록 자본주의체제에 더욱 깊숙이 통합되어갔다. 자본의 입장에서 볼 때 노동운동의 분열이 반드시 바람직한 것은 아니었다. 각도를 달리해 보면, 분열은 노동자에게 선택의 가능성이 주어졌다는 것을 의미했다. 이러한 상황에서 자본은 사회민주주의에 집착했고, 그 결과 유럽 노동자들은 타인의 출입을 금하는 자신들만의 복지의 성(城)을 구축했다. 이 성에는 제3세계에서 오는 조공과 복지정책으로 인해 항상 풍요가 넘치며, 그로 인해 계급의 차이가 있음에도 불구하고 이를 별로 느끼지 못한다.

동구가 붕괴되자 실존 사회주의가 유럽 노동운동에 끼친 영향이 선명하게 드러나고 있다. 사회민주주의는 이제 과거에 비해 현저히 자신의 정체성을 상실했다. '제3의 길'이나 '신중도'는 유럽 사민주의 전통에서 완전히 벗어나 있으며 유럽 노동자들의 계급의식을 동면에서 깨우고 있다. 사민주의의 우경화와 신자유주의의 확산은 실존 사회주의라는 제어장치의 부재와 상관관계가 있다. 차분한 성찰과 방향의 모색이 필요한 시점이다.

세계체제와 제3세계 그리고 동아시아

김동택

1. 머리말

우리가 살고 있는 사회가 어떻게 만들어졌고 어떻게 움직이고 있는지 또 앞으로 어떠한 모습으로 변해갈 것인지에 대해 여러 가지 설명들이 존재한다.

아담 스미스에 따르면 사회는 시간이 갈수록 복잡해져왔고 또 앞으로도 그렇게 될 것이라고 한다. 이는 사회적 분업이 확대되어가는 과정으로 묘사될 수 있는데, 여기서 사회적 분업이란 최소의 비용으로 최대의 효과를 추구하는 시장 합리성에 기반하여 사회가 고도로 분화·전문화되는 것을 뜻한다. 그에 따르면 인간 사회는 수렵, 목축, 농업의 발전 단계를 거쳐 오늘날과 같은 상업사회에 도달했다고 파악하는데, 이는 현재의 시장사회와 같은 것으로 규정될 수 있다. 그런데 그는 상업사회는 인류가 도달할 수 있는 최선의 사회이자 인간 본성에 가장 적합한, 따라서 자연스러운 사회라고 주장한다. 이때 인간은 경제적 인간을 의미하게 된다. 또한 그는 다소간의 시간적 지체를 겪게 되겠지만, 사회들은 결국 서로 유사한 모습을 하게 될 것이라 예측한 바 있다.

다른 한편, 마르크스는 아담 스미스가 상업사회를 인간본성에 적합한 사회라고 강조한 것을 몰역사적이라 비판하면서 인간 사회의 역사성을 강조한 바 있다. 그에 따르면 인간 사회는 원시 공산제, 고대 노예제, 중세 봉건제, 근대 자본제로 발전해왔으며 이러한 발전 추세는 사회주의로 이어질 것이라 예측한 바 있다. 이 가운데서 고대 노예제와 중세 봉건제 그리고 근대 자본제는 소수의 유산계급이 다수의 무산계급을 지배하는 계급 억압적 사회들로서 근본적으로 모순에 가득 찬 사회로 간주되고 있다. 오늘날의 사회는 근대 자본제 사회로서 소수의 자본가계급과 다수의 노동계급으로 구성되어 있다. 그런데 마르크스는 자본제 사회를 사회주의에 이르는 역사발전에서 반드시 거쳐가야 될 단계로 규정하고 있다.

앞의 고전적인 설명들은 인간사회를 시간적 계기에 따라 설명한다는 공통점을 갖고 있다. 예를 들면 시간상의 선발과 후발은 존재하지만, 미래의 특정한 시점에 도달하면 모든 사회들이 서로 유사한 단계에 도달할 것이라든지, 과거보다 미래가 나아질 것이라든지 하는 발전단계론적 발상이나 낙관주의가 그러한 것들이다. 이러한 고전적인 설명에 근거하여 20세기 사회과학들은 이른바 수렴명제를 제시하였다. 한때 커다란 영향력을 발휘했던 근대화론은 모든 사회들은 전통에서 근대로 변화해가며, 전통적인 요소들은 사라지고 대신 근대적인 요소들이 확대되며, 그 결과 사회들은 점차 서로 닮게 될 것이라는 점을 강조해왔다.

그런데 이 글과 관련하여 주목해야 할 것은 기존의 이론들은 근대 사회의 공간적 측면에 대한 고려가 상대적으로 취약하다는 점이다. 즉 시간적 측면에서는 상업사회 혹은 자본주의 사회의 역사적 특징이 잘 드러나 있지만 그것이 갖는 공간적 특성에 대해서는 그 다지 상세한 설명이 없다. 이러한 점에 대해 최근의 이론들은 공간 적인 측면에 주목하고 또 그것을 강조하고 있다.

공간적인 측면에서 근대 사회는 과거 독립적이거나 자율적이었 던 공간들이 점차 하나의 형태로 통합되는 과정을 경험해왔다. 과 거에는 서로 아무런 관련 없이 혹은 이따금씩 관련을 맺으면서 존 재해왔던 공간들은 근대 자본주의의 발전에 따라 그 통합의 정도를 높여왔다. 예를 들어 2백 년 전의 세계는 공간적으로 오늘날과 매 우 달랐다. 2백 년 전의 세계는 오늘날과 같이 하나의 세계, 지구촌 이라 불리는 세계가 아니었다. 중국을 중심으로 한 아시아 지역은 유럽의 자본주의 세계와 별개로 존재하고 있었다. 시간을 더 거슬 러 올라가면 아프리카, 아메리카, 오세아니아와 같은 대륙들 또한 유럽과는 별개의 공간으로 존재하고 있었던 것이다.

그런 의미에서 지구촌으로 불리는 현재의 세계, 공간적으로 매우 좁혀진 세계가 존재하게 된 것은 그다지 오래 전의 일이 아니라고 할 수 있다. 공간적으로 세계가 매우 좁아졌다는 것, 나아가 하나의 공간에서 발생하는 사건이 다른 공간에 결정적인 영향을 미치는 상 황이야말로 현재의 세계가 갖는 특징이라고 할 수 있다. 오늘날 OPEC 국가들의 유가 정책이나 미국의 금리 정책으로부터 자유로 운 나라들은 하나도 없다고 할 수 있다. 세계는 명실상부하게 하나 의 세계가 되고 있는 것이다. 따라서 우리는 사회의 발전을 고려할 때, 공간적인 측면을 제외하고 유의미한 결론에 도달할 수 없다는 결론을 내릴 수 있을 것이다.

시·공간적인 측면을 모두 고려해볼 때, 현재의 세계는 아담 스미 스나 마르크스의 예측과는 매우 다른 모습을 하고 있다. 아담 스미 스가 예측한 것과 달리 세계의 여러 나라들이 모두 비슷하게 잘사는 것도 아니며 마르크스가 예측한 것과 달리 세계의 여러 지역들이 모두 사회주의를 성취한 것도 아니었다. 발전의 정도는 나라들마다 서로 다르며, 평등의 상황은 국가들 사이에서도 그리고 하나의 국가 내에서도 서로 다르게 나타나고 있다. 그리고 현재와 같은 불평등한 상황이 점차 개선될 것이라는 징조도 보이지 않고 있다.

그리하여 이와 같은 불평등한 상황을 가리키는 새로운 말들이 생겨났는데 그 가운데서 우리에게 익숙한 것으로는 남북 문제가 있으며 다른 것으로는 선진 자본주의 국가들을 의미하는 제1세계와 사회주의 국가들을 가리키는 제2세계, 그리고 빈곤에 시달리는 지역들을 가리켜 제3세계라 구분하는 방식도 있다.

이러한 구분에 입각해볼 때, 이 글의 주제 가운데 하나인 제3세계의 존재는 아담 스미스의 전통을 따르는 자유주의적 근대화 이론으로도 그리고 마르크스의 전통을 따르는 사회주의 이론으로도 제대로 설명되지 못하고 있다. 자유주의적 근대화 이론에 따르면 제3세계는 발전에 의해 곧 사라질 운명에 처해 있어야만 한다. 마찬가지로 사회주의 이론에 따르면 제3세계는 혁명에 의해서 해방될 수 있을 것이다. 하지만 제3세계는 발전도 해방도 이루지 못하고 있다.

이와 같은 역사적 현실을 바탕으로 일국적인 접근방식의 문제점을 지적하고 그것을 극복하려는 시도가 종속이론이란 이름으로 등장하였다. 종속이론은 제3세계의 빈곤 문제가 후발 혹은 자본주의의 미발전이 아니라 자본주의의 과잉 발전에 의해 초래된 저발전임을 강조한다. 즉 제3세계는 서구 자본주의와의 접촉으로 인해 창출된 지역들이며, 그 결과 제3세계는 불평등 교환에 의해 빈곤이 구조화된 상황에 처해 있다고 종속이론은 주장한다. 요컨대 제3세계의 빈곤과 제1세계의 부는 상호 정비례 관계에 있다는 것이 종속이론의 기본적인 주장이다.

세계는 제1세계에 속한 소수 중심부 국가들과 제3세계라 불리는 다수의 종속된 국가들로 구성되어 있으며, 종속된 국가들은 중심부와의 관계에 의해 불가피하게 저발전 상황에 처하게 된다. 이러한 상황에서 가능한 대안은 제국주의적 고리, 종속의 고리를 끊는 것으로 간주되어왔다. 즉 혁명이 바로 그것이다.

그런데 최근 들어 종속이론에 대해 반대되는 경향이 두 가지 형태로 나타나고 있다. 그 가운데 하나는 혁명에 성공한 제3세계 국가들은 정치적으로는 제국주의로부터 해방되었을지 모르지만 빈곤의 문제는 결코 해결하지 못했다는 것이다. 게다가 혁명에 성공했던 제3세계 나라들이 모범으로 삼았던 사회주의 국가들이 1990년대에 연쇄적으로 붕괴하면서 이 모델은 더 이상 제3세계에 희망을 주지 못하게 되었다. 이와 더불어 종속이론에 대해 반대되는 다른 하나의 경향은 이른바 동아시아의 발전이다. 과거 제3세계의 일부로 간주되어왔던 동아시아의 여러 나라들이 지난 1980년대 이후 급속하게 발전하면서, 종속이 구조적이라는 것, 제국주의에 대한 혁명을 통하지 않고서는 종속의 탈피가 불가피하다는 주장의 타당성이 의심받게 된 것이다.

그렇다면 현재의 세계에 대해 기존의 자유주의 이론이나 사회주의 이론 나아가 종속이론의 유효성 또한 더 이상 설득력을 상실한 것처럼 보인다. 세계는 동질적인 발전의 길을 걷지도 않으며, 사회주의는 더 이상 자본주의의 대안이 아닌 것처럼 보이며, 민족해방혁명은 가능할지 모르나 그것이 발전이나 해방을 보장해주지는 못하는 것처럼 보인다. 게다가 제한적이긴 해도 동아시아 지역의 발전은 종속이론이 강조해온 발전의 불가능성에 대한 강력한 대안인 것처럼 생각되고 있다.

근대 사회에 대한 기존의 여러 설명들의 타당성이 의심받는 상황에서 보다 설득력 있는 분석틀을 제시하려는 시도들이 나타났는데 그 가운데 하나가 세계체제론이라고 할 수 있다. 이 글은 근대 세계를 하나의 분석 단위로 규정하면서, 그에 합당한 분석틀을 제기하려는 월러스틴의 세계체제론을 간략하게 설명하고, 이른바 제3세계라 불리는 지역들이 세계체제론에서 어떻게 설명되고 있는지를 제시한다. 그런 다음, 최근 진행 중인 제3세계의 분기 특히 동아시아 지역의 발전에 대해 세계체체론이 어떻게 설명하는지를 개괄적으로 검토하고 자본주의 세계체제의 모순구조와 그에 대한 장단기적 전망에 대한 세계체제론의 설명을 간략하게 소개한다.

세계체제론은 제2차 세계대전 이후 세계를 지배해온 근대화이론과 이에 대한 반발로 제기된 종속이론의 취약점을 극복하고 보다 거시적인 관점에서 세계의 생성과 발전을 설명하려는 거대이론이라고 할 수 있다. 특히 세계체제론은 사회주의의 실패에 대한 분석, 동아시아의 경제적 성취에 대한 설명, 미국을 중심으로 한 자본주의의 위기에 대한 강조로 인해 최근 새삼스러운 주목을 받고 있다.

2. 세계체제론

세계체제라는 개념은 기본적으로 사회체제에 대한 설명에서부터 출발한다. 세계체제론에서 규정하는 사회는 하나의 체제인데, 체제라는 것은 유기체적 존재로서 지리적 경계, 스스로를 유지하기 위한 독특한 구조, 그것을 구성하는 구성원, 체제가 유지되기 위한 법적 혹은 사실적인 지배관계, 그리고 스스로를 유지시키는 응집력을 갖고 있다고 정의된다. 개념상 사회체제는 그 안에서의 생활이 대체로 자기 충족적이며 그 발전의 원동력이 내생적이라고 규정되고 있다(Wallerstein, 1974: 347).

생활이 자기 충족적이라는 것은 그 체제 안에서의 생활이 다른 사회체제와 관련 없이도 영위될 수 있다는 것을 의미하며, 발전이 내재적이라는 것은 그 사회체제가 어떤 이유로 외부세력들로부터 단절되는 경우에도 자체 내의 힘만으로 이전과 같은 기능을 계속하리라는 것을 의미한다. 이러한 사회체제들은 역사적 사회체제들인데, 이것이 의미하는 바는 사회체제들 또한 역사의 어느 시점에서 태어나고 성장하고 어느 날에는 사라지게 될 실체들이라는 것이다.

이러한 규정에 따르면, 우리가 하나의 사회체제라고 상식적으로 간주하고 있는 실체들은 사실상 사회체제라고 간주되기가 어렵다. 예컨대 현재의 민족국가와 같은 것들은 사회체제라고 간주될 수 없다. 현실적인 사회체제들은 한편으로는 상대적으로 작은, 고도로 자율적인 생존 경제들 혹은 극소체제(mini-system)이거나 다른 한편으로는 세계체제(world-system)들이다. 세계체제들은 극소체제들과 확실하게 구분된다. 그것들은 "세계"라는 공통적인 어법을 포함하고 있는데 이것이 함의하는 바는 상대적으로 거대하다는 것으로 단순히 형용사 이상의 의미를 함축하고 있다(월러스틴, 1994: 320).

세계체제론의 논점을 구체적으로 이해하기 위해 먼저 역사적으로 존재해왔던 체제들을 검토해볼 필요가 있다. 역사적으로 세계체제는 두 개의 변종만이 존재해왔다. 하나는 단일한 정치체제가 존재하는 세계제국이며 다른 하나는 공간 전체에 그와 같이 단일한 정치체제가 존재하지 않는 세계체제 즉 '세계경제'이다. 세계제국이 단일한 정치제도와 단일한 문화 그리고 다수의 경제를 갖고 있다면, 세계경제는 단일한 경제와 복수의 국가들 및 복수의 문화들로 구성되어 있다. 고대 로마, 중국, 페르시아의 제국들은 세계제국들이며, 근대 자본주의체제는 세계경제이다.

여기서 세계경제(world-economy)란 세계의 경제(world economy) 또는 국제경제(international economy)라는 개념과 구분된다. 국가적 경계를 지닌 일련의 경제들이 서로 분리해서 존재한다고 가정할 때, 국가들은 서로 교류하게 되고, 그런 점에서 국제경제란 국가경제들 간의 제한된 접촉을 의미하게 된다. 이와는 달리 세계경제라는 개념은 하나의 시장을 통해 상호연관되는 생산과정들이 통합되어 있는 체제이거나 광범하고 비교적 완성된 하나의 사회적 분업이 작동하고 있는 곳이라면 어디서나 하나의 경제가 존재한다고 가정한다(Wallerstein, 1984: 37).

역사적으로 많은 수의 세계제국과 세계경제들이 존재해왔지만 현재 존재하는 것은 세계경제, 보다 정확하게는 자본주의 세계경제라 할 수 있다. 그것은 16세기 유럽에서 처음 시작되어 지구 전역으로 확대되었으며 현재의 시점에서는 전세계가 그 영역 안에 포함되어 있다. 전근대 세계경제들은 제국으로 전환되거나 혹은 해체되는 경향을 가진 고도로 불안정한 구조들이었다. 세계제국들 또한 역사적으로 그다지 오래 지속되지 못했다. 그런데 근대 자본주의 세계경제만이 5백 년 동안 생존해왔다. 또 그것은 세계제국으로 전환될 것 같지도 않다. 그러한 점에 비추어, 현재의 자본주의 세계경제는 상대적으로 안정적인 체제라고 할 수 있다. 이처럼 자본주의 체제가 상대적 안정성을 갖게 된 특이함은 그것의 정치적 측면에서 비롯된다. 즉 자본주의 세계경제는 하나가 아니라 복수의 정치체제, 흔히 국가간 체제(inter-state system)라 불리는 틀을 가졌기 때문에 번영할 수 있었던 것이다(월러스틴, 1993: 50-60).

3. 자본주의 세계경제의 특이성

월러스틴이 정리한 바에 따르면 자본주의 세계경제는 다음과 같은 특징들을 갖는 것으로 가정되고 있다.

1. 자본주의 세계경제는 끊임없는 자본축적을 그 추동력으로 한다.
2. 기축적 분업이 존재하는 바, 이 분업체제 안에는 핵심부-주변부의 긴장관계가 존재하며, 일정한 형태의 공간적 부등가 교환이 존재한다.
3. 반주변부 지역이 구조적으로 존재한다.
4. 임금노동과 나란히 비임금노동이 광범위하고 지속적인 역할을 떠맡는다.
5. 자본주의 세계경제의 경계가 주권국가들로 구성되는 국가간 체제의 경제와 일치한다.
6. 자본주의 세계경제의 기원은 19세기 이전, 아마도 16세기쯤으로 자리매김할 수 있다.
7. 자본주의 세계경제는 지구상의 어느 한 부분(유럽)에서 등장했으며 그 이후 잇따른 '편입' 과정을 통해 지구전역으로 확대 팽창하였다.
8. 이 세계경제 안에 헤게모니 국가들이 존재했으며, 단 그 각각의 경우 완전한 또는 경쟁상대가 없는 헤게모니 시기는 비교적 짧았다.
9. 국가, 인종집단, 가계들이 원초적 성격을 갖는 것이 아니라, 모두 끊임없이 창출되고 재창출된다.
10. 인종차별주의 및 성차별주의가 체제의 구성원리로서 근본적인 중요성을 갖는다.
11. 체제를 침식하는 동시에 체제를 강화시키는 반체제 운동들이 출현했다.
12. 체제의 고유한 모순들을 구체화하는, 그리고 현재 우리가 겪고 있는 체제적 위기를 설명해주는, 주기적 순환운동 및 장기적 추세들, 이 양자의 어떤 유형이 존재한다(월러스틴, 1994: 345-346).

역사적 체제로서의 자본주의 세계체제는 자본의 끊임없는 축적을 1차적 목적으로 하고 있다는 점에서 다른 사회체제들과 구분된다. 자본의 축적은 자본의 순환과정 혹은 사회 과정 자체이며 생산이나 교환의 영역에서 항상 다른 목적들보다 우선시된다(월러스틴, 1993: 14-15). 그리고 축적을 위한 과정은 '만물의 상품화' 과정을 수반한다(앞의 책, 16). 자본주의 세계체제의 본래 목적인 자본축적은 특정한 분업체계를 형성하게 되는데, 그것은 시간적·공간적으로 확대되어왔다. 특히 공간적인 측면에서 자본주의 세계체제는 전세계를 핵심부-주변부로 위계화·구조화시키며 이 가운데 반주변부가 존재하게 된다. 나중에 설명하겠지만, 이 3층 구조는 종속이론의 중심/주변 구조나 근대화 이론의 발전/저발전 현상 그리고 사회주의 이론의 제국주의/식민지 혹은 제1세계 제2세계 그리고 제3세계라는 틀과 다른 독특한 성격의 것이다(Wallerstein, 1974: 102-103).

자본주의 세계체제의 특징은 단일한 세계경제의 구조 위에 복수의 정치체제, 즉 국민국가를 경계로 이루어지는 국가간 체제가 놓여 있다는 점에 있다. 일반적으로 세계체제를 지탱하는 제도들이 존재하는데 국가(states), 계급(classes), 민족/인종(nation/ethnos), 가계(household)들과 같은 것들이 그것이다. 그 가운데서 국가는 핵심적인 역할을 담당하는 기제이다(월러스틴, 1993: 50).

국가는 자본 축적의 극대화를 위해 결정적으로 중요한 기구의 역할을 수행해왔다. 국가는 영토 관할권을 근거로 재화와 화폐자본과 특히 노동력이 국가경계선을 넘어 이동하는 것을 규제해왔으며 주어진 경계선 내부에서 노동통제 방식을 통해 시장에 개입해왔고 징세권을 통해 자본축적 과정으로 직접적으로 도와왔다. 결정적으로 국가는 군사력의 독점이라는 고유한 임무를 수행해왔다. 즉 국가는 노동자의 역할과 보수를 규제함으로써 내부적 질서를 유지하고, 자국 자본 소유자들을 다른 국가의 경쟁 상대자들로부터 보호해왔다. 국가는 자연스런 제도가 아니라 세계경제 안에서 작용하고 있는 계급들의 필요를 반영하는 인위적인 제도이며 국가간 체제 안에서 만들어진 것이다.

국가간 체제는 세계경제가 팽창해온 것과 똑같이 팽창해왔다. 자본주의 세계체제가 팽창함에 따라, 국가간 체제에서 국가들의 지위는 독특한 역할을 부여받게 된다. 경제적 양극화와 병행하여 핵심지역에서는 강한 국가들이 나타나고 주변 지역에서는 약한 국가들이 나타나게 되며, 국가들은 양극화된다. 핵심부 국가들은 상품연쇄의 과정들을 보다 집중시킴으로써 독점이 용이하게끔 하는 역할을 수행해왔으며 주변부에서는 저소득수준을 유지하기 위해 비숙련노동과 노동집약적인 산업을 요구하는 과정들을 지배하기 위한 역할을 수행해왔다. 이렇게 양극화된 근대 국가간 체제에서 평등한 국가 주권이라는 것은 하나의 신화에 불과하다(앞의 책, 59).

또한 근대 국가간 체제들은 그 이전의 정치체제와 달리 국가간 체제의 참여에 의해 규정되는데, 바로 이점이야말로 자본주의 세계체제가 세계제국으로 변형되지 않은 최초의 국가간 체제로 존재하게끔 만드는 것이다(Wallertein, 1984: 50). 자본 축적은 경쟁을 끊임없이 유발하며, 가장 이윤이 많은 생산활동에 반드시 동반되는 현상이다. 이러한 상황에서 어떤 국가는 다른 국가들보다 더 강해지기 위해 반드시 노력해야만 한다. 자본가들은 강한 국가를 요구하지만 그것이 지나쳐서 자본의 자기팽창을 통제할 만큼 강해지지 않게 하기 위해 자신들의 국가구조에 반대하는 통제수단을 필요로 한다. 이것이 국가간 체제의 세력 균형과 갈등을 가능케 만드는 요소이다.

자본주의 세계체제의 특징은 현실적으로는 정치와 경제가 끊임없이 결합하고 있음에도, 이데올로기적으로는 양자의 분리를 끊임없이 강조한다는 점에 있다. 문화적인 측면에서 고전적인 자본주의 이데올로기인 자유주의는 자본주의가 경제적 문제에 있어서 국가의 비개입에 기초한 체제라고 주장해왔다. 그러나 역사적 현실은 자본주의 경제하에서 시장은 끊임없이 정치의 개입을 요구해왔고 정치가 개입함으로써 비로소 자본주의적 재생산에 필수적인 독점 이윤이 보장될 수 있었음을 보여준다(월러스틴, 1993: 59). 국가는 수요와 공급의 조작, 수직적 통합에 따른 가격결정, 각종 관세와 특혜로 인해 자본주의 세계체제는 존재해왔고 또 존재하고 있다.

중요한 점은 경제적 양식으로서 자본주의는 경제적 요소들이 어떠한 정치적 실체들이 통제할 수 있는 것보다 넓은 영역에서 작동한다는 사실에 기초하고 있다는 것이다. 이는 자본가들에게 구조적으로 기초지어진 조작의 자유를 준다. 매우 불균등한 분배 구조를 갖고 있음에도 불구하고, 세계체제가 끊임없는 경제적 확장을 할 수 있었던 배경에는 바로 이와 같은 메커니즘이 존재하기 때문이다.

월러스틴에 따르면 자본주의는 시장체제가 아니라 정치와 경제가 독특한 방식으로 결합된 독점적 축적체제이다. 독점적 이윤을 보장받는 독특한 방식이 자본주의 세계체제의 지리적 분화이며 분화의 결과로서 나타나는 지역들간의 부등가교환이다. 그에 따르면 제3세계(세계체제의 주변부)의 존재야말로 자본주의 세계경제의 구조적인 일부임이 분명하다는 것을 알 수 있다. 주어진 공간 영역 내에서의 계서적 분화와 더불어, 국가간 체제하에서 그와 같은 지리적 분화는 처음에는 그다지 크지 않았고 따라서 특화의 정도 또한 그다지 크지 않았지만, 세계체제가 구조화되면서 이 차이는 확대되고 강화되고 공고화되었다. 이러한 과정을 지배한 것은 바로 국가의 무력 즉 독점을 보장할 수 있는 강제력이었다.

국가 능력의 차이, 무력의 차이로 인해 세계는 소수의 핵심과 다수의 주변 그리고 양자사이에 존재하는 반주변으로 구획된다. 핵심부와 주변부 사이에 존재하는 반주변부 영역들 가운데 일부는 세계 경제의 초기에는 핵심부였다가 하락하여 반주변으로 전락한 경우이며 일부는 소위 팽창하는 세계 경제의 지정학적 변화의 결과로서 주변부로부터 발전하게 된 경우이다.

여기서 강조되어야 할 것은 반주변부는 결코 고정적이지도 잔여적이지도 않다는 점이다. 반주변부는 세계 경제에서 구조적으로 필수적인 요소이다. 이들 지역들은 제국에서 중간무역 집단(예컨대 유태인)에 의해 수행된 그러한 역할과 유사한 역할을 수행한다. 이들은 부분적으로 주변 지역이 핵심부 국가들에 대해, 그리고 지역 내부의 집단들이 핵심부 국가들에게 직접적으로 대항하게 될 정치적 압력을 감소시킨다. 그리고 반주변부의 이해관계는 핵심부 국가의 정치적 영역 바깥에 존재하며, 다른 반주변부의 이해관계와 연합하기가 힘든 구조를 갖는다(Wallerstein, 1974: 349-350).

세계 경제의 분화는 직업적인 작업의 위계를 포함하는데, 높은 수준의 기술을 요구하는 작업과 거대한 자본화를 요구하는 작업은 높은 위계의 영역에 속해 있다. 자본주의 세계 경제는 '낮은·원료'인 노동력보다는 높은 비율의 인간 자본을 포함하는 본질적으로 축적되어진 자본인 까닭에, 이러한 위계에 따른 지리적 오분배는 자기 유지를 향해 강력한 추세를 갖게 된다.

근대 세계 경제의 광범위한 노동분업은 단순히 기능적―즉 직업적―일 뿐만 아니라 지리적인 것이기도 하다. 경제적 과업의 범위는 세계체제를 통해 균등하게 분포되지 않는다. 그것은 체제 내에서 어떤 집단이 다른 집단의 노동력을 착취할 수 있는 즉, 잉여의 더 많은 몫을 받을 수 있는 능력을 정당화하고 확대시켜준다. 역사적으로 근대 자본주의 세계체제는 16세기에 시작되어 17세기 중반 고착화된 유럽 세계체제로부터 기원한다.

　유럽 세계체제가 형성되던 초기 국면에서 북서부 유럽은 핵심부로 지중해 연안의 유럽은 반주변부로 동유럽과 서부유럽은 주변부로 자리잡게 되었다. 핵심부에서는 강력한 국가기구들이 발전된 반면 주변 지역에서는 약한 국가기구들이 나타났다. 국가기구들간의 힘의 차이에 의해 부등가 교환이 작동하게 되는데, 이는 강한 나라에 의해 약한 나라에, 즉 핵심부국가에 의해서 주변 지역들에 강요되었던 것이다. 유럽자체내의 위계구조와 더불어 자본주의 세계체제는 점차 다른 대륙으로 팽창하기 시작하였다. 완전한 의미에서 세계가 하나의 체제로 형성된 시기는 19세기 말에서 20세기 초 사이이며, 이 시기에 최후의 외적 영역이던 동아시아가 비로소 자본주의 세계체제로 편입되었던 것이다.

　대부분의 경우 자본주의 세계체제 내에서 불평등한 위계구조는 잘 드러나지 않는다. 자본주의 세계체제는 외관상 이데올로기적으로 경제의 장과 정치의 장이 분리된 듯한 모습을 하고 있기 때문이다. 뿐만 아니라 부등가 교환을 보장하기 위해 모든 개별적인 거래에 힘이 사용될 필요가 없기 때문이기도 하다. 하지만 기존의 재생산구조에 중대한 위협이 나타나면 힘의 논리가 전면에 등장하게 된다.

　여기서 우리는 자본주의 세계체제에 대해 일반적으로 받아들여지고 있는 몇 가지 관념을 검토해볼 필요가 있다. 먼저 자본주의 세계경제의 본래적인 성격인 만물의 상품화 경향 가운데서 노동의 상품화 즉 임금노동의 확대는 자본주의가 진행될수록 확대된다고 일반적으로 간주되어왔다. 그러나 역사적 현실은 전혀 그렇지 않다. 완벽하게 프롤레타리아화한 노동력은 전체 노동력의 절반에도 미치지 못하고 있다.

　기존의 관념과 다르게, 완벽한 임금노동의 실현은 자본주의에 잠재적·현재적인 위협 나아가 치명적인 위협이 될 수 있다. 자본주의가 정상적으로 작동되는 시기라면, 완벽한 프롤레타리아화는 높은 임금압박을 가져와 이윤율을 저하시킨다. 반대로 자본주의가 위기에 처하게 되면, 이들의 정치적 단결은 체제에 치명적인 위협이 될 수 있다. 따라서 될 수 있는 한 프롤레타리아화는 저지되어야 한다.

하나의 방법은 주어진 영역 내에서 반(半)프롤레타리아 계급을 유지하는 것이다. 여기서 동원되는 제도는 가계(household)이다. 인간들의 경제활동 단위는 가계로 구성되어 있고, 역사적 자본주의 아래에서 가계는 한정된 수입에 견딜 수 있는 일종의 보호장치로서의 역할을 수행해왔다. 자본주의는 지불노동과 부불노동 혹은 생산적 노동과 비생산적 노동이라는 사회적 구분을 해놓고 부불노동 혹은 비생산적 노동에 대해 의도적으로 평가절하를 시도함으로써 노동비용을 줄이고자 애써왔다.

가계와 더불어 부불노동이나 비생산적 노동의 공간적 외연은 반프롤레타리아화 혹은 비공식부분의 존재로 나타난다. 지구적인 규모에서도 사정은 마찬가지다. 핵심부에서 더 이상 반프롤레타리아화가 유지될 수 없는 상황에 도달하게 되면, 반프롤레타리아화는 공간적으로 확대되어 주변부에서 그것을 만들어낸다(월러스틴, 1993: 27-29).

핵심부에서는 산업화 및 노동계급 정치화로 인해 불가피하게 프롤레타리아화가 진전됨에 반해 주변부에서는 반프롤레타리아화된 계급이 광범위하게 존재하는 까닭은 바로 노동비용을 감소시키는 데 그것이 결정적인 역할을 수행하기 때문이다. 따라서 주변부에서 반프롤레타리아의 광범위한 존재는 자본주의 세계체제의 저발전이라기보다는 그것의 발전을 위한 구조적인 구성부분으로 존재하게 될 것이라 생각하는 것은 합리적인 결론이라고 할 수 있다.

나아가 자본주의 세계체제는 성차별 인종차별을 동원하여 높은 이윤율의 실현을 꾀한다. 자본주의적 근대화에 관한 일반적인 관념은 인종차별과 성차별이 자본주의적 근대화가 확대될수록 종식될 것으로 간주하거나 혹은 그것의 존재를 근대화를 달성하지 못했다는 증거 즉 전통의 잔여물로 간주한다. 이와 정반대로, 세계체제론적 관점에서 볼 때, 그것들은 핵심부의 이윤율을 보장해주는 결정적인 기능을 수행하며 따라서 자본주의 세계경제의 구조적인 결과물이다. 그런 측면에서 자본주의 세계경제는 전통을 배제하는 것이 아니라 필요하다면 전통을 재복원하거나 창조해내기까지 한다.

자본주의 세계체제하에서 드러나는 전통의 복원 가운데 가장 두드러지는 현상은 민족문화 혹은 민족적 정체성에 관한 것이다. 근대 자본주의 세계체제 내에서 민족에 관한 담론의 존재, 민족의 발명, 민족주의의 탄생은 한편으로는 주어진 영역 내에서 지배계급의 지배를 원활하게 작동시키고 아래로부터 제기되는 계급의식을 잠재우기 위해서 다른 한편으로는 민족들간의 위계가 낳은 모순에 저항하기 위해 동원되는 독특한 현상이라고 할 수 있다.

민족주의자들은 본래 무계급적인 공동체를 가정한다. 실제로 계급들은 항상 잠재적으로만 존재한다. 계급들이 스스로 계급의식적이 되는 것, 정치·경제적 영역에서 하나의 집단으로 작동하고 문화적 실체로 등장하는 정도, 즉 자기의식성의 정도는 갈등 상황에서 비롯되기 때문에, 상층 계급의 입장에서 공개된 갈등 혹은 갈등의 공개화는 회피되어야 한다. 왜냐하면 계급 경계가 명백하게 만들어지지 않는 정도만큼 특권이 유지될 수 있기 때문이다.

자본주의 초기 국면에서 유럽의 부르주아들은 그들의 경제적 사회적 미래가 핵심부 국가에 묶여 있다는 것을 인식하게 되었다. 그리하여 이들은 자신들의 정치적 작동 영역으로서의 민족국가를 형성하고자 노력했으며 이를 위해 쉽사리 동원하거나 가공할 수 있는 문화적, 인종적, 역사적 신화 내지 근거들을 창조했다.

중심부와 마찬가지로 주변부의 지배적인 계층들 또한 보다 낮은 신분의 맹아적인 계급 의식에 의해 위협받게 되면, 지방 문화에 대한 강조를 통해 외부에 대한 지방의 단결을 만들어내면서 지방의 내적 갈등을 잠재우려 하였다. 이들은 핵심부의 경쟁적인 지배 계급들에 대해 그리고 아래로부터의 압력에 대응하기 위해 지방적(민족적) 정체성의 창조를 모색하도록 유혹 받았던 것이다. 결국 발견물들, 예컨대 언어, 종교, 구별되는 삶의 양식 등과 같은 측면을 기초로 민족국가의 경계가 건설된다. 결국 이렇게 해서 만들어진 언어적이고 종교적인 동질성과 정열은 모두 전통의 단순한 전승만으로 설명될 수 없는 사회적 창조물이라는 점이 분명하다. 국제적 이질성내에서 민족적 동질성은 세계 경제의 공식인 것이다.

4. 자본주의 세계체제의 모순과 제3세계 그리고 동아시아

월러스틴이 보기에 자본주의 세계체제는 프롤레타리아화와 반프롤레타리아화, 자유경쟁과 독점, 보편주의와 특수주의가 병행하는 불안정하고 모순적인 과정이다. 그런데도 자본주의 세계체제가 오랫동안 지속될 수 있었던 근거는 무엇일까? 국가간 체제의 존재와 더불어 그가 주목하는 것은 팽창과 정체가 교체되는 주기적 변동의 기제이다(월러스틴, 1993: 38-43). 이윤추구과정에서 필연적으로 나타나는 팽창과 정체의 주기적 변동 가운데서, 자본주의의 위기국면을 초래하는 것은 정체국면이며 그것은 일반적으로 과잉생산으로 인해 비롯된 것이다. 자본주의는 생산체제의 정비를 통해 이 문제를 해소하려 하며, 그 결과 자본주의 세계체제의 지리적 구성이 끊임없이 변동하고 프롤레타리아화가 진전되며 지리적 범위가 확대되어간다.

첫번째 경우는 상품연쇄의 계서적 구조가 끊임없이 재편되는 과정으로 나타난다. 두번째 경우는 불가피하게 유효수요를 창출할 수밖에 없는 상황인데 바로 그것 때문에 정치적 투쟁이 심화된다. 세번째 경우는 보다 값싼 노동력의 추구로 나타나는 현상인데, 이것이야말로 자본주의 세계체제 내에서 주변부, 다른 말로 제3세계가 수행해왔던 역할이었다.

이러한 상황에 대해 종속이론은 구조적 종속을 지적한 바 있고 이로부터의 탈피는 혁명을 통해서만 가능하다고 주장한다. 위기의 상황에서 주변부의 이탈은 대단히 위협적인 현상임에 틀림없다. 따라서 중심부는 이에 대한 대안적인 설명틀을 찾지 않으면 안되었다. 이러한 상황에서 나타난 것이 동아시아 발전모델이다. 동아시아 발전모델은 기존의 근대화론이 변형된 형태로 종속적인 상황하에서도 발전이 가능하다는 점을 보여줌으로써 종속이론에 대한 반증사례로 간주될 수 있고, 그러한 정도로 종속이론을 잠재울 수 있는 이데올로기적인 함의를 갖고 있다. 즉 중심부는 동아시아 발전현상을 이론화하여 종속이론의 반증사례로 취급함으로서 주변부로부터 중심부에 제기되는 도전을 희석시키고자 했던 것이다.

그런데 동아시아 발전모델은 이와 같은 중심부의 문제의식과 별개로 독자적인 문제의식을 갖고 있다. 동아시아 내부에서 제기되는 동아시아 발전모델의 유효성에 대한 강조의 배후에는 그것을 자유시장경제 이데올로기를 대체할 새로운 지배이데올로기로 만들려는 의도가 담겨 있다. 즉 동아시아적 가치 혹은 동아시아적 발전모델은 한편으로는 서구의 패권을 유지시키기 위한 기능을 담당하면서 다른 한편으로는 서구의 패권에 도전한다는 이데올로기적 설정이 중첩되어 있는 것이다. 전자가 기존 체제를 유지하기 위한 이데올로기적 내용을 담고 있다면 후자는 그것에 대한 저항적 요소 혹은 전체적으로 갈등적 요소를 담고 있는 것이다.

이러한 문제에 대해 월러스틴은 다음과 같이 지적한다. 자본주의 세계체제는 과잉 생산의 결과 위기가 광범위하게 발생하면 광범위하게 존재하고 있는 잉여자본들이 특정 지역을 투자 지역으로 선정하게 된다. 선택된 지역에서 자본 투입 효과가 제도화되면 그 지역은 반주변으로 상승하게 된다. 월러스틴이 보기에 동아시아야말로 20세기 후반 그러한 일이 나타난 지역이었다. 하지만 이것은 어디까지나 자본주의 세계체제 내에서의 자리바꿈일 뿐이다. 즉 그것은 반주변과 주변의 자리바꿈일 뿐이다. 왜냐하면 세계체제 내에서 특정한 개별 국가 혹은 지역은 그 위치를 전환함으로써 상승 혹은 하락할 수는 있지만 핵심-반주변-주변이라는 3층 구조 자체는 유지되어야 하기 때문이다.

분명 최근 몇 십 년 동안 동아시아가 반주변부로 상승한 것은 사실이다. 반대로 나머지 제3세계 혹은 주변 지역들에서 주변화는 더욱 심화되고 있거나 반주변 지역들의 주변화도 진전되고 있는 듯하다. 세계체제적인 관점에서 볼 때, 그것은 늘 발생할 수 있는 일인 것이다(Wallerstein, 1984: 7). 문제는 자리바꿈이 아니라 주변 지역이 자본주의 세계체제의 자체적인 발전경향에 의해 소진되어버리는 것, 혹은 반주변이 핵심으로 등장함에 따라 나타날 정치적 긴장, 혹은 반주변이 주변화됨으로써 발생하는 긴장이야말로 자본주의 세계체제의 위기를 심화시키는 것이다.

그런 의미에서 월러스틴은 현재 자본주의 세계체제의 발전 경향은 위기를 향해 치닫고 있다고 주장한다. 왜냐하면 주변부의 하락,

즉 자본주의 세계체제의 양극화는 심화되고 있으며 이것은 궁극적으로 정치투쟁으로 나타나게 될 것인데, 여기에다 과거에 일종의 방패막이 역할을 했던 사회주의권이 붕괴됨으로써, 갈등을 조정할 만한 기제가 사라져버렸기 때문이다. 또 동아시아 발전모델은 그 자체로서 기존 세계체제를 강화시키기도 하고 또 갈등적 요소를 강화시킴으로써 붕괴를 촉진시키기도 하는 이중적인 역할을 수행하고 있는데, 주변화가 한계에 봉착한 현재의 상황에서는 기존 체제의 강화보다는 갈등적 요소가 더 강화될 가능성이 높다.

그러나 그와 같은 상황이 도래하는 것은 단지 자본자체의 팽창적인 성격 때문만은 아니다. 갈등적 요소가 강화되는 데 있어서 중요한 변수는 동아시아 발전모델을 주장하는 이론들 가운데 일부가 스스로를 이른바 서구의 자유주의적 자본주의에 대안적 모델로 간주하고 있다는 점이다. 하지만 이들이 추구하는 바가 과연 '자유주의적' 자본주의 발전모델에 대한 대안이 될는지 아니면 자유주의적 '자본주의 발전모델'에 대한 대안 즉 반체제 운동이 될는지는 현재 불분명하다. 다음에 보다 자세히 지적하겠지만, 전자의 경우 가능한 역사의 발전 경로는 혁명일 것이며 후자의 경우 그것은 전혀 예상치 못한 붕괴를 촉진시키는 방식으로 나타날 개연성이 높을 것이다(김동택, 1999).

5. 역사적 반체제 운동

위계적인 사회체제 내에서 반체제 운동은 자본주의 세계체제의 작동에 매우 중요한 역할을 담당한다. 반체제 운동은 불평등과 억압이 있는 곳에서라면 어느 시기에서나 발생해왔다. 현재의 시점에서 이것이 문제가 되는 까닭은 역사적 자본주의의 발전 경향 자체가 흔히 발생할 수 있는 반체제 운동들을 체제 전체의 위기로 만들어버린다는 점이다. 즉 국가들이 국가간 체제 안에 자리잡고 있다는 점은 반란이나 폭동의 영향이 특정한 국가의 국경선을 넘게 만든다. 물론 그 반대의 경향도 가능하다. 긴밀하게 얽혀 있는 자본주의체제의 특성상 특정한 국가 내부의 반란은 외부의 압력에 의해 차단되는 경향이 있다. 결국 반란의 객관적 조건은 점점 약화되는 반면 반란의 동기는 강해져가는 대단히 역설적인 상황이 발생한다(월러스틴, 1993: 71).

19세기 이래 반체제 운동은 크게 두 갈래로 발전해왔다. 하나는 핵심부-반주변-주변 내부에 각각 존재하는 계급 지향적 노동-사회주의 운동이며 다른 하나는 국가간 체제 안에서 나타나는 민족주의 운동이다(같은 책, 72). 애초에 이 두 운동은 주목하는 초점이 달랐고 장소도 달랐다. 노동-사회주의 운동은 주로 프롤레타리아와 부르주아 사이의 충돌에 초점을 맞춘 바 있으며, 주로 서유럽에서 처음 나타났다. 대조적으로 민족주의 운동은 핵심부의 지리적 팽창의 결과 나타난 지배적 국민들과 억압된 국민들 사이의 충돌에 초점이 맞춰져 있고, 세계경제의 (반)주변 지역에서 먼저 나타났다.

19세기 이래 두 운동은 서로 다른 것으로 생각되어왔고 심지어 적대적이기까지 하였다. 그러나 세계체제론의 관점에서 두 운동은 구조적 유사성을 갖고 있다. 두 운동은 모두 특정한 조직을 갖추고 있으며, 국가 권력의 장악을 가장 중요한 정치적 목적으로 삼았다. 두 운동은 모두 반체제적이었으며 민중의 힘에 기반할 필요가 있었다. 두 운동 모두 자본과 노동, 핵심과 주변부 즉 자본주의 세계체제의 모순이 야기한 구조적 불평등에 입각하고 있었으며 따라서 현존하는 체제를 붕괴시키려는 운동이라고 할 수 있다(같은 책, 72).

　양자는 역사적으로 반목을 거듭해왔지만 점차 협조관계가 강화되는 방향으로 나아가고 있다. 요컨대 20세기에 접어들면서 민족주의 운동이 아닌 노동-사회주의운동을 생각하기 힘들어졌고 노동-사회주의에 근거하지 않은 민족주의도 생각하기 힘들어졌다. 따라서 문제는 실천방법상의 것이라 할 수 있다. 그런데 불평등한 체제에서 낮은 지위에 있는 집단이 상황을 벗어날 수 있는 방법은 두 가지이다.

　하나는 모든 사람들이 평등하도록 체제를 재구성하는 것이요, 다른 하나는 체제 자체는 그대로 둔 채 좀더 높은 자리로 상승하는 길 혹은 자리를 맞바꾸는 것이다. 예컨대 동아시아 발전모델을 주창하는 사람들 가운데는 자리 바꾸는 문제에만 관심이 있는 사람들이 존재하기도 하며 반대로 이를 통해 무엇인가 새로운 세계질서를 창조하려는 사람들이 존재할 수도 있다. 이와 같은 반체제 운동의 자기분열증은 양심상의 문제라기보다는 구조적인 문제이다(같은 책, 73).

　문제의 핵심은 국가권력의 획득을 운동의 전략적인 목표로 간주해왔던 반체제 운동 자체에 있다. 민족주의 운동의 목적이 국가권력의 획득이라는 것은 당연한 것으로 간주될 수 있다. 그러나 노동-사회주의 운동의 경우 문제는 다르다. 노동-사회주의 운동은 국가권력의 획득을 위해 전혀 반체제적이지 않은 집단과 협력하지 않으면 안된다. 그 결과 운동은 처음부터 중요한 목적을 포기하지 않으면 안되었고 더 큰 문제는 국가 권력을 획득했을 경우에 발생했다. 국가 권력을 장악한 운동은 자본주의 세계체제 내에서 정확하게는 국가간 체제 내에서 국가권력을 제약당하는 환경에 봉착하게 된다. 국가간 체제하에서 국가는 생존 내지 정당성을 획득하기 위해 국가중심적 발전 이데올로기를 설파하지 않으면 안되었던 것이다. 이러한 상황에 처하게 되면 반체제적 대의는 무력화되고 만다(같은 책, 74).

사회주의 운동과 민족주의 운동은 평등한 세계 건설이라는 보다 장기적인 반체제적 지향과 발전 혹은 따라잡기라는 보다 단기적인 지향 사이에 어쩔 수 없는 갈등을 겪게 된다. 역사는 단기적인 지향을 위해 장기적 지향을 점진적으로 포기하는 상황, 평등한 세계를 위한 정치 투쟁의 포기, 혹은 반체제 운동의 현실 정치로의 흡수로 나타났다. 역사적인 반체제 운동들은 한편으로 기존의 자본주의 세계체제를 흔들어놓았지만 다른 한편으로 경쟁 혹은 발전 이데올로기의 광범위한 유포를 강화시키면서 국가간 체제를 떠받쳐왔던 것이다. 월러스틴은 이러한 모순을 반영하여 새로운 세계 혁명이 발생한 것이 바로 1968년 혁명이라고 주장한다. 그것은 좌파체제든 우파체제든 기성 체제 자체에 대한 광범위한 저항을, 퇴색해버린 평등주의적 지향의 재등장을, 더 이상 국가권력의 장악에 직접적이고 전략적인 목표를 두지 않는 운동의 등장을 의미했다(Arrighi, Hopkins & Wallerstein, 1989: 35).

6. 혁명이냐 붕괴냐: 자본주의 세계체제의 변화 가능성

자본주의 세계체제는 두 가지 근본 모순을 안고 있다. 하나는 단기적인 이윤의 극대화를 위해 잉여 유출을 최소화시킬 필요가 있다는 것 그리고 이것은 장기적인 수요의 감소를 야기할 것이라는 점이다. 양자는 서로 모순된다. 두번째 모순은 반체제 운동과 그에 대한 대처 방법 사이의 모순이다. 반대 운동에 대해 특권을 일부 양도함으로써 문제를 해결하는 방식은 장기적으로 엄청난 비용의 증대를 가져오는 반면 효과는 점차 반감된다.

이러한 근본 모순은 세 가지 측면에서 구조적 위기를 야기하는 경향이 있다. 첫째는 경제적 위기이다. 만물의 상품화, 특히 노동력의 상품화가 확대됨에 따라 자본주의는 위기를 맞게 된다. 둘째는 정치적 위기이자 반체제 운동 자체의 위기이다. 국가를 통한 지배와 국가를 통한 도전은 국가간 체제의 강화를 가져오고 지나친 국가권력의 강화는 체제 자체를 붕괴시킬 위험성을 갖게 된다. 셋째는 문화적 위기이다. 지배 이데올로기와 반체제 이데올로기 전체에 대한 회의는 근대의 보편주의적 이데올로기들의 기본 전제들에 대한 의문을 가져오고 이것이 기존의 문명적 구도에 대한 새로운 대안의 추구를 가져올 것 즉 기성의 모든 지적 패러다임이 혼란에 빠져들 것이라는 점이다.

월러스틴이 보기에 역사적 체제로서의 자본주의 세계체제는 점차 그 수명을 다해가고 있다(월러스틴, 1993: 170). 무엇보다도 역사의 종언, 자유주의의 승리로 간주되는 사회주의체제의 붕괴야말로 자본주의 세계체제의 종말을 알리는 전조로 간주되고 있다. 또 세계화의 확산은 잉여자본의 폭력적 위기해소를 가능케 할 공간들을 점차 없애고 있다. 따라서 이행은 불가피한 것처럼 보인다. 그런데 이행을 설명함에 있어서 월러스틴은 쇠퇴와 혁명을 구분하고 있다. 쇠퇴란 의도하지 않은, 전혀 알 수 없는 붕괴이며 혁명이란 의도적으로 조정된 변화이다(월러스틴, 1993: 112).

그가 보기에 중요한 점은 역사적 자본주의가 다른 어떤 것으로 이행할 것인가의 여부가 아니라 이행의 결과가 보다 진보적인 평등을 지향할 것인지 아니면 또 다른 위계적 사회를 지향할 것인지의 여부이다. 이 이행은 자연사적인 과정이 아니라 반체제 운동의 조직적인 투쟁에 의해 성취될 수 있는 것이다. 따라서 반체제 운동의 지향점은 매우 중요한 변수가 되고 있다. 이러한 측면에서 중요한 것은 자본주의에서 사회주의로의 이행은 '이행들'이 되어서는 안되며 '하나의 이행'이어야만 한다는 점이다. 변화되어야 할 것은 세계체제 자체이어야 한다. 그것은 수많은 부분적 변화와 전체적 변화가 함께 나아가는 그러한 이행을 의미한다. 특정한 지역 혹은 특정한 한 나라의 이행은 그다지 중요하게 고려될 사항이 아니다. 물론 월러스틴은 그러한 이행을 위해 반체제 운동들이 어떻게 해야 한다든지 혹은 그것이 가능할 것 인지의 여부에 대해 분명한 대답을 하지 않고 있다. 다만 그러한 시점이 오고 있다는 점을 환기시키고 그에 대비할 것을 촉구하는 것이 현재의 시점에서 그가 할 수 있는 최선의 문제제기라고 스스로의 역할을 규정하고 있는 것이다. 이러한 그의 결론에 덧붙여 우리는 동아시아 발전모델이 과연 이행에 있어서 평등을 지향하는 운동이 될 수 있을지 아니면 또 다른 위계적인 사회를 조장할지의 여부에 관심을 가져야만 할 것이다.

■ 참고문헌

김동택. 1999, 「자본주의 세계체제와 '아시아적 가치': 근대 극복의 전략」, 한정연 학술심포지엄 발표문.
월러스틴, 임마누엘. 1993, 『역사적 자본주의/자본주의 문명』(나종일·백경영 옮김), 창작과비평사.
______. 1994, 『사회과학으로부터의 탈피: 19세기 패러다임의 한계』(성백용 옮김), 창작과비평사.
Arrighi, G., T. K. Hopkins and I. Wallerstein. 1989, *Anti-World System*.
Wallerstein, I. 1974, *The Modern Wrold-System*, New York: Academic Press.

______. 1979, *The Capitalist World-Economy*, New York: Academic Press.

______. 1980, *The Modern Wrold-System II*, New York: Academic Press.

______. 1984, *The Politics of World-Economy*, Cambridge.

______. 1989, *The Modern World-System III*, New York: Academic Press.

Wallerstein, I. and E. Balibar. 1991, *Race, Nation, Class*, London: Verso.

산업자본주의를 넘어서

이홍균

1. 문제제기

근대 산업사회의 등장 이후 가장 팽팽한 논쟁이 있었다면 그것은 시장 자유주의를 둘러싼 논쟁이 될 것이다. 그 논쟁은 크게 두 편으로 나누어 진행되었다. 그 한편은 시장 옹호자이고 다른 한편은 시장비판자였다.

시장을 둘러싼 논쟁은 정부를 둘러싼 논쟁으로 이어진다. 시장 옹호자들은 작은 정부를 주창하고 시장비판자들은 큰 정부를 주창하는 것이 그것이다. 시장 옹호자들은 시장에 모든 것을 맡기자는 주장을 함으로써 큰 시장-작은 정부의 사회를 지지하고, 시장비판자들은 시장 실패(market failure)를 정부가 보완하는 작은 시장-큰 정부의 사회를 지지하고 있다.

극단적인 시장비판자들이라고 볼 수 있는 사회주의자들은 시장의 기능을 국가가 대체하는 '시장 없는 국가'의 사회를 바람직한 모델로서 제시하고 있다. 그러나 그 반대편에 서 있는 극단적인 시장 옹호자들은 국가 실패(state failure)를 지적하면서 정부의 기능을 경찰 업무에 국한하는 '국가 개입 없는 시장'을 주장하고 있다.

이 글은 시장비판자의 입장에 서 있다.

시장비판자의 입장 가운데에서도 시장의 자율조정기능에 모든 것을 맡기자거나, 시장을 없애자거나 하는 주장이 아니라 시장의 자율조정기능을 궁극적으로 인간의 통제하에 두지 않으면 안된다는 입장이다. 그럼에도 이 글의 입장은 국가에 의한 시장실패 보완의 의미를 넘어서 있다는 점에서 기존의 사회주의자들의 입장과는 확실히 구분된다.

그 근거는 다음과 같다. 산업자본주의의 가장 기본적인 조직원리는 시장에 있지만, 그러나 이 시장은 거의 모든 사회적인 영역을 파괴하고 있을 뿐 아니라 자연 환경을 파괴하고 있다. 그럼에도 시장은 스스로 자신의 한계를 설정하지 못하기 때문이다.

이 글에서는 산업자본주의를 어떻게 넘어설 수 있을지에 대해서는 구체적인 대안을 제시하지는 못한다. 그 대안은 산업자본주의 메커니즘의 작동 방식에 대한 보다 다양하고도 철저한 분석에서 제기될 수 있을 것이라고 본다. 이 글은 산업자본주의를 넘어서야 할 당위성을 입증하는 데 그 목적이 있다.

2. 산업자본주의에 의한 환경 파괴

산업자본주의는 사회의 내부와 사회의 외부 모두를 파괴하고 있다. 이 절에서는 산업자본주의에 의한 사회 외부의 파괴, 곧 산업자본주의로 말미암은 환경 파괴를 다루고, 다음 절에서는 산업자본주의에 의한 사회 내부의 파괴를 다룰 것이다.

인류가 정착 생활을 하기 시작한 약 1만2천 년 전부터 인간들만의 삶의 공간인 사회가 성립되었다. 그때부터 그러니까 자연생태계로부터 소위 사회생태계가 분리되기 시작하면서 자연 파괴는 이루어졌다고 볼 수 있다. 야생동물과 야생식물을 인간의 목적에 맞추어 기르고 자연을 이용하기 시작하였다. 지구 곳곳에서 문명이 발달하고 대형 사원과 궁전이 세워졌다.

그러나 산업자본주의의 등장 이후 환경 파괴는 그 어떤 사회 형태와 비교할 수 없을 정도로 급격히 자행되고 있다. 시간과 환경 파괴를 두 축으로 하는 일차 함수의 그래프를 그린다고 할 때 산업자본주의의 등장 이후에 진행되는 환경 파괴는 급속한 상승을 보이고 있고, 환경 파괴의 속도가 가속화되고 있다는 데 문제의 심각성이 있다.

환경 파괴의 속도는 산업자본주의의 경제 발전-성장과 상관 관계를 가지고 있다고 볼 수 있다. 산업자본주의는 경제 성장을 가장 기본적인 조직 원리로 하고 있고 산업자본주의의 생명은 경제 성장에 있다. 그러나 그 경제 성장은 자연 파괴를 담보로 하여 이루어져왔고 지금도 자연 파괴를 담보로 이루어지고 있다. 지금까지의 경제 성장은 부담의 외재화(externalization of the load)의 과정으로 이루어져 왔고 외재화를 통해서만이 가능하였기 때문이다. 곧 한편으로는 자연으로부터 자연 부담 비용을 지불하지 않고 자연 자원을 사용하고, 다른 한편으로는 사용하고 난 쓰레기를 자연 부담 비용으로 지불하지 않고 방기하는 과정이었던 것이다.

「우리 공동의 미래」에서는 환경 파괴와 확대재생산 사이의 관계를 다음과 같이 수치화하고 있다. 20세기 내에만 대략 16억에서 60억으로 인구 성장, 화석 연료 소비의 30배 증가, 산업 생산량의 50배 성장 그리고 농업 생산량의 250% 성장, 물 소비의 약 200% 증가 등이 그것이고, 그에 상응하여 1백 년 동안에 약 절반으로 줄어든 열대 원시림, 이산화탄소의 30% 증가, 기후의 변화, 유독 폐기물의 증가, 자원의 부족 등이 그것이다.

산업자본주의의 경제 성장 과정에서 자연은 자유재로 취급되어 온 것이다. 경제 성장의 목표를 위해 자연은 누구나 비용을 들이지 않고 사용할 수 있었다. 거꾸로 경제성장은 자연자원을 자유재로 사용하였기 때문에 가능한 일이었다고 보는 것이 더 정확할 것이다. 화석 연료의 발굴과 채취에 필요한 비용만이 시장 가격에 포함되었고, 어패류의 발굴과 채취에 필요한 비용만이 시장 가격에 포함되었고, 목재의 채취와 성장에 필요한 시간만이 시장 가격에 포함되었다. 농산물의 증산을 위하여 화학비료와 살충제가 사용되었고, 자연 산물로 만든 소쿠리나 바구니, 조롱박은 화학물질로 대체되었고, 자연 재료로 짓던 주택과 건축물도 콘크리트에 의하여 대체되었다.

산업자본주의하에서 거의 모든 것이 효율성과 경제성, 그리고 편리함이라는 잣대에 의하여 이루어졌던 것이다. 그리고 산업자본주의의 사회구성원들은 자의반 타의반으로 산업자본주의가 제공하는 물질적 풍요에 길들여졌다. 그 물질적인 풍요에 찬사를 보내고 그 물질적인 풍요에 마비되어 있는 것으로 보여진다. 물론 세계체계 내에서의 빈부의 격차가 존재하는 것을 인정한다고 하더라도 그래서 기아선상에 놓여 있는 사람들이 전인류의 1/5에 다다르고 있다는 사실에도 불구하고, 인류 역사상 지금과 같은 물질적인 풍요와 복지를 누리지는 못하였을 것이기 때문이다.

그러나 우리가 직시해야 할 것은 자연은 지금과 같은 방식의 산업자본주의적 성장과 발전을 지탱할 수 있는 능력이 없고, 그리고 지금과 같은 속도로 증가하는 인구를 감당할 수 있는 능력이 없다는 명확한 사실이다. 이것을 지구의 생산능력과 수용능력, 그리고 지구의 자정능력이라는 세 가지의 변수들 사이의 관계로 따져본다고 할 때 지구의 생산능력, 수용능력, 자정능력이 각각 한계점에 이르러 있고 그 세 변수의 상호 관계에서도 이미 한계점을 넘어서고 있는 것이다.

지구의 생산능력은 농업과 어업, 임업 그리고 무엇보다도 산업 생산을 뒷받침해줄 수 있는 지구의 생산능력을 의미하고, 수용능력은 지구가 수용할 수 있는 인구의 수를 의미하고, 자정능력은 지구가 가지고 있는 정화능력을 의미한다. 그러나 지구의 생산능력과 수용능력 사이에 불균형이 존재하고 지구의 생산능력과 자정능력 사이에도 불일치가 존재하고 있다.

그것은 이미 30여 년 전에 로마 클럽의 보고서에 의하여 밝혀졌다. 로마 클럽의 보고서 「성장의 한계」에 따르면 지구의 생산능력은 무엇보다도 화석연료와 천연자원의 한계에 의해서 제한되고 있다. 앞으로 발굴될 매장량에 대한 계산을 포함하고 지금과 같은 속도로 자원을 사용한다고 하면 석유는 앞으로 30여 년, 석탄은 2백여 년 정도 남아 있고, 산업 생산에 필요한 대부분의 천연 자원들도 앞으로 약 30~70년 정도 남아 있다는 것이다. 그러나 석탄이 이산화탄소를 배출하는 주된 연료이기 때문에 온난화 현상을 막기 위하여 그 사용을 통제하고 있는 현실을 감안하면 산업자본주의의 동력은 약 30여 년 남아 있다고 해도 과언이 아닐 것이다. 생산능력 자체에 한계가 있는 것이다.

또한 지구의 수용능력에도 한계가 있다. 현재 인구는 60억에 이르고 있다. 지구의 수용능력은 현재가 최대 허용치에 도달하였다. 수용능력의 한계는 지구의 생산능력 가운데에서도 지구의 농업 생산능력과의 관계에 의해서 뚜렷하게 나타난다. 역시 「성장의 한계」의 보고에 따르면 1970년 초 현재 가용 농지의 면적은 약 32억 ha

로 조사되었다. 그리고 인구 1인당 최저 생존을 위해서 필요한 농지 면적의 크기는 약 0.5ha라고 한다. 그렇다면 60억 인구에 0.5ha를 곱하면 30억 ha가 된다. 곧 지구의 수용능력은 약 60억 인구까지가 적정선이라는 산술 계산이 가능하다. 곧 식량의 분배가 세계체계의 수준에서 잘 이루어진다면 최소한 2000년 현재 굶어죽거나 기아선상에 처해 있는 인류는 없게 만들 수 있는 것이다.

그러나 문제는 인구가 기하급수적으로 증가하고 있다는 데에 있다. 그것도 제1세계에서가 아니라 제3세계에서 인구 폭발이 일어나고 있다는 데 문제의 심각성이 있는 것이다. 대부분의 제1세계에서는 인구가 감소하는 추세이다. 그러나 전세계 인구의 3/4을 차지하고 있는 빈곤 국가군인 제3세계에서 인구의 배증 기간(doubling time)은 약 30년으로 조사되었다.

환경과 연관하여 보면 인구 증가 자체만이 문제가 아니다. 사실 제1세계의 인구 한 명은 사하라 남쪽의 인구 한 명이 사용하는 에너지의 80배를 사용하고 있고 가용 농지의 세 배 이상을 사용하고 있다. 그 사실은 제1세계의 인구가 감소된다고 하더라도 제1세계의 사회구성원들은 제3세계와 비교하여 압도적으로 많은 에너지와 곡물을 사용하고 있기 때문에 환경 파괴에 보다 많은 책임을 져야 한다는 것을 의미한다. 그 반면에 인구가 폭발하고 있는 제3세계에서는 인간의 생존에 필요한 기본적인 욕구를 충족시키기 위해 어쩔 수 없이 자연을 황폐화시키고 있다는 데 문제가 있다. 제3세계에서 일어나는 산업 생산은 자본의 부족 때문에 폐수 정화시설이나 배출가스 정화시설을 설치할 수 없을 뿐 아니라 제3세계의 빈곤층은 생존을 위하여 제1세계와 같은 수준에서 자연을 보호하기 어려운 실정이다.

지구의 자정능력도 이미 한계에 도달하고 있다. 그것은 온난화

효과, 기상 이변, 숲의 죽음 등, 부메랑 효과로 이미 우리에게 되돌아오고 있다. 1ℓ의 자동차 폐 오일은 1백만 ℓ의 물의 생명력을 빼앗아가고 우리가 사용하는 수세식 화장실은 재래식 화장실에 비해서 20배가 넘는 물의 생명력을 빼앗아가고 있다. 자동차는 대기오염을 일으키는 원인의 80%를 넘는 주범이지만 우리는 자동차 없이는 못살 것처럼 느끼고 있다. 그 배기가스는 산성비의 원인이 될 뿐 아니라 공중으로 떠돌아다니다가 지구 곳곳에 내려앉고 있다. 농촌에서 사용하는 살충제와 비료는 토양을 산성화시킬 뿐만 아니라, 물을 오염시키고 있다. 또한 농약과 제초제는 건초 더미에 남아 있다가 태울 때에는 바람을 타고 날아가게 되고, 퇴비로 사용할 때에는 흙 속에 묻히게 된다.

지구의 자정능력을 뒷받침해주는 숲이 없어지고 있거나 잘 보존한다고 하더라도 병들어 죽어가고 있다. 독일이 자랑하던 숲의 60~70% 이상이 병들었거나 죽어가고 있는 것이다. 바다는 모든 것을 처리하는 정화조가 아님에도 많은 국가들은 공해상에 많은 쓰레기를 퍼붓고 있다. 그것도 독극물 쓰레기이거나 핵폐기물인 것이 보통이다. 남극의 펭귄이 중금속에 오염되었고 암에 걸려 있다는 사실은 우리가 생선을 안심하고 먹을 수 없는 단계에 이르렀다는 것을 암시하고 있다. 우리가 버린 쓰레기가 우리에게 되돌아오는 부메랑 기간이 11년이라는 사실을 우리는 애써 감추고 있는 것이다.

혹자는 생명공학이나 핵에너지가 해결책이라고 주장할지 모른다. 그러나 핵에너지는 에너지의 발생 과정에서부터 발생 이후의 폐기물 처리 문제에 이르기까지 엄청난 위험이 도사리고 있다. 따라서 대부분의 선진국에서는 이미 있던 핵발전소도 폐기하고 있는 중이다. 체르노빌의 경험 이후 핵발전소의 위험이 통제 가능하다는 주장은 신화가 되었다.

핵보다 뒤늦게 인류의 희망이라고 떠들썩했던 유전공학의 문제도 마찬가지이다. 유전공학에 대한 기대는 식량난을 해결하고 불치병을 고칠 수 있다는 가능성에서 제기되었다. 물론 유전공학에 위험이 도사리고 있지 않다면 유전공학의 발전은 인류의 난제를 해결하여 줄지도 모른다. 특히 앞에서 언급했던 지구의 수용능력과 농업 생산능력의 한계를 극복하게 해줄지도 모른다. 그러나 이미 유전자 조작으로 처리된 감자를 쥐에게 몇 주간 계속 먹였더니 그 쥐의 모든 내장이 축소되었다는 실험 결과는 유전자 조작 식품에 대해서 경계하게 만들고 있다.

앞의 두 사실은 인간이 자연 환경의 범위 내에서 살아야 할 것이라는 사실을 말해주고 있다. 자연 환경을 인위적으로 변화시키려 할 때 발생할 수 있는 위험에 대해서 인간은 알 수 없고, 예측할 수 없고, 결과에 책임질 수 없다는 사실이 그것이다. 곧 인간이 발견해낸 단편적인 물리학적 사실에 의해 새로운 변화를 주려 할 때, 그리고 생물학적인 사실에 의하여 새로운 변화를 주려 할 때 발생할 수 있는 위험은 인간이 통제할 수 없는 성격의 것으로 바뀐다는 사실을 말해주고 있는 것이다.

다시 말하면 통제된 실험실 안에서의 결과가 실험실 밖에서 수많은 통제되지 않은 유전자나 물리적 환경에 부딪히게 될 때 발생할 수 있는 결과는 과학자들이 알 수 없는 것일지도 모른다. 그럼에도 유전공학의 결과는 이미 여러 곳에서 상품화되고 있다. 유전자 조작 식품들이 그렇고 또한 각종 의약품이나 장기들이 그렇다.

산업자본주의가 무한대로 가능하지 않다는 것은 특히 자연 환경에 의하여 증명되고 있다. 환경은 산업자본주의를 지탱할 수 있는 능력을 더 이상 가지고 있지 않은 것이다. 그 능력은 생산능력 - 수용능력—과 자정능력을 생각할 때 지금이 포화 상태인 것이다. 산업자본주의가 지금보다 더 확장된다면 인류는 지금으로부터 멀지 않은 장래에 카오스의 상태에 이를 것이다.

자연은 이미 여러 가지 형태로 경고를 하고 있는 중이다. 사막화, 온난화, 기상 이변, 해류 이변, 오존층의 파괴, 원시림의 급속한 파괴, 대기오염, 수질오염, 동·식물 수의 급격한 감소와 그로 말미암은 생태계의 파괴 등 이루 열거할 수 없는, 수없이 많은 변화가 일어나고 있다. 우리는 안심하고 먹을 수 있는 음식물이 없고, 대기오염과 소음 속에서 살고 있다.

그럼에도 사회구성원들은 여전히 성장을 위해 치닫고 있으며, '먹고 살기' 위해 환경을 돌볼 틈을 찾지 못하고 있다. 그럼에도 사회구성원들은 물질적인 복지, 편리함을 추구하기 위하여 혈안이 되어 있다. 이것은 확대재생산율과 공리주의적 인간형의 선택적인 친화성이라고 표현할 수 있을 것이다.

그러나 그 선택적 친화성은 환경 파괴라는 객관적인 사실에 의하여 깨어져야 한다. 그 환경 파괴를 자연과 사회 사이의 관계에서 볼 수 있도록 하고 산업자본주의의 등장 이후 본격화되기 시작한 사회의 팽창이라는 관점에서 문제에 접근할 수 있도록 해야 한다. 그러나 그 사회의 팽창은 무한대로 가능하지 않고 자연에 의해 제약되고 있고, 엄격한 임계점이 있다는 명백한 사실 인식에 의해 공동의 행동으로 나아갈 수 있도록 해야 한다. 그리고 그 공동의 행동이 가능하기 위해서는 확대재생산율과 공리주의적 인간형의 선택적 친화력이 깨어져야 한다. 넘어서서는 안되는 벽을 넘어서기 전에 그 선택적 친화력이 깨어져야 한다는 당위명령에 인류가 직면하고 있는 것이다.

그리고 그것을 깨기 위해서는 사회구성원들을 행동으로 내모는 산업자본주의의 조직원리가 문제가 되어야 하고 그 조직원리에 따른 사회구성원들의 행동의 합이 가져다주는 결과가 문제가 되어야 한다. 곧 확대재생산율과 공리주의적 인간형의 선택적 친화력이 만들어내는 "결과에 눈멀고, 위험에 귀먹은" "브레이크가 고장난 기관차"가 만들고 있는 맹목적인 역사가 문제가 되어야 한다. 의도하지 않은 역사가 문제가 되어야 한다.

그 문제 제기는 시장의 자율조정기능에 대한 문제 제기와 연결된다. 시장은 신이 아니지만 산업자본주의에서 시장은 신과 같은 기능을 하고 있고, 시장 자유주의자들은 시장을 새로운 신으로 받들고 있다. 계몽주의 이전의 신의 자리를 산업자본주의에서는 시장이 맡고 있는 것이다.

그 시장은 앞에서도 언급한 바와 같이 인간의 물질적인 풍요를 가져다주었고, 국가를 부강하게 만들었으며 바로 그 점에서 시장은 사회구성원들에 의해 그리고 국가에 의해 보호받고 있는 것이다. 그리고 바로 그 점에서 시장 자유주의자들의 주장이 먹혀 들어가고 있는 것이다.

그러나 환경은 국내 시장에서 사회구성원들 사이의 경쟁, 그리고 국제 시장에서 국가들 사이의 경쟁을 멈추어야 한다는 명령을 내리고 있다. 사회구성원들 사이의 보다 많은 부를 얻기 위한 경쟁, 그리고 국력 향상을 위한 경쟁을 멈추어야 한다는 명령을 내리고 있다. 그 경쟁을 자연이 더 이상 뒷받침할 수 없고, 그 경쟁의 결과는 먼저 자연의 파괴를 초래하지만 가까운 장래에는 산업자본주의의 붕괴를 가져다 줄 수 있기 때문이다. 그리고 그 붕괴에 인류가 맹목적으로 다가갈 때에는 상상을 초월하는 아비규환의 세상이 될 것으로 보이기 때문이다.

3. 산업자본주의에 의한 인간·사회 파괴

산업자본주의의 한계는 환경만이 증명하지 않는다. 산업자본주의는 인간과 사회도 파괴하고 있다. 곧 확대재생산율과 공리주의적 인간의 선택적 친화력은 사회 외부만 파괴하는 것이 아니라, 사회의 내부도 파괴하고 있다. 그 친화력은 시간이 지날수록 점점 더 강화되고 단단한 결속력을 갖게 되기 때문이다.

그 힘은 구조의 강제로서 점점 강화되어 사회구성원들과 기업, 정부를 움직이는 힘으로 작용하고 있다. 개인의 자율적인 선택의 공간을 축소하고 개인에게 타율적인 힘으로 작용하고 있다. 개인에게 남아 있는 자율적인 공간도 구조의 강제로부터 완전히 분리된 공간이 아닌 것이 보통이다. 그 자율적인 공간에도 타율적인 힘이 침투하여 있는 것이 보통이기 때문이다. 개인의 자율적인 선택이라고 보이는 공간마저도 확대재생산을 위해 투여되거나 공리주의적 행동을 위한 공간인 것이 대부분이기 때문이다.

산업자본주의의 조직원리가 강화되는 만큼, 불로 소득자가 점점 증가하고, 그만큼 대다수의 사람들은 사회적으로 평균적인 생활 수준을 유지하기 위해 고달픈 삶을 살아야 한다. 확대재생산율 또는 경제성장률만큼 모든 사회구성원들이 가지고 있거나 기업가들이 가지고 있거나 보험 회사나 연금 관리 공단이 가지고 있는 자산이나 자본, 기금은 각각 불어나야 한다. 확대재생산율, 다른 말로 경제성장률이 의미하는 것은 모든 자본, 자산, 기금의 증가를 의미한다.

그러나 그 결과는 국내의 수준에서 삶의 조건의 악화를 초래하고 세계체계 내에서 삶의 조건의 악화를 초래한다. 빈부의 격차가 점점 벌어지는 것이 그것이고, 실업률의 증가가 그것이다.

돈이 돈을 버는 세상에서 돈을 가지고 있는 사람과 돈을 가지고 있지 않은 사람들 사이의 격차가 점점 더 벌어지게 되는 것이다. 많은 돈을 가지고 있는 사람들은 더 많은 돈을 벌게 되고 그에 따라 점점 더 소수의 손에 돈이 모이는 자본의 집중화현상이 나타난다. 그러나 나머지의 대다수를 차지하는 사람들은 그 확대재생산율만큼 점점 더 경제적으로 어려운 삶을 살아야 하는 것이다.

산업자본주의의 조직 원리가 강화되는 만큼 실업자의 수는 증가하고 노동 강도는 높아진다. 자본가와 기업가들 사이에 벌어지고 있는 경쟁은 보다 적은 투자로 보다 많은 수익을 올리는 방법을 찾게 만들고 그것은 그들로 하여금 한편으로는 기계화와 정보화를 추진하도록 하고 다른 한편으로는 조직의 합리화를 추진하도록 한다.

기계화와 정보화가 진행되는 것만큼 일자리의 수는 줄어들고 마찬가지로 조직의 합리화가 진행되는 것만큼 일자리는 줄어든다. 또한 그만큼 노동 강도는 높아진다. 그럼에도 월급 생활자들이나 임금 생활자들은 한편으로는 점점 높아지는 생활 수준을 쫓아가기 위해서, 그리고 다른 한편으로는 실업자가 되지 않기 위해서 높은 노동 강도를 견디어내는 수밖에 없다. 그럼에도 기계화와 정보화의 결합으로 앞으로 실업자는 점점 더 증가할 전망이고 기계와 컴퓨터를 통한 노동 통제는 더욱 용이해지고 있다.

마르크스는 자본주의에 의한 비인간화를 물상화, 물신주의, 실업의 증가, 노동자의 궁핍화로 보고 있다. 그 가운데에 노동자 '대다수'의 궁핍화는 마르크스의 예견과 다르게 나타나지 않았다. 그러나 물상화, 물신주의, 실업의 증가 등은 자본주의 사회에서 여전히 나타나고 있고 또한 노동 강도의 증가와 일중독증 현상이 두드러지게 나타나고 있다.

나라의 사회 형태 별로 물론 차이가 있기는 하지만, 절대 빈곤의 선상에 처해 있는 노동자들의 수는 그렇게 많지 않다. 마르크스의 예견과는 다르게 임금이 노동자의 재생산을 위한 비용을 넘어 지불되고 있는 것이다. 다만 발전된 산업 국가에서보다는 세계체계에 편입된 제3세계 노동자들의 궁핍화가 광범위하게 진행되고 있다는 사실에 주목할 필요는 있다.

문제는 물상화이고, 물신주의, 실업의 증가, 노동 강도의 증가, 일중독증이다.

물상화

물상화는 돈이 돈을 버는 세상에서 자본이나 자산을 가진 소수의 사람들을 제외한 대다수의 사람들이 자신의 노동력을 상품으로 판매하게 됨을 표현하고 있다. 블루칼라와 화이트칼라를 포함한 월급 생활자들은 그들 자신의 판단과 결정에 따라서 자기 실현을 하기 위한 노동이 아니라 생산 수단을 소유하였거나 자산을 소유한 사람들이 요구하는 노동을 할 뿐이다.

물상화는 마르크스의 네 가지의 소외를 야기시키는 조건이다. 곧 노동 자체로부터의 소외, 노동과정으로부터의 소외, 노동 산물로부터의 소외, 유적 존재로부터의 소외가 그것이다. 일단 자신의 노동력을 임금이나 월급을 대가로 판매하게 되면 노동은 자기 실현을 위한 노동일 수 없고, 노동과정을 자신이 기획할 수 없고, 노동 산물이 자신으로부터 낯선 것이 될 수밖에 없고, 스스로를 보편적인 인간으로 생각하거나 다른 사람과의 관계에서도 동류의 인간으로서 대하게 되지 못하게 된다.

이러한 물상화의 조건은 산업자본주의가 진행될수록 증가하고 있다. 물상화의 조건은 크게 보면 산업자본의 세계화에 의해서, 금융자본의 세계화에 의해서 강화되고 있다. 다국적기업과 초국적기업의 침투, 그리고 금융 자본의 세계화는 보다 적은 자본이나 외화를 가지고 있는 나라들의 기업과 노동자들을 공격하고 있고 그 공격의 결과는 보다 많은 사람들이 물상화되도록 내지는 실업자가 되도록 만드는 일이다.

국내의 수준에서도 물상화를 위한 조건은 가속적으로 발전하고 있다. 작은 규모의 자영업―구멍가게, 재래식 시장 등―은 대규모 기업과의 경쟁―대형 할인매장, 백화점 등―에 밀려 문을 닫고 있다. 건물 임대업을 하는 사람들과 이자 생활자들은 자신이 가지고 있는 재산과 자본이 그 사회의 평균적인 확대재생산율의 비율에 따라 증가한다.

그러나 그렇지 못한 사람들 가운데 자영업을 하는 사람들은 건물 임대료를 지불하기 위해서, 그리고 자신이 은행에서 대출받은 돈의 이자를 갚기 위해서, 그리고 자신이 투자한 자본이 당연히 확보해야만 하는 확대재생산율 이상에 도달하여야 한다. 우리가 식당에서 사는 음식, 책 속에는, 아니 거의 모든 상품 속에는 몇 단계의 확대재생산율이 포함되어 있는 것이다. 종업원의 월급 또한 확대재생산율의 영향으로 낮아질 수밖에 없다.

나라마다 주거 형태와 부동산 가격의 차이가 있고 물가 상승 수준의 차이와 교육비 부담의 차이가 있다. 그에 따라서 나라마다 다르기는 하지만 월급 생활자들은 의식주와 교통·교육비용을 봉급에 의존하고 있다. 그러나 그들은 사회적으로 평균적인 생활 수준을 유지하기에 빠듯한 봉급을 받고 있는 것이 보통이다. 월급 생활자를 벗어나는 것이 어렵고, 혹시 벗어나려 해도 위험 부담이 큰 작은 규모의 자영업만이 선택 가능성으로 남아 있는 것이다.

물신주의

마르크스는 인간관계가 인간 사이의 관계가 아니라 상품을 매개로 한 교환 관계로 전환되는 것을 물신주의라고 보고 있다. 마르크스의 이론에 따르면 산업자본주의하에서 인간 관계는 대부분 상품의 교환 관계에 의해서 이루어지고 있고, 그 상품 속에 들어 있는 평균적인 노동시간이 교환을 가능하게 하는 요인이다. 곧 교환 관계가 주가 되는 사회에서 인간 관계의 위에 교환 가치가 인간 관계를 지배하게 된다는 설명이다. 교환은 주로 돈에 의해서 이루어지고 곧 돈이 인간 관계의 위에서 인간 관계를 지배하고 있다는 것이다. 그 현상을 물신주의라는 개념으로 설명하고 있는 것이다.

현대 산업자본주의는 물신주의가 지배하고 있다. 지성을 갖추거나 높은 인격을 갖추었거나 겸손하고 교양이 있는 사람들이 아니라 보다 높은 소득을 가지고 보다 높은 생활 수준을 누리는 상층계층의 사람들이 뻐기면서 살고 있는 현상을 물신주의의 이론이 잘 설명한다. 그들은 자신들이 가지고 있는 재력으로 교환 관계의 우위에 설 수 있다. 그를 통하여 사람들을 직접 지배하지는 못하지만 간접적으로 교환의 과정을 통하여 지배할 수 있다. 말하자면 보다 높은 노동력이나 서비스를 돈으로 살 수 있는 것이다.

예를 들어 차를 마시러 호텔에 갈 수 있는 사람은 비록 표준화된 서비스일지라도 비싼 차의 가격만큼 정중한 인사와 편안한 분위기가 제공된다. 서비스를 제공하는 사람은 그 사람의 인격, 교양, 지성에 머리를 숙이는 것은 아니다. 그 사람이 지니고 있는 교환 가치, 돈에 머리를 숙이는 것이다. 또한 교환 가치인 돈은 인간의 노동력을 구매할 수 있다. 양질의 노동력까지 포함해서 인간의 삶의 한 부분을 자신의 목적으로 활용할 수 있는 것이 다. 돈이 말을 하지 인간이 말을 하지 않는 세상으로 변하고 있는 것이다.

그 물신주의를 강력하게 뒷받침해주고 있는 것은 확대재생산율이고, 따라서 물신주의에서 이득을 보는 사람들은 확대재생산에서 이득을 볼 수 있는 자본이나 자산을 가지고 있는 사람들이다. 그 물신주의는 교환과정을 통하여 사람들을 지배할 수 있다.

또한 물신주의는 물질적인 소비의 차이를 통하여 인간 사이의 사회 심리학적인 차이를 만들어내기도 한다. 특히 계층간의 차이에서 잘 드러난다. 물질적인 소비를 많이 할 수 있는 상층계층을 보면서 상대적으로 물질적인 소비를 적게 하여야만 하는 하층계층이 갖는 사회심리적인 갈등이 그것이다. 하층계층은 그 과정에서 상대적 박탈감을 갖게 마련이다. 그럼에도 상층계층은 자신의 소비 능력을 과시하고 싶어하고 그것은 구별짓기를 통하여 나타난다. 곧 상층계층은 끊임없이 물질적인 소비를 통하여 자신을 하층계층과 구별지으려 하고 하층계층은 그를 따라갈 수 없으므로 끊임없이 상대적 박탈감을 갖는 것을 발견할 수 있다.

실업의 증가

유럽은 한편으로는 가열하게 전개되었던 노동운동의 영향과 사회주의의 위협으로, 다른 한편으로는 1944년 영국의 비버리지 경의 완전 고용과 사회보장제도의 구현이라는 구호에 따라 실업자 없는 사회를 실현하고, 실업자에 대한 사회보장제도를 실현하고자 하였다. 소위 복지국가모델이 그것이다.

그러나 유럽의 복지국가모델도 실업자에 대한 구제 정책에는 '어느 정도' 성공을 거두었지만 실업자 없는 사회를 만드는 데는 실패하고 있다. 유럽 전체는 12~15% 정도의 높은 실업률을 보이고 있고 그 실업률은 줄어들기는커녕 점차 증가하고 있는 것이다. 곧 실업자에 대한 생계 대책과 직업 재훈련 정책의 효과가 작지는 않지만 실업자 절대수의 증가 자체를 막지는 못하고 있다. 실업자를 위한 사회 안전망은 존재하지만 실업자 없는 사회의 구현에는 실패하고 있다.

그 이유는 실업자의 양산은 산업자본주의가 추구하고 있는 기본적인 목표가 효율성과 타산성과 이익의 극대화에 있기 때문이다. 그 이익의 극대화를 위해서 자본가와 경영진이 채택하는 것은 두 가지의 방향인데 하나는 새로운 기술, 기계의 도입이고 다른 하나는 능률적인 조직을 만드는 것이다. 그 두 가지의 방식은 기계의 도입에 의한 인원 감축이고, 조직의 혁신에 의한 인원의 감축으로 나타난다.

특히 기계의 도입에 의한, 기계화에 의한 인원 감축은 자본주의의 발전과 비례 관계를 갖는다. 그에 더하여 최근에 급속한 속도로 진행되고 있는 컴퓨터의 발전에 따른 정보화도 실업자의 양산을 부추기고 있다. 기계화와 컴퓨터는, 또한 서로의 결합은 실업자의 양산에 상승 작용을 일으키고 있는 것이다. 이른바 CIM(Computer Integrated Manufacture)이 그것이다.

CIM은 인간에 의해서 일어나던 기계의 작동을 컴퓨터에 의해서 일어나게 하고 있는 것이다. 기계화와 정보화의 결합에 의한 이러한 변화가 빠른 속도로 진행되고 있고 그 결과는 실업률을 급상승시키게 될 전망이다. 그에 따라『노동의 종말』의 저자 리프킨은 장기적으로 실업률이 30% 대에 육박할 것이라고 전망하고 있는 것이다.

한국의 'IMF시대'에 실업률은 공식적인 기관의 발표에 따르면 7%, 노동계 쪽의 발표에 따르면 15% 정도였다. 만약 취업 가능 인구의 30%가 실업에 빠진다고 하면 30%를 위한 사회안전망이 제 구실을 할 수 없을지도 모르고, 과잉 공급과 과소 수요로 새로운 공황의 조건이 발생하게 될 수도 있다.

사회범죄의 증가나 사회 불안, 교육의 문제 등이 더욱 심각하게 제기되고 사회통합 자체가 큰 위기에 빠질 수 있을 것이다.

4. 맺음말과 몇 가지 대안들

시장의 자율조절기능에 모든 것을 맡겨놓는다면 그것은 한편으로는 사회의 외부인 자연을 파괴하고 다른 한편으로는 사회의 내부인 사회 자체를 파괴한다. 시장의 자율조절기능이 인간의 물질적인 풍요를 가져다주었다는 것은 인정해야 하지만 그러나 인류가 그 물질적인 풍요에 마비되어 있는 동안 환경은 극심하게 파괴되고 있고, 인간의 정신적·물질적 삶의 조건도 극심하게 파괴되어 가고 있다.

사회학은 인간의 삶의 조건에 대한 관심을 가지고 있다. 한편으로 그것은 자연 환경이 제공하는 삶의 조건이고, 다른 한편으로는 사회 생태계가 제공하는 삶의 조건이다. 두 삶의 조건이 지속적으로 파괴되어 감에도 불구하고 이에 대한 대응과 대안이 부재한 것이 현실이다.

그 이유를 이 글에서는 일국의 수준에서나 세계체계의 수준에서 작용하고 있는 확대재생산의 강제와 그에 부합하는 공리주의적 인간형의 결합에서 찾아보려 하였다. 공리주의적 인간은 자신의 이기심 이외에 사회 공공의 영역에 대한 관심을 갖지 않는다. 공리주의적 인간은 타인에게 직접적으로 해를 끼치지 않는 한 자신의 이기심에 충실하고 그 사이에 공공선과 공공성, 사회성은 무관심(none of one's business)의 영역으로 남아 있게 된다.

무관심의 영역은 환경 파괴에 무관심하게 만들고 사회 파괴에 무관심하게 만든다. 그리고 그것은 사회적으로 평균적인, 세계 시장에서 평균적인 확대재생산을 쫓아가야 하는 사회구성원들에게는 산업자본주의의 강제율로 작용하고 있다.

우리가 생각해볼 수 있는 대안들을 몇 가지만 제시하자면 조합주의 회사의 설립과 노동시간의 단축, 그리고 시민단체의 역할과 활약 등이 될 수 있다.

조합주의 회사의 설립이 하나의 대안일 수 있다. 지금 기업의 운영 방식은 극소수의 자본가들과 대다수의 월급 생활자로 나뉘어 있다. 대기업은 물론 작은 규모의 기업이나 공장 자영업 등이 그렇게 운영되고 있다. 물론 주식회사가 있기는 하지만 그 주식도 소수의 손에 집중되어 있는 것이 보통이고, 또한 최근에 벤처기업이 등장하고는 있지만 아직은 가능성으로 남아 있을 뿐이므로 여기에서 논의하지 않는다면 기업 또는 자영업의 이익의 대부분은 소수의 기업가와 자영업자들에게 돌아가는 것이 보통이기 때문이다.

택시 회사나 버스 회사의 예를 들어보자. 만약 택시 회사가 아니라 모두 개인 택시로 운영을 한다고 가정을 해보자. 대다수의 택시 회사에서 일하는 월급 생활자가 발생하지 않을 수 있다. 이런 경우에 소득의 차이를 줄일 수 있고, 물상화와 물신주의, 실업을 줄일 수는 있지만 조합주의적 운영이 어려울 수는 있다. 그러나 버스의 경우에는 조합주의적 운영이 가능하다. 버스의 경우는 모든 버스운전기사가 버스를 한 대씩 구입해서 버스의 노선을 선택하여 버스회사를 공동으로 운영할 수 있을 것이다. 그렇다면 상층계층과 하층계층의 소득격차가 그렇게 크지 않을 수 있고, 물상화와 물신주의, 실업의 문제를 많이 줄일 수 있을 것으로 보인다.

노동시간의 단축도 중요한 대안일 수 있다. 노동시간의 단축은 그 단축 시간만큼 기계화, 자동화, 정보화의 결과로 초래되는 실업 문제를 극복할 수 있는 대안이 될 수 있다. 노동시간을 단축함으로써 기계와 컴퓨터가 빼앗아가는 일자리를 여러 사람에게 나누어줄 수 있기 때문이다.

그뿐이 아니다. 복지국가가 담당해왔던 실업자에 대한 부담을 줄일 수가 있다. 재정 부담, 행정 부담을 줄일 수가 있고『제3의 길』에서 논의하고 있는 생산적 복지를 보완할 수 있을 것으로 보인다. 또한 월급 생활자들은 자유시간이 증가하여 일중독으로부터 벗어날 수 있게 한다. 단지 노동시간의 단축의 분량만큼 임금이 인하되어야 하느냐, 아니면 노동시간이 단축되어도 임금은 단축되기 전과 동일한 수준을 유지하여야 하는가의 문제가 남아 있다.

마지막으로 우리는 시민단체의 활동에 주목하여야 할 것이다. 시민단체는 국가보다 더 공공영역의 부활과 공공선과 공공재를 위한 활동이 가능하다. 국가는 시장과 공공성의 사이에 서 있지만 시민단체는 공공성 자체를 위해 활동하고 있다. 시민단체는 사회의 외부와 내부를 모두 파괴하는 상호불가침의, 무관심의 영역을 메우고 있는 유일한 사회 주체이다.

그 시민단체들은 시민들의 지지와 지원에 기반하여 환경보호와 사회정의를 위해서 일하고 있다. 시민들이 혼자 가지고 있던 생각은 여론일 수는 있었지만 행동으로 옮겨지지는 못하였다. 그러나 시민단체의 출현으로 시민들은 이제 자신이 가졌던 생각들을 실천에 옮기고 있는 시민단체들과 같이할 수 있게 되었다. 직접 민주주의의 통로가 열린 것이다. 시민단체는 그 종류가 워낙 다양하기는 하지만 일반적으로 시민들이 생각하는 것을 말하고 실천에 옮기고 현실을 조금씩 바꾸고 있는 것이다.

더 더욱 시민단체들에 의한 국제 연대가 일어나고 있고, 그것은 전세계의 시민을 하나로 묶어놓을 수 있게 될 것이다. 그것은 시민단체의 역할과 위상을 폭발적으로 증가시키고 높이게 될 것이다.

엮은이
참여연대 참여사회아카데미
참여사회아카데미(원장 임헌영)는 참여연대의 시민교육기관이며 프로그램이기도 하다.
1996년 9월 개설했으며 시민들의 민주·권리의식 고취를 위한 다양한 강좌를 개발, 보급,
운영하고 있다.

글쓴이들
김동택   성균관대학교 연구교수
김찬호   연세대학교 사회학과 교수
김창수   국가안전보장회의 국장
김형기   경북대학교 경제통상학부 교수
신광영   중앙대학교 사회학과 교수
윤용선   한국외국어대학교 사학과 강사
이광일   민주화운동기념사업회 연구실장
이은경   과학기술정책연구원 선임연구원
이홍균   이화여자대학교 사회생활학과 연구교수
임헌영   민족문제연구소장
정태석   전북대학교 사회교육학과 교수
(가나다순)

참여연대 시민강좌 1
세계사적 나침반은 어디에

ⓒ 참여연대 참여사회아카데미, 2001

엮은이 | 참여연대 참여사회아카데미
펴낸이 | 김종수
펴낸곳 | 도서출판 한울

편집 | 최혜란

초판 1쇄 발행 | 2001년 2월 10일
초판 3쇄 발행 | 2004년 2월 10일

주소 | 413-832 파주시 교하읍 문발리 507-2(본사)
        121-801 서울시 마포구 공덕동 105-90 서울빌딩 3층(서울 사무소)
전화 | 영업 02-326-0095, 편집 02-336-6183
팩스 | 02-333-7543
홈페이지 | www.hanulbooks.co.kr
등록 | 1980년 3월 13일, 제406-2003-051호

Printed in Korea.
ISBN 89-460-2828-9 03300

* 가격은 겉표지에 표시되어 있습니다.